全国教育科学"十二五"规划2014年度教育部重点课题（课题编号：DLA140256）
"小学音乐教育音乐知识学生化表征机制与应用"研究成果

JINGYAN DE ZAOQI ERTONG YINYUE JIAOYU

经验的早期儿童音乐教育

王秀萍 著

U0374197

苏州大学出版社
Soochow University Press

图书在版编目（CIP）数据

经验的早期儿童音乐教育 / 王秀萍著. --苏州：苏州大学出版社，2019.12（2022.2 重印）
ISBN 978-7-5672-2347-9

Ⅰ.①经… Ⅱ.①王… Ⅲ.①学前儿童—音乐教育—教学研究 Ⅳ.①G613.5

中国版本图书馆CIP数据核字（2017）第317952号

书　　名：	经验的早期儿童音乐教育
著　　者：	王秀萍
责任编辑：	孙腊梅
装帧设计：	吴　钰
出 版 人：	盛惠良
出版发行：	苏州大学出版社（Soochow University Press）
社　　址：	苏州市十梓街1号　邮编：215006
印　　刷：	广东虎彩云印刷有限公司
邮购热线：	0512-67480030
销售热线：	0512-67481020
开　　本：	700 mm×1000 mm　1/16　印张：19　字数：302千
版　　次：	2019年12月第1版
印　　次：	2022年 2 月第2次印刷
书　　号：	ISBN 978-7-5672-2347-9
定　　价：	68.00元

凡购本社图书发现印装错误，请与本社联系调换。
服务热线：0512-67481020

前　言

《经验的早期儿童音乐教育》的理论基础是杜威的审美经验获得原理与加登纳的儿童艺术发展三系统学说。杜威认为审美经验来自日常经验，是对日常经验的精致化。由日常经验到审美经验需要三个条件：其一，使杂乱无序的日常经验成为一个经验；其二，需要来自内在情感与思想的冲动或需要；其三，需要有实现内在冲动的外在压力。杜威的"一个经验"的本质是对行动、情感、理智的整合。加登纳儿童艺术发展三系统学说强调儿童艺术能力的发展需要儿童的制作、知觉、感受三系统的通力合作，任何偏向一种或两种系统的艺术教育都很难达到发展儿童艺术能力的目标。在这里，加登纳的"艺术能力"概念与杜威的"审美经验"概念在内涵上具有同质性。加登纳的儿童艺术发展三系统与杜威的"一个经验"的行动、情感、理智的整合结构内涵重叠。我们可以这么说，加登纳的儿童艺术发展三系统学说就像从心理学层面对杜威哲学层面的"一个经验"的内涵做了诠释。然而，三系统的整合或达到"一个经验"只是获得审美经验（音乐经验）的基本条件，后面还需要冲动与压力两个条件。在音乐学习情境中，冲动是经验主体来自理智与情感的需要，这种需要的满足需要外在压力，即来自环境的挑战。当经验主体突破来自环境的挑战并满足了内在情感与理智的需要时，也就实现了由日常经验到审美经验的精致。

无论是杜威的审美经验获得原理还是加登纳的儿童艺术发展三系统学说，我们从中都能读出这样的观点：艺术经验的获得即艺术思维的打开与推进。儿童艺术思维的打开基于儿童感受系统的激活，其实质是基于儿童本能与兴趣的任务情境的设置；儿童艺术思维的推进则是依赖艺术制作（表演）的实践活动，其实质是儿童通过对艺术形式要素的直接操作，

经验的早期儿童音乐教育

完成情境中的任务。本书以音乐表现要素为音乐经验内核（知觉系统），以身体动作为儿童音乐制作的主要手段（制作系统），以任务情境创设为音乐活动的展开路径（感受系统），建构经验的或者说制作、知觉、感受三系统融合的一种早期儿童音乐教育。在书中笔者不得不把这三个系统分开阐述，但在实践中三个系统的融合程度就是早期儿童音乐教育的质量状况，三系统融合程度越高，音乐教育质量也就越高。

本书分两编完成：

第一编（第一章至第七章）探讨经验的早期儿童音乐教育原理。第一章以音乐发展三系统为框架，阐述早期儿童音乐发展的特点；第二章阐述早期儿童音乐作品的特征；第三章阐述早期儿童音乐实践的特征；第四章阐述杜威审美经验内涵，并从早期儿童音乐教育视域出发，对杜威审美经验获得的冲动与压力两个条件做了具体诠释；第五、六、七章阐述以音乐经验为旨趣的早期儿童音乐教育的课程编制原理与教育性原理。

第二编（第八章至第十五章）呈现早期儿童经验音乐教育的实践框架。实践框架以音乐表现要素为单位，一章一个表现要素。它们是节奏、旋律、音色、速度、织体、力度、结构与风格。实践框架的展开遵循以下三个原则：以早期儿童音乐实践中涉及的音乐经验为内线，以早期儿童音乐学习特点与趣味为活动情境设置与展开的前提，以各种音乐制作方式为教学活动展开的基本途径。

由于时间仓促、精力有限，书中偏颇与不足在所难免，敬请读者指正。

王秀萍

浙江师范大学杭州幼儿师范学院

2017 年 9 月

目 录

前 言 ··· 001

第一编 经验的早期儿童音乐教育原理

第一章 早期儿童音乐心理的发展特征 ······················· 002
  第一节 儿童音乐发展的三系统与三阶段 ················ 002
  第二节 早期儿童音乐心理发展特征 ······················ 005
  第三节 早期儿童音乐学习的意义与制约条件 ············ 011

第二章 早期儿童的音乐特性（一）：早期儿童音乐作品特性 ········ 016
  第一节 早期儿童音乐作品的本体特性 ···················· 016
  第二节 早期儿童音乐作品的历史—文化特性 ············ 035

第三章 早期儿童的音乐特性（二）：早期儿童音乐的实践特性 ····· 048
  第一节 早期儿童的音乐制作 ······························ 048
  第二节 早期儿童的音乐即兴 ······························ 076

第四章 早期儿童的音乐经验 ···································· 094
  第一节 经验与审美经验 ···································· 094
  第二节 早期儿童音乐经验的类型 ························· 106

第三节　早期儿童音乐经验的获得机制……………………………… 108

第五章　早期儿童经验音乐课程的编制原理(一)
　　　　——目标、内容与评价 …………………………………………… 124
　　第一节　早期儿童经验音乐课程的目标编制……………………… 124
　　第二节　早期儿童经验音乐课程内容的选择与组织……………… 135
　　第三节　早期儿童经验音乐课程的评价…………………………… 139

第六章　早期儿童经验音乐课程的编制原理(二)
　　　　——早期儿童经验音乐教学原理 ……………………………… 146
　　第一节　早期儿童音乐学习所需的技能…………………………… 146
　　第二节　早期儿童音乐教学中的经验铺垫策略…………………… 152
　　第三节　早期儿童歌曲教学的一般过程与目标…………………… 159
　　第四节　早期儿童器乐曲教学的准备与一般步骤………………… 166
　　第五节　早期儿童集体舞类型与一般教学步骤…………………… 169

第七章　早期儿童音乐教育的美学与教育性原理………………………… 177
　　第一节　早期儿童音乐教育的美学原理…………………………… 177
　　第二节　早期儿童音乐教育的教育性原理………………………… 187

第二编　早期儿童经验音乐教育实践

第八章　早期儿童音乐经验(一)：节奏……………………………………… 192
　　第一节　稳定的节拍………………………………………………… 192
　　第二节　节奏型……………………………………………………… 203

第九章　早期儿童音乐经验（二）：旋律 ······ 214
第一节　声音的高与低 ······ 214
第二节　旋律的轮廓线 ······ 219
第三节　旋律的级进与跳进 ······ 222

第十章　早期儿童音乐经验（三）：音色 ······ 225
第一节　日常音色 ······ 226
第二节　打击乐器音色 ······ 230
第三节　人　声 ······ 231
第四节　乐器音色 ······ 234

第十一章　早期儿童音乐经验（四）：速度 ······ 239
第一节　快与慢 ······ 239
第二节　渐快与渐慢 ······ 246

第十二章　早期儿童音乐经验（五）：织体 ······ 252
第一节　打击乐的多声部 ······ 252
第二节　音层厚与薄的比较 ······ 255
第三节　多声部歌唱 ······ 260

第十三章　早期儿童音乐经验（六）：力度 ······ 265
第一节　用身体动作表达轻与重 ······ 265
第二节　用打击乐器表达轻与重 ······ 269
第三节　用嗓音表达轻与重 ······ 271

第十四章　早期儿童音乐经验(七):结构 …………………………… 273
　　第一节　句子结构 …………………………………………… 274
　　第二节　主副歌(歌曲中的段落) …………………………… 279
　　第三节　曲　式 ……………………………………………… 281

第十五章　早期儿童音乐经验(八):风格 …………………………… 283
　　第一节　摇篮曲 ……………………………………………… 284
　　第二节　舞　曲 ……………………………………………… 288
　　第三节　进行曲 ……………………………………………… 290

参考文献 ………………………………………………………………… 294

第一编　经验的早期儿童音乐教育原理

经验的早期儿童音乐教育指向早期儿童音乐经验的获得，于是经验的双方——早期儿童与音乐艺术成为儿童音乐教育的直接研究对象，其他研究内容也是这两个研究对象的交互结果。本书第一编的第一章阐述了早期儿童音乐发展的特点，旨在厘定作为儿童音乐教育主体的这个群体到底在音乐学习上具有怎样的与其他群体不同的特点以及这些特点对其音乐经验生长的影响。第二、三章阐述了使早期儿童获得音乐经验的载体——音乐艺术——具有什么特点，掌握这些音乐特点是早期儿童工作者从事早期儿童音乐教育的前提。第四章讨论了音乐经验本身，探讨了经验与审美经验的内涵，考察了早期儿童需要获得的音乐经验的类型与早期儿童获得音乐经验的机制。第五、六章讨论了早期儿童经验音乐课程的编制原理。早期儿童音乐经验的获得是通过早期儿童课程载体完成的，所以，早期儿童的音乐教育过程也是早期儿童音乐课程的编制过程。这两章具体考察了课程编制的目标、内容、评价与实施四要素在早期儿童音乐教育中应该具有的形态。其中第五章考察了目标、内容与评价三个要素，第六章考察了课程的实施即教学要素。第七章讨论了"音乐教育"这一学科的两个关键概念"音乐"与"教育"，阐述了这两个概念分别在艺术家族与教育家族中的功能。"音乐"是艺术家族中的一员，所以音乐思维具有艺术家族中所有成员共有的思维特性"意象性"，好的音乐教育是具有意象性思维的艺术教育；音乐教育是总的学校教育家族中的一员，说到底它是为总的教育目标服务的，是实现总教育目标的手段，手段的实现决定着目标的实现，音乐性之手段与教育性之目的的同时实现是音乐教育不懈的追求与真谛。

第一章 早期儿童音乐心理的发展特征

本章主要描述早期儿童音乐心理的发展特征,在描述时以加登纳的儿童艺术发展的三系统为框架。加登纳的理论着重于对儿童审美心理发展的整体探讨和描述,运用其三系统框架来描述早期儿童的音乐心理发展特征,是对其理论假设的粗浅应用。本章第一节从儿童音乐发展的角度介绍加登纳有关儿童艺术发展的三系统与三阶段,第二节粗略描述了早期儿童音乐感知、制作、感受的发展特征,第三节考察了早期儿童音乐教育所具有的意义与意义背后的制约性。

第一节 儿童音乐发展的三系统与三阶段

本节扼要介绍了加登纳有关儿童艺术发展的三系统与三阶段,因为至今为止加登纳的这两种理论假设对早期儿童音乐心理发展特征仍具有比较好的解释力。

一、儿童音乐发展的三大系统

加登纳认为要想理解儿童的艺术发展就需要理解生命过程中的三大系统:制作(making)系统、知觉(perceiving)系统和感受(feeling)系统。[①] 制作系统的产物是行动(action),而行动是指向目的的,不只是单纯的身体运动;知觉系统的产物是识别(distinction),从音乐学习的角度来说,是对各种音乐形式样式的辨别、确认;感受系统的结果是情感(affection),从音乐学习的角度来说,这种情感可以包括任何有关儿童的情绪情感反应,如从微小到夸张的快乐、从舒展到紧张的状态等,但无论是怎样的情

---

① [美]H.加登纳.艺术与人的发展[M].兰金仁,译.北京:光明日报出版社,1988:49.

感反应,都是有注意参与的。针对儿童的音乐学习,关于感受系统需要从两个角度理解:第一,儿童直接体验到了音乐作品本身所具有的情感表现性,这种情况下儿童的感受系统功能得到了最好的发挥,儿童的音乐学习肯定是愉快的;第二,儿童被教师等成人教育者所提供的道具、游戏方法所吸引,在心情很愉悦的前提下不知不觉地进入音乐学习状态,这时儿童的感受系统功能也在积极地发挥着作用。如果教师等成人教育者在提供儿童愉悦学习环境的前提下,能同时发挥儿童的知觉系统与制作系统的功能,那么这样的音乐学习状态与结果就是我们所追求的。

儿童艺术发展的过程是三大系统整合、交互作用、产生动态合力的过程。三大系统的合力促进儿童艺术发展,如何让这三大系统产生合力是儿童艺术教育的研究指向。从悲观的角度审视我国的音乐教育,可能会看到这样的图景:在专业的音乐教育中,感受系统的参与缺失,教师与学生被僵死的音乐知识与技能的制作及知觉控制;在中小学音乐教育中,制作系统缺失,没有身体参与的音乐学习使知觉显得枯燥,感受显得苍白;在早期音乐教育中,知觉系统缺失,没有音乐"语汇"的支撑,早期儿童热热闹闹的音乐学习如股指的一时冲高,留下暂时的美好,而最终的方向是下滑——无功而返。一句话,三大系统是一个整合机制,需要彼此的交互。

二、儿童音乐发展的三个阶段

加登纳经过在几种艺术领域中的长期研究,最后把儿童从出生到青年期(20岁)的审美感知发展分为五个阶段。由于我们的研究只涉及早期儿童,所以还是介绍加登纳早在20世纪70年代初的研究成果,当时他把儿童的艺术感知发展分为以下三个阶段[①]:

第一阶段(0—1岁):前符号阶段。

这一阶段儿童的艺术感知特征是感官原动性,即感知能力与艺术感知能力还没有分化,艺术品的呈现只是作为一般的刺激物,只是起到促进儿童一般感知能力发展的作用,儿童还不能把艺术品当作审美对象。这一阶段所有的艺术偏爱都由"本能性"的感觉特征决定。

---

① 三个阶段的内容见[美]H.加登纳.艺术与人的发展[M].兰金仁,译.北京:光明日报出版社,1988:305.

第二阶段(2—7岁):符号运用阶段,这一阶段又可分为以下三个阶段。

(1)沉浸在符号媒介中,形成符号系统。

在音乐学习中具体表现为:学习非句法的音乐式样,学习与经验情境相联系的音调,学习基本的节奏技能。

(2)对符号的探索与扩大。

在音乐学习中具体表现为:灵活地歌唱,进行演奏的实验,能掌握音乐主题。

(3)审美形式感形成。

在音乐学习中具体表现为:掌握音乐形式样式的一些特质。

这一阶段的儿童脱离了对事物、对人物的"直接知识",可以借助符号间接地来理解事物、人物了。从音乐学习的角度来看,这一阶段的儿童对音乐作品的主题(关于什么的内容)感兴趣,而对音乐风格、音乐个性不加注意。

第三阶段(8岁后):继续进步与可能的退步阶段。

儿童在8岁后进入艺术发展的分水岭,如果儿童在8岁前于三大系统合力作用下已经获得了全面而基本的音乐经验,那么这样的儿童8岁后会继续发展他们的音乐才能,他们会在音乐上变得更加自信,在音乐经验上朝着更加老练、有深度的方向生长。获得基本的音乐经验后儿童所具有的表现行为是:根据对音乐形式样式的确认能进行比较自如的音乐制作活动,并在音乐制作活动中具有来自内在的兴趣或具有感受音乐情绪情感的敏感性。有人[①]这样来比喻8岁前与8岁后音乐学习的区别,他们认为8岁前是音乐经验量的积累期,就好像做一个陶瓷品你想要做多大就先做多大,先把形状用泥坯定型;8岁后是音乐经验质的深化期,即8岁后才开始在大小已经定型的泥坯上做细节性、精致性的"文章"。这一陶瓷品是否成为精品就看细节,但是因为已经成型,无论是否能成为精品,它都已经是一件陶瓷品了。

令人遗憾的情况是,8岁后的儿童由于在人格发展上出现自我意识快速增强、自我批判意识已经形成等特征,许多儿童的艺术表现从这一年

---

① 这些人包括柯达伊、约翰·费尔阿本德等儿童音乐教育家。

龄阶段开始大踏步地退化,表现为知觉能力、感受能力的丧失,制作与创作兴趣的丧失,从而远离艺术。艺术感退化的儿童用上面的比喻来解释就是没有在8岁前做成陶瓷品的泥坯,在音乐经验上没有达到量的积累,8岁前对音乐的感知、感受、制作过程没有成为音乐经验的获得过程。这种情况出现的原因可能有:第一,早期音乐学习缺乏感受系统的参与,枯燥地学习音乐知识与技能使儿童对音乐学习本身失去兴趣,没有兴趣参与的音乐学习对儿童来说很难获得音乐经验。因为学习是一个主动建构经验的过程,音乐经验是需要儿童自主建构的,没有兴趣也就没有建构的动力。第二,早期音乐学习缺乏音乐知觉系统的参与,这种结果又往往是音乐教育者缺少音乐素养导致的。这种情况往往是音乐学习的目标不是指向在感受系统与操作系统协同下的音乐形式样式(音乐符号系统或音乐"语汇"),而是指向事实知识(歌词内容所涉及的知识)、舞蹈动作、语言表述等。儿童确实在使用知觉系统,但发挥的不是音乐知觉的功能,即知觉的内容不是音乐样式,启动的思维不是音乐思维。毫无疑问,这样的音乐学习也不会获得音乐经验。第三,音乐学习缺乏制作系统的参与,靠静坐倾听的方式进行音乐学习只对音乐入门的少数成人有效,因为他们有足够的制作经验积累并达到制作行为的内化水平,他们在倾听音乐时也在制作,只不过是用内化的行为方式进行。儿童没有这种水平,所以靠静坐倾听的方式进行音乐学习对儿童是无效的。

第二节　早期儿童音乐心理发展特征

本节的第一目先对舒特-戴森归纳的早期儿童音乐发展的一般的年龄特征做了介绍,旨在让读者对早期儿童音乐发展的一般趋向有个大概的了解。第二目描述了早期儿童的音乐感知与制作发展特征,因为早期儿童的感知是在制作过程中进行的,所以很难把感知与制作分离。关于早期儿童的感知与制作,最值得强调的是两者的交互与两者指向的内容。所有的感知在制作中进行,感知与制作的内容是音乐形式样式

（pattern[①]）。音乐形式要素是节奏、旋律、力度、速度、音色、织体等，音乐形式要素与音乐形式要素的样式有意义上的区别，早期儿童音乐教育在音乐形式要素上的关注点是形式样式而非每一要素的概念。第三目描述早期儿童的音乐趣味或音乐感受特征。感受是指个体对自己内部的情绪情感状态的意识。对早期儿童来说，音乐学习首先是一件有趣的事，如果学习情境与内容不能引发他的兴趣即不能触动他的感受系统，一切学习都是无效的。只有音乐情境与内容触动早期儿童的情绪，才能最终导致儿童感受音乐的情绪情感表现性。

一、舒特-戴森归纳的早期儿童音乐发展的一般年龄特征[②]

0—1岁：对声音做出各种反应。

1—2岁：自发地、本能地"创作"并歌唱。

2—3岁：开始能把听到的歌曲片段模仿地唱出。

3—4岁：能感知旋律轮廓。如果此时开始学习某种乐器的演奏，可以培养绝对音高感。

4—5岁：能辨别音高、音区，能重复简单的节奏。

5—6岁：能理解、分辨响亮之声与柔和之声。能从一些简单的旋律或节奏型中辨认出相同的部分。

6—7岁：在歌唱的音高方面已较为准确。明白有调性的音乐比不成调的音的堆砌好听。

舒特-戴森的归纳是以欧美儿童音乐发展的情况为背景的，只突出了儿童音乐发展过程中最主要的一些特征，非常概括，但是对整体把握儿童音乐发展的脉络，对观察与描述我国儿童音乐发展历程具有一定的参考价值与启发。

二、早期儿童音乐知觉与制作发展的特征

儿童音乐能力发展与儿童在其他学科、其他艺术门类能力的发展具

[①] 本书把英语单词pattern译成两个词：一是样式，另一是模型。在统称的音乐形式要素语境下译成样式，在只涉及旋律、节奏的语境中译成模型，因为节奏型、旋律型都是大家的习惯用法。

[②] 张奇.儿童审美心理发展与教育[M].北京：北京师范大学出版社，2000：85.

有一个不可通约的差异,即音乐智能确实具有遗传性。一个3岁儿童的音乐歌唱能力、创作能力可以超越许多成年人,这种现象在其他学科、艺术门类中是很难出现的。但我们研究的早期儿童音乐发展与音乐教育是针对普通儿童的,尽管发现天才音乐儿童是我们音乐教师的职责,这也不妨碍我们工作的核心,即让普通早期儿童顺利获得其年龄阶段所应该获得的音乐经验。下文描述的早期儿童音乐发展的心理特征是针对普通儿童的,是早期儿童音乐发展的常模水平。

(一)音乐旋律知觉与歌唱的发展

1.在音高歌唱方面(歌唱制作能力)

12—18个月婴儿在歌唱时,其音高是模糊不清的;19个月婴儿开始出现分离的音高,主要是二度音程与小三度音程的清晰音高;17—23个月婴儿半数以上的清晰音高还是二度音程,但音程的跨度随年龄增长在增大;到2岁半左右,四度、五度音程已经出现,但大二度与小三度仍是能清晰歌唱的主要音程。

2.在音高辨别方面(旋律知觉能力)

3—4岁儿童能辨别八度及八度以上距离的音是有明显的"空间"差异的;4—5岁儿童能辨别五度及五度以上的音是有明显的"空间"差异的,能从前奏中辨别熟悉的歌曲;5—6岁儿童能辨别三度距离的音是有明显的"空间"差异的,另外已经能够从前奏、间奏中轻松地辨别熟悉的歌曲;7—8岁儿童在实验情境下已经能够辨别全音、半音、四分之一音的音高差别,辨音功能在这时期已经成熟。

3.在旋律轮廓线歌唱方面(歌唱制作能力)

儿童直到3岁半左右才能唱出规则的旋律轮廓线。在旋律轮廓线辨别方面(旋律知觉能力),5岁左右儿童已经能够辨认级进的上行、下行旋律轮廓线和跳进旋律轮廓线,但只是轮廓线而不能准确辨别音程,所以歌唱时音程跨度是不稳定的。

4.早期儿童歌曲学习的一般过程(早期儿童歌曲学习的一般特点)

塞拉菲尼(Serafine)、克劳德(Crowder)和雷普(Repp)在1984年做了一个实验研究,研究结论是早期儿童在学习歌曲时,旋律和歌词是一个整体而不是分散的部分。早期儿童掌握一首歌曲有一个渐进的过程:先要学会歌词,接着是节奏,然后才是旋律轮廓和音程。这个过程具体可以描述为以下四个阶段。

(1)掌握歌词阶段。能理解与歌词结构关系密切的乐句、乐段结构,节拍感、基本的速度感已经建立。

(2)掌握节奏阶段。能用打击乐奏出歌曲的节奏,歌唱时基本做到节奏、句读准确,但音高只是近似,音程尚不准确,也无调性的稳定感。

(3)大致掌握音高轮廓阶段。每一乐句的音高轮廓已能唱出,但乐句间、乐段重复之间仍缺乏调性的稳定感,每次转换都可能改变音程。

(4)初具调性感阶段。前面三个阶段的成绩得到巩固。虽然音程仍不甚准确,但已初具调性的稳定感;能从节奏中抽出节拍,已能理解并在一定程度上运用速度的变化表达不同的情感,如悲伤的表情用较慢的速度。

(二)节奏知觉与身体动作的发展

1.节奏型发展方面(节奏知觉能力与身体动作制作能力)

从 18 个月开始做出试图使身体动作与听到的歌曲合拍的努力,到 4—5 岁时早期儿童能成功地模仿打出 2—4 个音符组成的简单节奏型,6 岁早期儿童大多能准确地模仿 3—4 个音符组成的节奏型。

2.身体动作合拍方面(对节拍进行知觉与身体动作反应的能力)

3 岁早期儿童的音乐活动最初实际上是教师自己的歌唱表演,早期儿童聆听或伴随教师的歌唱做些有意思的固定位置的身体动作。身体动作包括根据歌词做固定位置的身体打击,也可以做一些走路的移动动作,合拍地走圆形队列。4 岁早期儿童可以扩展到包括更复杂活动的圆圈队列的活动,如弯腰、转向、改变队列方向、和同伴一起行走等,也可以走出像螺旋形那样更复杂的队列。5 岁早期儿童能够表演有情节的、多角色扮演的游戏,做占据更大空间、更复杂的动作,可以走出两个圆圈的圆形队列、星状队列。[①]

3.节奏感发展方面(对节奏进行知觉与制作的能力)

3—4 岁早期儿童可以通过大量的身体动作表演与打击乐演奏表演获得稳定的节拍感。4—5 岁早期儿童通过快与慢的配合理解节拍,通过歌谣朗诵理解节奏型。5—6 岁早期儿童已经能够理解歌曲的节奏型,能

---

① 杨立梅.柯达伊音乐教育思想与匈牙利音乐教育[M].上海:上海教育出版社,2000:101-104.

独立完成快慢节拍的变换,能理解节奏的主题、动机。

(三)音色、力度、速度知觉与制作的发展

格林伯格在1972年的一份音乐研究报告中指出:当音高、旋律、旋律性的节奏、和声、曲式结构还在以一个相当慢的步子前进时,拍子、速度和力度已在孩子身上迅速发展了。[1] 他的研究结论给我们的启示是:早期儿童对非句法音乐形式要素知觉、制作、感受能力的发展远远早于句法音乐形式要素的发展。

1.音色知觉

对音色的注意早在婴儿时期就已经出现,但是婴儿对音色的知觉兴趣主要在于日常生活中的音色而不是音乐音响中的音色,他们熟悉的动物叫声使他们兴趣浓厚,他们玩耍的物体能发出的声音让早期儿童好奇心大发。对音乐音响中的音色来说,无论让早期儿童分辨的是器乐音色还是声乐音色,早期儿童感兴趣的还是那些区别明显、反差大、能生动刻画事物的音色。穆希德和庞德对早期儿童的音色知觉发表了以下观点:作为早期儿童感知音色的一个例子,普罗柯菲耶夫的《彼得与狼》使我们饶有兴趣。在《彼得与狼》中,由法国号演奏的狼、双簧管吹奏的鸭子、大管描写的老爷爷等主题,因它们鲜明生动,容易被早期儿童听懂和记住;而那个旋律婉转的猫主题似乎很难被早期儿童察觉到。[2] 从中我们可以看出,法国号、双簧管、大管有特点、区别大的音色容易被早期儿童理解和掌握。同理,在人声中男低音音色、花腔女高音音色,由于它们对比强烈、区别明显,往往也是最先让早期儿童知觉的对象。

对于音色知觉,总的来说3—4岁早期儿童能辨别2—3种有鲜明对比度的人声或乐器声;4—5岁早期儿童能更好地辨别不同的人声与乐器声;5—6岁早期儿童能很好地识别不同的声音和人声。

2.力度知觉与制作能力

到了3—4岁,早期儿童已经有比较声音强弱的能力了,能自如地辨别说、喊、悄悄话与唱的区别,并且能够用嗓音去表达这些区别;4—5岁早期儿童能辨别歌曲、讲话,打击乐中的强弱,并且能够用歌唱、打击乐演

---

[1] 尹爱青,等.外国儿童音乐教育[M].上海:上海教育出版社,1999:16.
[2] 尹爱青,等.外国儿童音乐教育[M].上海:上海教育出版社,1999:23-24.

奏等制作方式去表达强弱;5—6岁早期儿童已经能辨别并理解强弱的所有变换关系。

3.速度知觉与制作能力

3—4岁早期儿童能用简单的身体动作合中速、稍快、偏慢的音乐;4—5岁早期儿童可以辨别渐快、渐慢,并能调节身体动作去合速度;5—6岁早期儿童能辨别与理解快慢的所有变换关系。在速度方面,对早期儿童来说最难辨别与操作的是严格的匀速,早期儿童在歌唱与演奏时比较容易越来越慢或越来越快。

三、早期儿童的音乐趣味(感受特点)

早期儿童的音乐趣味与成人有很大的区别,这个结论是人人都知道的,问题在于区别在哪里? 如果我们能够探明早期儿童对音乐中的什么感兴趣,那么我们的音乐教育就容易投其所好、有的放矢了。以下对早期儿童音乐趣味特点的描述主要来自苏菲·别莱叶夫·艾克塞姆普拉斯基的研究结论。[①]

1.音量(tonal volume)要素是早期儿童最主要的音乐兴趣

这里的音量不是单纯地指音的强弱、声音大小,而是指丰富、完美、实体、令人异常愉悦、悦耳动听的音。总之,对早期儿童来说,音乐首先是动听的声音。钢琴对早期儿童产生吸引力,不是因为钢琴演奏出来的音乐作品而是因为钢琴能发出好听的声音,这些声音本身吸引着早期儿童。这一研究结果对我们从事早期音乐教育的启示有以下几个方面:第一,在让早期儿童感知器乐作品时,我们有责任让早期儿童听到最好的音响效果,那种劣质的音响源与音响设备阻碍了早期儿童对音乐产生兴趣;第二,在让早期儿童感知器乐作品时,教师尽量少用嗓音,早期儿童感兴趣的是丰满的音响效果不是教师唱出来的几句旋律;第三,在歌唱学习中,教师发出悦耳的声音非常重要。如果教师歌唱的声音本身对早期儿童缺少吸引力,那么使早期儿童充满歌唱学习兴趣的愿望就比较难以实现。在打击乐器的演奏方面,早期儿童感兴趣的是让他自己去探究发出好听

---

① [英]詹姆士·L.穆塞尔,等.中小学音乐课教学法[M].章枚,译.成都:四川人民出版社,1983:22-28.

的声音并演奏,而不是一板一眼地非得按照教师要求的拿乐器的方式、教师要求的节奏型去打击。

2.运动是早期儿童对音乐感兴趣的第二重要因素

换言之,早期儿童感兴趣的是让他用身体动作来感知、感受音乐。儿童音乐感是由身体肌肉感引领的,这一观点在音乐教育界已经达成共识。对早期儿童来说,通过静坐来倾听感知音乐是不可能的,音乐感知、理解、解释的过程就是早期儿童身体运动的过程。早期儿童对节奏感兴趣是因为他能跟着节奏做肌肉动作,也正是通过肌肉动作早期儿童感知到了节奏。早期儿童对旋律感兴趣是因为这种旋律能被他唱出,也正是通过唱他才感知到了旋律。

3.让早期儿童感兴趣的音乐作品类型是"关于"某些事情的音乐

关于小动物、小河、小湖、小星星、树林的音乐,讲着小熊一家、小朋友不听话、来了小客人的故事的音乐都让早期儿童沉迷。总之,音乐必须要有与早期儿童生活相关的内容,这些内容吸引着早期儿童。从音乐本体特性的角度来说,再现性的音乐是早期儿童的最爱。所以,歌曲比器乐曲更能直接吸引早期儿童,因为歌曲的歌词都是"关于"什么的,有具体内容的。在所有歌曲中具有故事情节的歌曲是早期儿童的兴趣之最,边歌唱边表演故事、扮演角色是早期儿童莫大的享受。对于器乐曲当然首推有标题的音乐,因为音乐的标题往往把音乐内容的主题给标出来了,早期儿童可根据标题展开联想,编造音乐故事。

第三节 早期儿童音乐学习的意义与制约条件

"教育"是一个很含糊的词,人们用这个词的时候往往预期它是好教育,事实上,"教育"可以是非常非常糟糕的。换言之,教育对人的发展并不是都能产生助力,有的时候是产生阻力的。对早期儿童音乐教育来说,也有不太有效的现象。所以,在知晓早期儿童音乐教育很重要的同时,我们应更多地探讨让早期儿童音乐教育有效的途径,即让"音乐教育"成为音乐教育是我们的任务。本节第一目是讨论儿童在早期接受音乐教育的重要性,第二目是考察实现这种重要性的条件。

经验的早期儿童音乐教育

一、早期儿童音乐学习的意义

有太多的音乐观察研究认为音乐学习的关键年龄是 0—8 岁或 0—9 岁，9 岁或 10 岁以后再进行音乐学习已经太晚。这些研究我们可以列举一些。

音乐心理学家爱德华·戈登认为音乐才能的发展似乎是在 9 岁时达到平衡，在 9 岁以后，像最基本的节奏技能——保持一个稳定的节拍是不能有实质性的改变和提高的，所以，早期音乐体验对整个音乐能力的发展至关重要。[①]

日本教育家木村久一认为，儿童潜能的发挥遵循着一条才能递减的规律。假设天生潜能是 100 分，那么从出生一刻起就接受最优化的早期教育的一个儿童，他就有可能成为具有 100 分能力的人；到 10 岁才接受良好教育的一个儿童，他的潜能就只剩下 60 分了。

柯达伊认为儿童的音乐学习最好在 6 岁之前开始，最迟不能迟于 9 岁。美国柯达伊音乐教育协会的前会长约翰·费尔阿本德也极力拥护柯达伊的观点，并把其所有精力投放在 9 岁前儿童的音乐教育上。

神经生物学的解释似乎也为音乐学习具有关键期的说法提供了一定的支撑。从大脑神经系统发展的视角出发，有两种音乐学习关键期的解释。一种解释是：人的神经系统中，裹有髓鞘的神经元轴突的信号传递速度比未裹有髓鞘的大约快 100 倍，儿童刚出生时，其大脑中只有极少的髓鞘化轴突，故他们记不住东西，也不能进行空间定位。从神经生物学的角度来说，神经元轴突的髓鞘化过程对儿童早期的发展非常重要，神经元轴突髓鞘化是产生学习关键期的基础。例如，大脑语言发音区域完成髓鞘化后，就是早期儿童开始发展语言能力的最佳时期。心理学家认为，音乐能力尤其是音乐的固定音高能力开发的最佳时间在 3 岁左右，开始学习音乐动作技能的最佳时间为 5 岁左右。这两个观点已被人们普遍接受。另一种解释是：在生命的早期，许多神经元尚未被确定今后负责、控制什么，10 岁之前，所有关于运动的经历和经验决定皮层上究竟有多少神经元控制身体的各个具体部位。经常用手就会有更多的神经元控制手和手

---

① 尹爱青,等.外国儿童音乐教育[M].上海：上海教育出版社,1999:58.

指,其他部位就相应减少。因此,对音乐动作技能的学习来说,10岁以后才进行确实比较迟了。

音乐教育界对关键期的强调、神经生物学对关键期的解释与音乐领域人才成长的事实是吻合的。众所周知,在世界音乐舞台上最负盛名的演奏家雅沙·海菲兹、耶胡迪·梅纽因等,最有才华的作曲家莫扎特、贝多芬等无一例外的都是由于音乐禀赋与早期家庭音乐教育的合力,让他们有了得天独厚的童子功,并为他们今后音乐事业的辉煌奠定了基础。

音乐学习关键期的观念突显了早期儿童音乐教育的意义。一个国家放弃早期儿童音乐教育的重要地位,一个早期教育机构忽视早期儿童音乐教育的重要性,一个家庭无视早期儿童音乐学习需求的现象都是令人扼腕的。

二、早期儿童音乐学习的制约条件

有些心理学家、艺术家都提到了儿童艺术能力的退化问题,这种退化现象一方面确认艺术学习的最佳年龄是在儿童早期,另一方面也说明艺术学习是有制约条件的,唯符合条件的好的艺术教育才能促进早期儿童的艺术发展。

皮亚杰描述了这种退化现象,他说:"有两个悖反的事实使得所有习惯于研究心灵作用与儿童能力之发展的人惊讶。第一个事实是,幼儿在绘画方面,在符号表达诸如造型描绘方面与即兴加入那种组织好的集体活动方面,有时也在音乐方面比大一些的孩子更有天赋。倘若我们研究一下儿童的理性功能和社交情感,那么发展便会或多或少地呈现为一种不断的进步,而在艺术表达方面所获得的印象相反却不断地显出一种倒退……第二个事实与第一个事实是部分相同的:在艺术倾向方面建立起发展的正常阶段比在心灵功能方面建立起发展的正常阶段要困难得多……没有那种培养这些表达手段和鼓励这类审美创造之表现的恰当的艺术教育,那么成人的行为以及学校生活与家庭生活便会在许多情况下压抑或破坏这种倾向,而不是去加强这种倾向。"①

歌德也谈道:"倘若儿童能按照早期的迹象成长起来,那么我们就都是天才了。但成长并不仅仅是发展而已……过了一定的时期之后,这些

---

① [美]H.加登纳.艺术与人的发展[M].兰金仁,译.北京:光明日报出版社,1988:25-26.

能力与机能表现就根本不复存在了。"①

这些观点都在阐述着早期儿童拥有艺术家的特征,显然,有相同特征也有相异特征。相同的是儿童能像艺术家一样去发表自己的艺术见解,相异的是艺术家的艺术能力不会消失,而许多早期儿童拥有的艺术特征随着年龄的增长消失了。鉴于此,加登纳在划分儿童的艺术发展阶段时,把8岁以后描述成要么继续发展要么退化的阶段。

早期儿童艺术教育研究者需要解决的一个核心问题是:如何让8岁后儿童的艺术表达能力不退化。我们认为对于人格发展中已经形成较强的自我评价能力的8岁后儿童来说,艺术自信以艺术能力或艺术经验为支撑,成为他们继续能像艺术家一样去发表自己的艺术理解的关键。这句话的另一层意思是儿童早期的艺术学习看起来热热闹闹,事实上很多时候只是利用了8岁前儿童本能地喜欢艺术表达的年龄特征,几年的艺术学习并没有让儿童获得最基本的艺术经验,结果当儿童进入自我意识强烈唤醒的年龄期后,对没有艺术能力支撑的本能层面的艺术表达做出了否定的判断与评价,于是出现逃避艺术表达的现象。所以,只有在儿童早期真正获得艺术经验的那部分儿童才能继续对自己的艺术表达充满自信,并朝着艺术经验的精致方向发展。

能获得音乐经验或能力的音乐学习显然不只是唱几首歌、演奏几首打击乐器的学习,也不是学着大量音乐知识的学习,它是儿童的感知、感受、制作系统交互作用形成合力的一种学习。在这种音乐学习中,儿童的兴趣或情感或感受是第一重要的,它把唱、身体动作、乐器演奏、即兴表演等制作经验与旋律、节奏、音色、力度、速度、织体、结构等音乐形式经验焊接起来。当早期儿童感受的对象是艺术(音乐)符号时,他们必须通过运动或制作的方式与对象深入交互,即听音乐是用身体在听,需要摇摆身体,或听与摇摆身体交替出现。无论怎样,他们对艺术对象的反应都是一种身体的反应,这种反应弥漫着身体感觉。从早期儿童感受(情感)与运动(制作)交织不可分的特点来看,儿童的感受系统与制作系统只是在理论层面上才能分离。无论是感受还是制作,它们的内容都指向艺术形式。

---

① [美]H.加登纳.艺术与人的发展[M].兰金仁,译.北京:光明日报出版社,1988:28.

从音乐角度来说,音乐形式八要素的形式样式是音乐经验的内核,但它们以再现性制作、表现性感受的方式存在。不指向这些音乐形式样式的感受很容易走向空洞与臆想,不指向这些音乐形式样式的制作很容易走向表面的热闹、非音乐性的表演。总之,没有感受与制作参与的音乐学习儿童绝不会喜欢,音乐形式以其静止、孤立、枯燥面目出现,犹如让儿童看骷髅图,令儿童魂飞魄散;同样,没有以对音乐形式样式的感知为内核的感受与制作,看上去儿童热热闹闹地在学音乐,但实际上如沙上堆物,没有实际效果。所以,儿童音乐经验的获得一定是三系统的合理交织。笔者写作本书的愿望就是展示一种三系统交互的图景,在这种图景中让早期儿童获得音乐经验的最基础部分,从而为后续的音乐学习提供支撑。

第二章　早期儿童的音乐特性（一）：早期儿童音乐作品特性

音乐是文化，音乐作品是文化的产物。作为文化产物的音乐作品存在于特定的历史与社会中，对它的表演与诠释受历史与社会的影响，对它的传播与承袭受政治、意识形态等的限制，所以音乐作品不是"纯粹的"，它与社会、历史不可分割。同时，不可否认音乐作品确实存在着可以暂时从社会、历史的背景中析离出来的自身的独立性，即音乐本体特性。本章第一节讨论音乐作品的本体特性，第二节讨论音乐作品的历史－文化特性。

第一节　早期儿童音乐作品的本体特性

从简单主义出发，我们可以把音乐作品的本体特性分成三类：形式性、表现性、再现性。像巴赫的《钢琴十二平均律》、勋伯格的《木管五重奏》等乐曲，它们似乎特别关注句法与非句法关系的设计，似乎除了音乐形式本身之外确实很少有另外东西的介入。有的人称这类音乐为"纯音乐"，我们称其为"形式性音乐"。像埃林顿（Ellington）的《破晓快车》是一列"火车"慢慢地出站、加速、以稳定的速度行进、慢下来进站的"火车肖像"，这样的作品是对现实最接近的再现，我们称这类音乐为"再现性音乐"。不过，很难找出一种能极端地表现人类具体情感的音乐，因为音乐做不到这样。宽泛地说所有的音乐都是表现性音乐，无论是"纯音乐"还是最具模仿性的再现音乐，它们多多少少带有某种悲、喜、忧、平静、快乐等感觉在里边，所以都具有表现成分。应该说，所有的音乐都是表现性音乐,其中特别强调形式的那部分音乐我们把它归入形式性音乐范畴,特别强调现实描述的那部分音乐我们把它归入再现性音乐范畴,剩下的那部分列入表现性音乐范畴。

一、早期儿童音乐作品的形式特性

音乐思维的基本单位是乐句(短句)而不是孤立的音,不以乐句为单位来倾听音乐作品,一般人就无法倾听下去。这与语言学习中先认单个字、然后组词、最后成句是完全不一样的。音乐作品的形式特性是指音乐作品中涉及由句法与非句法元素组成的作曲或即兴的音乐设计。[①] 句法元素包括旋律、和声与节奏,非句法元素包括音色、织体、速度、曲式结构与力度。儿童在9岁以前一般对和声不予关注[②],所以对早期儿童音乐教育活动来说,句法因素主要是旋律与节奏。但是,这并不意味着教师给早期儿童的歌唱伴奏时可以不顾和声效果,早期儿童对和声的协和度不关注,然而好听、欢欣、丰满的音响效果始终是他们的最爱。在句法元素中旋律模型与节奏模型(简称旋律型与节奏型)成为主要关注的内容(后文展开)。非句法元素也有其模型或样式,但模型不是以句子为单位,而往往是以段落等为单位,故而体量较大。例如,一段音乐是由萨克斯独奏的,那么这段音乐的音色就是萨克斯音色组成的模型。一小段音乐是渐慢,另一小段音乐是匀速,再一小段音乐是渐快,所以这个曲子就由速度的渐慢模型、匀速模式、渐快模型组成。

下面将具体分析早期儿童音乐教学范围内可能出现的八大音乐形式元素及它们的模型:节奏、音色、力度、旋律、结构、速度、织体、风格。

(一)节奏

节奏总是包含两个方面:拍子与节奏型。它们犹如一个硬币的两个面,总是形影相随、不能分离。为了叙述方便,我们暂时把它们分开描述。

1.拍子

拍子是节奏型构成的调整原则,即所有的节奏模型都是在拍子的基

---

① Elliott, David J. *Music Matters: A New Philosophy of Music Education*. New York: Oxford University Press, 1995:139.

② [英]詹姆士·L.穆塞尔,等.中小学音乐课教学法[M].章枚,译.成都:四川人民出版社,1983:27.

础上形成的。在早期儿童音乐教学范畴内,我们关注的是如何让早期儿童感觉到拍子(又称如何让早期儿童有拍感)。早期儿童的拍感一般包括以下两个方面:合拍,二拍、三拍的强弱韵律感。合拍是早期儿童与音乐交互的第一块基石,并贯穿所有音乐活动始终。二拍、三拍的强弱韵律感是指对拍子的强弱规律的意识程度。一切音乐都可以归入二拍、三拍的基础性韵律中,例如,四拍可以理解为两个二拍的韵律,$\frac{12}{8}$ 拍可以理解为一个四拍的韵律,$\frac{5}{4}$ 拍可以理解为一个三拍与一个两拍的韵律,$\frac{6}{8}$ 拍可以理解为两个三拍的韵律。

培养早期儿童的拍感有一些规律:第一,在歌曲中进行。因为有的歌曲(一字一音歌曲)完全体现了音乐的节奏性,有的(带有一字多音的歌曲)基本上体现了音乐的节奏性。早期儿童的歌曲又往往是节奏型的重音与拍子重音的重合,所以,在歌曲中早期儿童容易意识到拍子。第二,在动作中进行。拍感即是肌肉感或者身体摇摆感,合拍的标志就是身体动作吻合音乐韵律。二拍与三拍的歌曲分别具有不同的身体摇摆要求,如何根据歌曲的不同拍子来创造出不同的身体摇摆,这是需要教师时刻关注的问题。

2.节奏型

我们已经强调过音乐思维是从句型开始的,句型要么是旋律型要么是节奏型。让儿童计算四分音符、八分音符、二分音符,再进行这些音符的时值比较,这样的数学教学与音乐没有多大关系,与早期儿童音乐学习更是没有任何关系。所以,我们所说的节奏总是以节奏的模型出现。在早期儿童音乐教学范畴内,我们让早期儿童关注的有音符单一的节奏型、先密后疏的节奏型、紧凑的与舒展的节奏型、休止符等。

(1)音符单一的节奏型。

这种节奏型往往只由一到两种音符组成,如主要由四分音符组成的节奏型、由八分音符组成的节奏型、由二分音符组成的节奏型,这类节奏型是早期儿童最容易理解的。感知这类节奏型往往从中速的行走、慢速的行走、快速的跑步开始,当然随着对这类节奏型合拍的自如,可以引导儿童边走边做一些手上的动作。早期儿童教学传统采用的一些基本舞步在让早期儿童感知与制作这类节奏型方面能起很大的作用。在进行与舞蹈或早期儿童动作表演相关的教学时,教师对舞曲所具有的节奏型特征的掌握,是进行舞蹈动作编排的前提。尽可能让舞蹈步子符合节奏型特点是我们追求的目标。

(2)先密后疏的节奏型。

从作曲角度来说,节奏的先紧后松是写作赞美性的、表达深情之爱的歌曲的常规手法。这类歌曲中最典型的就是腾格尔的《天堂》,运用这种作曲手法,腾格尔把对家乡之爱表达得淋漓尽致。同理,《青藏高原》《天路》《春天的故事》《走进新时代》《为了谁》等无数颂扬性质的歌曲都运用了这种手法。

(3)紧凑的与舒展的节奏型。

让早期儿童先接触先密后疏的节奏型是因为它很容易用动作表现,然后以此为中介,早期儿童可以继续理解节奏紧凑与节奏舒展这两种节奏型的特征,理解了这两类节奏型之后就能比较容易理解抒情类与活泼类的曲子了。

(4)休止符。

休止符不是音乐的停顿,而是节奏流动中的一个因素,这个因素能增加音乐的美感与意义。对于休止符首先得感知它们,而感知它们得从肌肉感入手。关于休止符感知的歌曲与方法比较固定,可参照第八章第二节有关休止符经验获得的材料选择与实施方法内容。

(二)音色

音色不只是音乐元素,它也是生活元素。早期儿童每天与数不清的声音相遇,而这些声音都具有不同的特点,所以与其他音乐元素相比,音色是与早期儿童生活经验很相关的一种元素。在早期儿童音乐教学范畴内,我们会让早期儿童沉浸在大量与音色探究相关的活动中,一般来说早期儿童音色探究会涉及以下方面的内容:嗓音与人声、打击乐器音色、生活音色、自然界音色、机器音色、乐器音色。

(三)力度

强与弱是音乐表现的重要手法。由于强弱感受在日常生活中经常出现,是有一定积累的一种生活经验,所以早期儿童比较容易理解。在力度的掌握方面,早期儿童的主要困难是歌唱时的强弱处理。由于歌唱的强弱是由头声控制的,当早期儿童没有利用其天生的头腔共鸣时,歌唱就容易导致强就是喊叫、弱就是无声的倾向。所以,力度问题,理解是一回事,用嗓音控制又是另一回事。

(四)旋律

我们强调乐思的最小单位是乐句,旋律句的进行性格是我们着重要早期儿童理解的。这里所说的旋律句的性格就是旋律的轮廓形态或轮廓线,包括旋律的上行与下行,旋律的级进与跳进。对旋律线的理解是以理解音的高低为基础的。对3岁左右的绝大多数早期儿童来说,他们不理解音的高低。有的研究认为,早期儿童对音的高低理解困难是由于受音的强弱的干扰。从我们对早期儿童旋律学习的观察来看,确实存在着音高时早期儿童不由自主地唱响、音低时唱弱的倾向。事实上,一旦理解了音有高低之分以后,人们在歌唱的音准上就比较容易把握。在音准与节奏的掌握上,从本质上说,节奏要比旋律难得多。比如,只要你有心观察一下大众卡拉OK的活动情况,你就会发现唱卡拉OK的人群中,音准过得去的还是比较多的,而真正能严格踩住拍、掌握弱起切分的人很少。所以,在各种与音高探究相关的音乐活动中让早期儿童体验音的高低、感受到音的高低、分辨出音是有高有低的,就显得格外重要。在早期儿童教学范围内,旋律方面的内容有:分辨音的高低、旋律的上行与下行、旋律的级进与跳进。

(五)结构

每一首曲子都是经过精心设计的,设计的结果便是结构。音乐结构的最基本单位是乐句,换言之,乐思的最小单位是乐句;而被称为完整的乐思就是乐段。所以,对于音乐结构的内容,乐句与乐段是我们关注的重点。设计音乐结构时最基本的要素是平衡、整齐与变化,而达到平衡与整齐的基本手段就是重复。因为重复才使得变化更有意味,但在音乐结构中重复永远是主要的,变化是基于重复展开的,在一首曲子中变化太多且没有依据会使音乐变得难懂与无意义。在早期儿童音乐教学范围内,有关结构的内容就在句子的重复与变化、段落的重复与变化之间展开。

1.句子结构

关于句子结构,我们主要让早期儿童理解:重复句(模仿句)、喊答句。

重复越多的曲子越简单,对早期儿童来说,重复越多的曲子越合他们的口味,而辨认句子的重复则是早期儿童理解音乐的第一步。模仿句是最简单的重复句,在歌曲中无论是旋律还是歌词,后句总是跟着前句走。在小班初学歌唱时,模仿句结构的歌曲容易让早期儿童模仿教师的头声歌唱与合拍韵律,这样会减低早期儿童的歌唱难度,容易让早期儿童喜欢歌唱。喊答句结构的歌曲主要是让早期儿童理解句子的变化,同时理解音乐句子即便变化也是有呼应的。民族民间歌曲中有许多是喊答句结构的,如对歌、劳动歌、号子歌等,这种生活趣味很浓的歌曲如果改编得富有儿童趣味,会很受早期儿童欢迎。

2.段落结构

有关段落结构,我们主要让早期儿童理解:主副歌结构、三段体结构、回旋体结构、引子与尾声。主副歌结构的歌曲指的是由音乐品质不同的两段音乐构成的歌曲,这种歌曲因为有歌词的再现性内容提示,很容易让早期儿童表演,早期儿童在表演过程中通过肌肉感就很容易体会两段歌曲的不同品质,这样也就体会了段落的变化。一般来说,对器乐曲的二段体、三段体、回旋体的理解主要是以对主副歌结构歌曲的理解为铺垫的。只要能理解歌曲中两个段落音乐的变化(理解不是通过语言检验而是通过动作表演检验的,只要早期儿童用不同的动作来分别表达两段音乐,说明早期儿童已经理解了),就一定能理解器乐曲中两个段落的变化。三段体与回旋体只是两段体的扩展,难度不大。

(六)速度

速度与力度一样,也是音乐表现的重要手法。速度包含感知与表达两个层面。从感知的层面来说,由于速度经验与日常生活经验密切相关,所以,早期儿童感知速度的快与慢、匀速与不匀速这些内容还是相对比较容易的。问题在于表达层面,一方面,速度的表达与节奏紧密相关,对早期儿童来说,掌握节奏的细微之处是有困难的;另一方面,匀速是早期儿童歌唱的难点,早期儿童歌唱时句与句之间既容易拖拍又容易越唱越慢。所以,速度的感知是一回事,速度的表达又是一回事。在表达层面,节奏的细微变化与歌唱、演奏匀速的掌握对早期儿童来说较难。

（七）织体

在音乐中以及与音乐相关的动作表演中无处没有织体，但是，受年龄制约，早期儿童不经引导不太会关注音乐中的这部分内容。在早期儿童教学中，我们需要以欣赏民族舞、踢踏舞等为突破口，让早期儿童感知音乐的层次。舞蹈的层次是早期儿童比较容易理解的，例如手上拿鼓、脚上戴铃的舞蹈，除了舞者的舞蹈动作外，还有时不时发出的铃声与鼓声，这种层次感很容易让早期儿童捕捉到。有了这种听觉与视觉结合的层次感，我们才可能让早期儿童进入对音乐的层次即织体的感知、感受与制作中。在早期儿童教学范围内，织体的内容包括：有伴奏音乐与无伴奏音乐的分辨、织体的厚与薄的分辨、用打击乐合作表达织体。

（八）风格

音乐风格往往存在于具有共同听觉特征的一个音乐群体中，这个群体中的音乐人和听众拥有某些相同的音乐信仰、共识和偏好。比如西方音乐中的古典音乐与浪漫音乐，西方音乐爱好者或受西方音乐熏陶的非西方音乐爱好者很容易分辨它们在音乐句法与非句法特性上的区别，即音乐风格上的区别。其中最明显的区别就是浪漫音乐对音色、速度、力度等非句法音乐元素在分量上大大超过古典音乐的使用，这使得浪漫音乐被更多的非音乐专业的人所接纳。音乐风格的概念涵盖音乐句法与非句法特性中的所有元素，而不是句法与非句法特性中的一种元素，所以，在严格意义上说风格是不能放在音乐形式元素中的。

早期儿童音乐教学中所指的音乐风格概念与上面所谈的音乐专业领域的音乐风格概念相比，外延要小很多，可能更接近体裁的概念。早期儿童音乐教学中所指的风格是指音乐体裁之间所具有的典型的差异，体裁之间的差异也是由每种体裁具有自己独特的表现手法和创作习惯所致，而这种独特的表现手法和创作习惯也是风格。所以，体裁的不同就是风格的不同，早期儿童音乐作品的风格差异是由体裁来区分的。与早期儿童音乐趣味比较相投的音乐体裁有：摇篮曲、进行曲、舞曲。这三种体裁的音乐风格有很大差异，而且特别适合用动作表演来完成，所以比较容易为早期儿童理解。

二、早期儿童音乐作品的再现特性

(一)音乐作品再现性概述

音乐作品再现性是指音乐作品中的句法与非句法形式主要用来描绘或刻画人、物、地点、事件等客观现实的性质。音乐对客观现实的刻画有其自身的特点,这种特点可能与较少接触音乐的人的想法相左。例如,在听再现意味很浓的维瓦尔第《四季》组曲中的《夏季》时,你可能一直期望着能听到用语言所描绘的那种"夏季",结果却使你很失望。因为这个作品既不能让你"看"到也不能让你"读"到夏天的样子,更不能告诉你一个特别的夏季是怎么样的。它只是提供用音乐语言所刻画的夏季。所以,音乐作品中的再现性或再现内容是需要认真挖掘的,大多数再现性音乐作品的再现内容还是很含蓄的,只是匆匆听一遍或两遍,在头脑中不会留下太多的东西。一个短小的再现性音乐作品可能比较容易找到一个可辨认的主题,我们总是寻找各种线索如标题、歌词等使主题得到确认。如《图画展览会》中《未出壳雏鸡的舞蹈》这个曲子,它的题目就可以直接成为我们理解音乐内容的主题,这个主题使我们在倾听音乐时自觉地把音乐与未出壳小鸡的形象对应起来。

再现性音乐作品有着一个宽泛的范围,像维拉洛波斯(Villa Lobos)的《乡间小火车》可能是再现性音乐作品连续统一体的一端,我们可以"看到"一列"音乐火车"从慢速启动、匀速行驶,到加速下山坡,然后逐渐停下的"情境"。这个作品的题目帮助我们确认了主题,但是具有如此明确说明性质的音乐作品是稀少的。当我们朝再现性音乐作品连续统一体的另一端走的时候,会发现大多数再现性音乐作品并没有能清晰辨认的主题。然而,在早期儿童音乐教学范围内,我们要尽可能寻找有比较清晰的能辨认的主题的再现性作品,因为音乐的再现性越具体,就越符合早期儿童的音乐趣味。

(二)早期儿童再现性音乐作品的类型

因为所有的歌词总是在描述、叙说着什么,总是内含着一个主题的,所以所有的歌曲都是再现性音乐作品。符合早期儿童趣味的歌曲往往有以下几个特点:(1)歌词本身生动,具有儿童语言的口味,早期儿童容易朗诵;(2)歌词所描述的主题突出、故事性强,早期儿童容易表演;(3)旋律音调与词调吻合,早期儿童容易歌唱。由于歌曲的再现性比较容易理解,下面有关音乐作品再现性的讨论中我们着重于器乐曲。器乐类早期儿童再现性音乐作品大概可以分为以下几种。

1.句式规整、童趣盎然的再现性器乐曲

这类曲子本身具有鲜明的童趣,所再现的音乐内容的主题也比较容易辨认。音乐在刻画人物、动物或事件时,一般用三段、多段、回旋等曲式,在句式上非常强调重复、对比这些组织手法。在早期儿童的器乐曲中这类曲子占多数,管弦乐组曲《动物狂欢节》、钢琴套曲《图画展览会》中的曲子与交响童话《彼得与狼》都属于这一类。这些经典儿童乐曲应该说是我们重要的音乐资源,每一首曲子都是值得我们去深度挖掘的。

2.句式规整的再现性成人器乐曲

这是一批这样的作品:它们原本是为成人创作的,但儿童音乐工作者从这些作品中挖掘出儿童趣味,从而使其成为儿童音乐作品。这类作品与第一类作品在音乐性质上是一样的,即在刻画对象时,一般用三段、多段、回旋等曲式,在句式上非常强调重复、对比这些组织手法。区别仅在于这批作品比较成人化,乍一听并不具有浓郁的儿童趣味,在音乐主题的辨认上也没有第一类那么明确。像全国早期儿童音乐教育研讨会2006年深圳观摩会上呈现的作品《喜洋洋/捏泥人》《打猎进行曲/狩猎波尔卡》《胡桃夹子——糖果仙子圆舞曲/小鱼和美人鱼》《七步进阶曲/调皮的小老鼠》等是属于这类的。

3.句式不规整的再现性器乐曲

这类曲子由于其句式不规整,早期儿童很难以拍子为背景按部就班地进行动作表演。但是,这类曲子往往形象非常鲜明,主题也很容易辨认,因此也很受早期儿童喜欢,像《动物狂欢节》中的《大鸟笼》与《野蜂飞舞》就属于这类曲子。

(三)早期儿童音乐作品再现特性的挖掘

音乐语言是抽象的,即便是音乐作品中最具体的充满说明、描述语言的再现性音乐作品,其再现的内容也不是唾手可得的。再现内容需要我们多次倾听、理性分析才能捕捉到,这就是我们所说的音乐作品的再现特性需要挖掘的原因。对早期儿童音乐教师来说,挖掘音乐作品的再现内容一般可以采取以下两个步骤:第一,曲式分析,旨在捕捉再现内容的音乐主题;第二,动作表现,旨在诠释再现内容。下面我们以举例的方式阐述如何对以上三种类型的再现性作品进行再现特性挖掘。

1.句式规整、童趣盎然的器乐曲再现特性挖掘

这类曲子我们以《图画展览会》中《未出壳雏鸡的舞蹈》为例。

步骤一:画出此曲的结构图,确认音乐内容主题。

进行曲式分析,势必要画出句式结构图,对照结构图能更容易确认音乐内容主题①。《未出壳雏鸡的舞蹈》为三段体,大写字母表示段落,小写字母表示乐句,句式结构图详见图2-1。

图2-1 《未出壳雏鸡的舞蹈》结构图

第一段a句的音响效果是两音一组、一高一低,尖锐而突兀,有小鸡啄东西的感觉;b句则是由低音到高音的连贯走向,有小鸡扭屁股的感觉。第二段a、b、c三句在力度与紧张度上明显具有一句比一句强烈的递进感,似乎是这样一个过程:小鸡先稍慢轮流地动翅膀,然后同时动两边翅膀,最后用力并快速地同时动两边翅膀。第三段是第一段的重复。所以,此曲的主题内容可以这样描述:小鸡在壳里努力想出壳,先用喙啄壳,再用屁股顶壳,然后用翅膀敲壳,再重复用喙啄壳、用屁股顶壳,最后根据尾声的音区下行特征,表明小鸡没有出壳,还得继续努力。对再现性乐曲做出句式分析后,往往比较容易得出曲子的主题内容。不过需要特别强调的是用语言表达的乐曲的主题内容是音乐之外的东西,对教师的备课来说很重要,但对音乐教学过程来说只是附带的内容。在音乐教学过程中可以讲给孩子听,或通过提问的方式让孩子总结,但只要一带而过,起

---

① 音乐内容主题与音乐主题是两个概念。音乐内容主题是指用音乐之外的手段对音乐进行具体化或解释的主题,往往以语言的面目呈现;而音乐主题是指音乐形式本身,往往以乐句的面目呈现。

音乐理解的辅助作用。对教师来说,音乐内容主题的确认主要是为了下一个步骤。

步骤二:把音乐再现内容用动作诠释出来。

其实步骤一已经把动作的表达思路呈现出来了,步骤二旨在要求教师在流动的音乐中以拍子韵律为背景、以句子为单位,与音乐比较吻合地把动作表演出来。因为步骤一属于理性分析阶段,还没有进入音乐感性,只有完成了步骤二,教师才把理性分析与感性表演结合了起来。理性分析是感性表演的前提,当进入音乐课堂时理性进入隐性,呈现在早期儿童面前的是教师的感性表演。

以下是《未出壳雏鸡的舞蹈》的动作说明:

A 段 a 的动作:双手握拳,伸出食指放在嘴前表示是小鸡的喙。一拍一点头做啄壳动作。

A 段 b 的动作:双手动作不变,两拍扭一次臀部,做拱壳动作。

A 段 a′ 的动作:与 A 段 a 的动作相同。

A 段尾声:做垂头泄气状。

B 段 a′ 的动作:轮番压左右手肘,两拍一次。

B 段 b 的动作:左右手肘同时压,两拍一次。

B 段 c 的动作:左右手肘同时压,一拍一次。

A′ 段的动作:重复 A 段动作。

2.句式规整的成人器乐曲的再现特性挖掘

这类曲子以我国民族器乐曲《喜洋洋》为例。

步骤一:画出此曲的结构图,确认音乐内容主题。

《喜洋洋》为三段体,原曲结构为 ABABA,考虑到早期儿童注意时间不宜过长的特点,我们把此曲简化为 ABA′。句式结构图详见图 2-2。

```
    A      ‖:    B    :‖    A′    ‖
  aa′bc  过渡  abcd        aa′bc
```

图 2-2 《喜洋洋》结构图

介绍再现音乐类型时我们提到过,这类曲子的内容主题并不是音乐本身具有的,它需要音乐教师以音乐风格为依据在早期儿童能理解的生活情境中寻找。这种寻找是一种想象,具有创造意味。我们为此曲寻找的音乐内容主题是这样的:在粮食丰收后的一个晚上,农村男女青年喜气洋洋地敲锣打鼓、跳舞欢庆。有几个男青年敲起了鼓(第一段 a、a′两句),有几个男青年敲起了钹(第一段 b 句),有几个男青年敲起了吊钗(第一段 c 句);然后所有的女青年拿着绸带跳起了绸带舞,先是把绸带往头顶甩(第二段 a、b 句),再把绸带往身旁甩(第二段 c、d 句);最后男青年又出来了(第三段重复第一段)。

步骤二:把音乐再现内容用动作诠释出来。

以下是《喜洋洋》的动作说明。

A 段为男孩表演的动作:

A 段 a 的动作:身体朝向左边,左右手一拍一次,轮流做敲鼓状。

A 段 a′的动作:身体朝向右边,动作与 a 同。

A 段 b 的动作:一拍一次做敲钹状。

A 段 c 的动作:一拍一次做敲吊钗状。

B 段为女孩表演的动作:

过渡句:身体左右摇晃各一次。

B 段 a、b 的动作:彩带抛向头顶,左右手轮流,四拍一次。

B 段 c、d 的动作:彩带与腰齐左右平抛,左右手轮流,四拍一次。

A′段为男孩表演的动作,重复 A 段。

在早期儿童音乐教学中,这类曲子的原名往往会被改掉,教师会根据再现的内容而重新给这类曲子取名。如按照上面对《喜洋洋》的再现内容的设计,这个曲子的标题可能就是《丰收的喜悦》。应该说,曲子名称是什么不重要,重要的是让这些音乐成为孩子的音乐。在这类作品中把儿童趣味挖掘得恰当与生动,并用极其简单的动作表达出来,是早期儿童音乐教学压倒一切的任务。当儿童趣味没被挖掘出来之前,这类作品即使放在早期儿童教材中,也是僵死的音乐材料。但一旦挖掘出儿童趣味,它们便鲜活起来。我们可以这么说,我们不缺少音乐作品,缺少的是对音乐作品的儿童趣味的挖掘。

3.句式不规整的器乐曲的再现特性挖掘

我们以《动物狂欢节》中《大鸟笼》片段与《野蜂飞舞》为例。

步骤一:画出此曲的结构图,确认音乐内容主题。

《大鸟笼》片段为三段体,句式结构图详见图2-3。

```
         A    |    B    |    A'    |    B'    ‖
引子 ‖: a :‖‖: b :‖  a b c c'   a a' b b'   a a' 尾声
```

图2-3 《大鸟笼》结构图

《大鸟笼》的A段与A'段由长笛单独演奏,其句式是规整的,但B段由长笛与钢琴交错演奏,导致两种音色的句子交错叠加,对早期儿童来说,这是一种不规整的句式。对应句式分析,我们可以这样来描述《大鸟笼》的音乐内容主题:A段通过快速与高音区旋律的"滑翔",刻画了小鸟飞翔又飞不远的形象;B段钢琴的音色似乎刻画着小鸟的徘徊,但长笛的音色一出现小鸟又飞了起来,但飞不远;A'段与A段类似,但A'段前两句的最后一拍似乎表示着小鸟的主动停顿,把小鸟刻画得很有灵气。

至于《野蜂飞舞》的句式,则是彻底没有规整性,它是乐音的快速滚动与休止停顿"捉迷藏"的过程,像这样的曲子就没有必要画出结构图了。《野蜂飞舞》用乐音模拟野蜂翅膀的快速振动声,从而产生野蜂快速飞东飞西、栩栩如生的形象。

步骤二:把音乐再现内容用动作诠释出来。

在对句式规整的再现性音乐内容的挖掘上,我们非常重视再现内容的完整性和再现动作与拍子韵律的吻合。然而,对形象鲜明而句式不规整的再现性音乐,我们关注的重点则是再现形象的鲜明性。像《大鸟笼》刻画的是小鸟飞翔的形象,乐音不断地在高音区盘旋,所以动作表现重点突出高音区与高重心动作的对应上。《野蜂飞舞》也是突出高音区旋律的快速滚动,只是这种滚动的速度已经大大超出某一身体动作可企及的频率。一般来说,这一曲子可以沉浸在"抓蜂"的情境中,乐句停顿处就是拍打野蜂时,旋律滚动时就是准备拍打的时候;这一曲子也可以作为科学活动中野蜂的认知活动的补充内容,当熟悉野蜂的声音来自其翅膀振动这样的发声原理后再来听这首曲子,那么早期儿童就很容易辨认音乐所刻画的翅膀振动的声音,也就很容易联想到栩栩如生的野蜂形象了。

(四)早期儿童音乐作品再现特性的形式规限

对音乐作品再现性的挖掘过程其实是处理音乐的再现性与形式性关系的过程,而这种关系就是张力。张力是由一对对品质相异的范畴构成的,如自由与规则、民主与集中、形式与再现等,教学目标只有是成对的,才会是有张力的。张力结构中的一对范畴,它们的地位不是50%对50%的绝对式平衡,而往往一个是我们追求的价值范畴,而另一个是制约范畴或规限范畴。[①] 当然在张力结构中价值范畴优先,然而只要忽视了规限范畴,价值范畴的优先也就不存在。优先性与规限性同时实现,这就是张力的魅力。早期儿童音乐作品再现特性的挖掘是处理张力的结果,其中再现性属于价值范畴,是我们追求的;而形式性属于规限范畴,即所有的再现性内容的挖掘以符合形式性为基本条件,离开了形式规限的再现性往往是离了题的臆想。不受形式性规限的离题臆想是早期儿童再现性音乐作品教学的主要偏差所在,最极端的是让早期儿童听一遍音乐,然后请早期儿童用语言描述听到了什么,这种情况下早期儿童只能乱说一通。

三、早期儿童音乐作品的表现特性

(一)音乐作品表现性概述

音乐作品的表现性是指音乐作品中的句法与非句法结构对人类情感、情绪的表达性质。对音乐表现性的理解,人们经常会充满疑惑:一方面,在欣赏音乐时不得不承认音乐给予了他们情感上的体验;另一方面,又觉得音响是物理性的客体,怎么可能会有情感?对此,艺术心理学上是这样解释的:客观的物理现象与人的心理现象之间有一种"同形"关系。例如,柳树的形状(结构)让人觉得是"抽泣""悲伤"状,那不是因为柳树这一客观现象有情感,而是因为人们有了人在"抽泣""悲伤"时总是处于垂头、垂臂这样一个下垂姿态(结构)的经验后,心中的关于悲伤的姿态与柳树的姿态相吻合或"同形",柳树的姿态等同于人心中有关"悲伤"的姿态,于是柳树就是悲伤的,柳树就具有了情感表现性。同理,当人们觉得音乐是悲伤的时候,那音乐的句法与非句法结构一定具有那种有关悲伤的"姿

---

① 参考吴康宁.教育社会学[M].北京:人民教育出版社,1998.

态",比如说,旋律型是下行的,速度是缓慢的,节奏型是疏松的,等等。所以,音乐"听起来悲伤"不是因为它唤醒我们的悲伤,而是因为我们辨认出音乐样式中有与人们在日常生活中表现悲伤的语调和行为类似的东西。正是从这个意义上说,一个人听音乐时痛哭流涕恰好说明他或她已经离开音乐很远,进入自己的思绪中去了。因为倾听音乐的情感表现是辨认出音乐中表达某种情感的样式,这时倾听者所具有的行动倾向是专注,是一种理智与情感的结合状态,不可能是没有理智参与的情感崩溃。

对音乐所能表现的情感做出判断是没有明确原则的,可以确定的是人们对物理现象还是心理现象的"情感"姿态具有大概的一致性。例如,大家都会承认柳树的姿态更接近悲伤而不是快乐,节奏轻快的音乐更接近欢乐而不是哀痛。音乐所能表现的情感可以分为两种:一种是表现与人类的语调、动作姿态比较接近的情感;另一种是表现生命意义上的广泛的情感,如用紧张与释放、冲突与解决这些音乐模式表现生命的张弛、起落等。在早期儿童音乐教学范围内,只涉及表现与人类语调、动作姿态比较接近的第一种情感,表现生命张力的第二种情感离早期儿童的情感经验太远,无法让早期儿童理解。

(二)早期儿童音乐作品表现性具有两种依附性

1.对形式的依附

音乐没有情感,音乐能表现情感是指音乐的样式即音乐形式具有与人们表达某种情感一样的姿态,而且这种姿态必须被音乐倾听者辨认出来。所以,音乐的表现性是紧紧依附音乐形式的,音乐情感表现性得到确认即音乐形式的样式得到确认。正是从音乐情感表现性依附音乐形式的意义上来说,所有的音乐都是表现情感的。节奏、音色、力度、旋律、结构、风格、速度、织体,这八种音乐形式元素并不是像我们文字表达一样可以将它们分离,在音乐中它们彼此交错来构成可供人们辨认的音乐样式,所以音乐的情感表现性很难归类,音乐形式各种元素之间交错样式变化繁多。鉴于此,早期儿童音乐作品表现性的挖掘也要比再现性难。

2.对再现性的依附

由于音乐作品表现性的挖掘在于对音乐表现情感的形式样式的辨认,所以音乐表现特性的挖掘具有一定的理性味道;或者直接地说,音乐表现性的挖掘就是音乐形式性的挖掘。直接让早期儿童辨认音乐表现性等于让早期儿童辨认音乐形式,这种辨认与早期儿童的学习口味是格格不入的。好在情感不是孤立的,我们的经验之中并不存在一个独立的、被称为情感的东西,情感总是依附于运动过程中的事件与物体。换言之,音乐的表现性是依附于音乐的再现性的,在我们挖掘音乐中的人物形象、动物形象、事件气氛等再现内容时,自然会把音乐中的情感表现性带出来。例如,我们在表达未出壳的小鸡形象时,受乐曲速度较快、音区较高等形式规限,表现的小鸡形象一定是轻松愉悦、喜气洋洋的,小鸡所具有的情感状态即音乐的情感状态,而这种情感状态在我们用动作表达小鸡啄壳、拱壳、碰壳时全带出来了。

音乐的表现性不只是受形式性规限而是直接依附于形式性的,这一特性决定了音乐表现性是比较抽象的。由于情感是依附于事件、人物与物体的,所以音乐情感表现性也是依附于音乐再现性的。

(三)早期儿童音乐作品的节奏型表现性

一般来说,节奏、音色、力度、旋律、结构、风格、速度、织体的音乐形式元素的表现性是通过彼此交错、叠加呈现的,而且呈现的表现性以再现性的表演来完成,例如,慢速、低音区这些音乐形式元素所表现的低闷情绪在表演笨重动物的形象时被同时呈现;快速、密集节奏型等形式元素所能表现的欢快情绪在表演庆丰收的热闹场景时被同时呈现。但是,音乐形式元素中节奏型的情感表现是可以脱离其他元素被单独析离出来诠释的。

1.先密后疏节奏型的情感表现

先密后疏节奏型可以表现深沉、"有时间积累"的爱。例如:

谱 2-1

老　狗

1=F 4/4

美国南部山歌
王秀萍译词

```
5  1.1 2 | 3 - - 3 | 3 3 4 3 | 2 - - - |
我 有 只 老  狗，     名 字 叫 哈  里。

2  2 1 7 1 | 2 2 5 5 3 2 | 1 - 3 5 |
我 来 打 赌  它是一只棒 老 狗。 来 吧，

2 2 - - | 2 2 5 3 2 | 1 - - - | 1 - 3 5 |
哈 里     我 的 老 狗。       来 吧，

2 2 - - | 2 2 5 3 2 | 1 - - - | 1 ||
哈 里     我 的 老 狗。
```

这首歌曲除第三句外，每一句都是前面三拍，每拍一至二音，而从第四拍开始出现拖长音，这是一种先密后疏的节奏句型。这种节奏型是写作赞美性、颂扬性歌曲的常规手法，也可以说是一种有比较固定的音乐形式的表现样式。对这种情感表现样式的辨认是需要学习的，在早期儿童音乐教学中，我们需要引导早期儿童用肌肉感来辨认这种节奏型。方法是：让早期儿童学习用双手抱拳与双手展开的动作来表达节奏的紧与松。针对《老狗》这首曲子，可以让早期儿童学习每句前三拍抱拳，后面延长音做双手展开的动作，这一动作与情感抒发的需要是一致的。

如果在歌唱《老狗》这首歌曲时，早期儿童能边唱边自如地做抱拳与双手打开的动作，那么就可以尝试听腾格尔的《天堂》，请早期儿童把抱拳与双手打开动作根据音乐做出来。如果早期儿童边听《天堂》边做抱拳与双手打开动作比较自如了，就可以提高要求做蒙古舞蹈动作：摇肩与身体打开，紧的节奏做摇肩动作，延长音做身体打开动作。

谱 2-2

天　堂

1=♭E 4/4

腾格尔 词曲

```
3 5 6 i 6 6 - | 6 - - 0 | 3 5 6 i 6 6 . 5 3 |
1.蓝蓝的天空，           青青的湖水，
2.奔腾的骏马，           洁白的羊群，

5 3 . 3 - 0 | 6 1 2 3 2 2 - | 2 - - 0 |
哎耶，      绿绿的草原，
哎耶，      还有你姑娘

5 . 6 1 2 5 3 2 2 . 1 | 1 6 . 6 - - ‖ 1 6 . 6 - - ‖
这是我的家，   啊依耶。        啊依耶。
这是我的家，

6 - 0 6 3 | 3 2 . 2 - 2 2 1 | 6 2 1 1 1 . 1 - |
    我爱 你，    我的 家，

6 1 2 3 3 3 . 3  0 5 6 | 2 1 6 6 - - | 6 3 3 2 . 2 - 1 |
我的 家，   我的 天堂。    我爱 你，

6 2 1 1 1 . 1 - | 6 1 2 3 3 3 . 3  0 5 6 | 2 1 6 6 - - |
我的 家，       我的 家，    我的 天堂。

(6 - - 3 2 2 | 2 - - - | 5 - 5 6 6 5 |

3 - - - | 6 - - 3 2 2 | 2 - - - |

2 - - - | 1 2 3 3 3 . 2 2 2 1 6 | 6 - - - | 6 0 0 0 )‖
```

这首歌曲不需要早期儿童歌唱，但可让早期儿童通过肌肉感来体会

先密后疏的节奏型,并从音乐与动作的对照中感受到一种爱的情感的抒发。对先密后疏节奏型的理解与表达是早期儿童理解抒情与欢快曲子的基础。

2.紧凑与舒展节奏型的情感表现

因为表现性紧紧依附形式性,所以对节奏型的辨认显得格外重要。但是,这种节奏型的辨认只是紧凑与舒展的样式辨认,并非具体的四分音符、八分音符、附点音符的时值认识。由于在一个句子中有紧有松,对比性较强,再加上先收后放的动作姿态本来就是一种情感抒发的日常动作姿态,对早期儿童来说相对比较容易掌握。当能轻松辨认先密后疏的节奏型后,我们就能进入一句都是紧的(紧凑节奏型)与都是松的节奏型(舒展节奏型)的学习。

教学步骤可以这样进行:(1)复习歌曲《老狗》的歌唱与动作表演,然后教师改变这首歌曲的节奏型来歌唱,即教师把每句后面的延音全部去掉,用密急节奏型来歌唱,请早期儿童说出这种方式的歌唱与原来方式的歌唱在情感上有什么变化(原来的唱法表达一种深沉的爱,改变后的唱法表达的爱就比较轻松、有幽默感了)。(2)呈现两首器乐曲,一首节奏密急、情绪欢快,如莫扎特《D大调长笛协奏曲》片段;另一首节奏舒展、情绪悠扬,如长笛独奏《元音》片段。边听这两首曲子边请早期儿童做以下三件事:第一,用握手与双手展开动作来表达节奏的紧与松;第二,用语言来表达音很紧的音乐与音很松的音乐听起来感觉有什么不同(音很紧的音乐听起来让人想跟着跳起来动起来,音很松的音乐听起来让人觉得很平静);第三,让孩子给两段音乐配上合适的图片(图片由教师提供),活泼的音乐应该配怎样的图片,抒情的音乐应该配怎样的图片。

(四)早期儿童音乐作品的情感表现需要的是行动表达而非语言描述

早期儿童音乐作品的情感意义基本上是通过再现性来表达的,因为情感不是空洞、孤零零的,它总是依附在事物与事件中。但是,音乐作品即便用再现的形式来表达,其表达的手段主要还是动作、打击乐演奏与歌唱,一定不是语言。在拍子的韵律中做合适的动作、演奏合适的句型、演唱歌曲都是音乐能力的体现,也是音乐经验形成的必经之路。如果喋喋不休地用语言来描述音乐,描述得再好也不是音乐能力,充其量是语言表达能力。所以,对早期儿童来说,学习与理解音乐的过程就是表演(动作、打击乐演奏、歌唱)音乐的过程;对早期儿童音乐教师来说,教音乐的过程就是示范表演(动作、打击乐演奏、歌唱)音乐的过程。目前在早期儿童音乐教学中教师们还是喜欢让早期儿童用语言来表达音乐的表现性,如"这首曲子听起来怎么样啊?是快乐的还是悲伤的?"当早期儿童回答"快乐的"或者"悲伤的"以后,教师还继续要求早期儿童用语言描述,结果早期儿童只好乱说一通了。事实上,音乐的情感表现性用语言表达也只能到此为止了,再表达下去教师自己也只能乱说一通了。我们不是说音乐的表现性不能用语言表达,而是说用语言表达是不重要的,一带而过就行了,重点是用行动表达(动作、打击乐演奏、歌唱)。

第二节 早期儿童音乐作品的历史-文化特性

从音乐作曲的角度来说,所有的音乐作品是作曲者在其音乐实践的特定历史中、在其生活的某个地方生产的;作曲者的"作曲"不是抽象、孤立的,而是具有具体的形式的,如歌曲、电影插曲、舞蹈套曲、弦乐四重奏、交响乐、进行曲、歌剧等,每种作曲形式的实践都具有长期以来建立与形成的模式与标准;作曲者引导与评价自己作曲活动的最重要的方针是表演实践,作曲者要尽力使自己的作品能被表演者与倾听者接受与理解。[1] 从音乐诠释的角度来说,音乐表演的成功依赖于对给定曲子的所有相关纬度的理解:除了根据相关实践的标准与传统表演音乐样式的句法与非句法结构外,还必须理解此作品是表现性的还是再现性的。如果这些方面都具有,表演者必须决定如何把这些维度整合为一个整体。因此,无论是音乐作品的创作还是表演都表明音乐是在历史-文化经脉中被生产与被诠释的,它不是绝对地无功利、自足的。在早期儿童音乐教育范围内,我们着重讨论早期儿童音乐作品的文化特性与实用特性。

---

[1] Elliott, David J. *Music Matters: A New Philosophy of Music Education.* New York: Oxford University Press, 1995.

经验的早期儿童音乐教育

一、早期儿童音乐作品的文化特性

（一）文化概述

1. 文化的内涵

文化指应用各种方法的各种探究领域。文化除了被应用于生物与物理性发展外,还经常被社会学家、人类学家用来指一个民族的生活进行方式,包括语言、习俗、一个具体社会群体的爱好。从这个意义上说,所有的人应该都是被"文化着"的,因为每一个人都属于或被引入某种人类社会。从人种志或产品意义上说,文化又是具体成就的实体。从这个意义上说,一个文化人是指他或她对某种文化产品具有见识。在给定的时间与地点内生存,一个群体必须适应与调整他们的物理、社会与形而上学的环境。在这种"情境"的感觉中,一个群体的文化是在一个具体的时间与地点内为适应生活、生长而分享的项目。文化是有关群体物理与社会环境的信仰与发展和保存下来的符合其需要的文化形式之间的互相作用而产生的。所以,文化不全是人们拥有的东西而更是人们制作的东西。[①]

早期儿童被"文化着"。首先从社会学、人类学意义上被"文化着":早期儿童被从园长到所有教师的言与行以及早期儿童的环境"文化着";其次从产品意义上被"文化着":早期儿童被集体与班级教师个体所选择的文化产品"文化着"。

2. 多元文化的内涵

多元文化是指在一个公共的社会系统中不同的社会群体的共同存在。这是一个描述性定义,它只是简单地指出文化的多样性。但是,多元文化也有一种评价感觉。它意味着一种社会理解,即在尊重与保留每种群体完整性的同时,支持一种为了不同群体间进行交流从而使得全体群体更加丰富的一种政策。从这个意义上来理解,似乎说明当一个国家可能包含许多不同的文化的时候,它要制定所有群体具有平等的法律、教育与经济机会的法律是困难的,但具有多元文化的国家都努力地做着这件事。理查德·柏瑞特(Richard Pratte)认为,多元文化这个词最适合在符合以下三个标准的一个国家或共同体内使用:(1)它必须呈现包括很多不

---

① Elliott, David J. *Music Matters: A New Philosophy of Music Education*. New York: Oxford University Press, 1995: 186-193.

同文化(政治的、种族的、人种的、宗教的、经济的、基于年龄的)的文化多样性;(2)这些微文化共同生存,必须有近似平等的政治、经济、教育机会;(3)作为一个社会组织可行系统和基础的多元文化主义的价值,必须有一个公共政策的承诺。① 从理查德的观点出发,美国、加拿大、澳大利亚、英国这些国家可以被看作一个由分享的核心文化及许多亚文化组成的共同体。

3.多元音乐教育的内涵

不同的群体形成不同的文化,一个国家的文化是多元的,更不要说世界文化是多元的了。从世界范围来说,音乐的多元毋庸置疑。每种音乐有着孕育其生长的群体,像保加利亚风笛音乐,它有着保加利亚风笛音乐的制作者与听众;巴洛克合唱有巴洛克合唱的制作者与听众;迪克西爵士乐有迪克西爵士乐的爱好者;中国音乐有着中国音乐的制作者与听众。所以,特定群体中产生具有特定风格的音乐;反过来说,音乐风格产生于具有共同听觉特征的一个音乐群体中。在这一群体中,音乐人和听众拥有某些相同的音乐信仰、共识和偏好。与此同时,有的音乐分支之间联系紧密,有的联系不那么紧密,如美国的爵士乐还是比较大地受到西欧音乐传统的影响,而印度的音乐就与西欧音乐相差甚远。如此看来,不同的音乐实践与音乐存在着层次、种类等的区分,如何厘定这些交织叠加的作为实践的音乐概念呢?埃利特通过改变"音乐"这个词的视觉形式很有创意地完成了这项任务。他把 music 这个词的视觉形式改成三种:MUSIC(总体音乐),Music(个项音乐),music(作品音乐)。总体音乐是覆盖范围广泛的人的实践,它由无数种不同的音乐实践组成,其中每种音乐都被称为个项音乐。其中的作品音乐(小写的)指在特定环境中由音乐工作者的努力得到的结果,是可听的声音事件、作品和内容。

所以,多元音乐的"音乐"是指 MUSIC,是指世界的总体音乐,强调世界范围内所有民族、群体的音乐都是独一无二的,不存在一种音乐比另一种音乐好的情况。换言之,不同的音乐实践之间无法比较,不能说舒伯特歌曲与布鲁士或南非音乐哪个更好,就好像问橙子与苹果哪个更好一样,

---

① Elliott, David J. *Music Matters: A New Philosophy of Music Education*. New York: Oxford University Press, 1995:186-193.

是没有逻辑的。音乐与音乐之间没有更好但是有更合适。尊重与深化自己民族的音乐，同时不排斥其他民族的音乐是对多元音乐内涵比较合适的理解。同理，对多元音乐教育的理解可能是这样的：在世界范围内音乐教育应该是多元的，每个民族都有保留与完善自己音乐文化的义务。反对义化霸权主义的行为，即把一种音乐文化作为权威向全世界范围内渗透与推广。但是，到了具体的国家、具体的学校，音乐是指 Music，是指个项的音乐，推行的当然是自己国家、自己民族习惯的音乐教育内容。把全世界五花八门的个项音乐全都纳入自己学校音乐教育的范围，以此表示追求多元音乐教育的新理念，这是对多元音乐教育内涵的误解。多元音乐教育是指深入进行我们自己的传统音乐教育的内容，与此同时渗透一些旨在开阔学生多元视角与胸怀的世界各地音乐文化，但深入自己的音乐文化实践是压倒一切的首要任务。

(二)早期儿童音乐作品的文化特性

当我们讨论早期儿童音乐作品的文化特性时，我们所指的早期儿童音乐作品是一种总称，指全部可能被选的音乐作品。换言之，早期儿童音乐作品的文化特性就是指早期儿童如何合理、有比例地选择世界范围内的种种音乐。然而，在我们讨论早期儿童音乐作品的文化特性选择时，其前提是这些音乐符合早期儿童的年龄特点，抛开早期儿童的年龄特点与接受能力来谈多元音乐文化是无效的。

1.早期儿童音乐作品的民族性

用中国的音乐"文化着"中国早期儿童是中国早期儿童音乐教育工作者的使命，这不是民族狭隘主义而是文化本身的要求，也是文化的本质。从西北的花儿、安徽的黄梅戏、湖南花鼓戏到闽西山歌、广东童谣，从新疆纳兹尔库姆舞、广西的蚂拐舞到云南迎客舞、霸王鞭都充分展现着我国民族民间音乐的丰富与别致。但是，这些具有中国民族民间特色的音乐素材不是全都能直接拿到我们早期儿童音乐教学中来的，很多音乐素材需要做大量的改编工作才能适合早期儿童的年龄特点与接受能力。所以，早期儿童音乐作品民族性的重要性虽然已经得到我国早期儿童音乐教育界的重视，但是，现实是符合早期儿童年龄特点与接受能力的民族音乐作品太少，不能满足文化民族性的要求。挖掘我国民族民间音乐素材、传承我国民族民间音乐是我国早期儿童音乐教育工作者永远的追求,在这方面我们需要做的事情还有很多很多。

2.早期儿童音乐作品的现代传统性

在我国,最早具有现代意味的音乐课是1901年上海南洋公学附属小学(外院)开设的"乐歌"课,它的教学内容是唱歌与简谱学习,教师是沈心工。在这以前,中国自己学堂开设的音乐课的内容是诗词朗读;教会学校音乐课的内容是学唱赞美诗。作为统一的具有共同遵循章程的音乐课程的出现是以1904年1月清政府颁布并实行《奏定学堂章程》,正式确立我国近代学制为标志的。但是,《奏定学堂章程》中《奏定初等小学堂章程》的音乐课程还是以古诗歌内容替代音乐内容,因为当时的中国既无音乐课程的内容也无上课的教师,为此"章程"写道:"外国中小学堂皆有唱歌音乐一门功课,本古人弦歌学道之意;唯中国雅乐久微,势难仿照。"不过到1907年《学部奏定女子小学堂章程》颁布时,情况有所改观:那时兴办新学堂已有十年历史,就教师来说,已经有了一批东渡日本留学归来的音乐人士与他们培养出来的学生;就教材来说,那些采用日本和欧美曲调填写新词而形成的"乐歌"已经陆续成集出版,单是沈心工的《学校唱歌》就已出了三集。应该说,1907年《学部奏定女子小学堂章程》的颁布,标志着我国近代音乐教育的初创工作已经基本完成。1912年的《小学校教则及课程表》与《中学校令施行规则》是中华民国政府刚成立就颁布的文件,其中中学的教学内容除乐歌外,已经增加了器乐与乐理(音乐大要),这样我国近代音乐教育内容以"唱歌、乐理、器乐"为主干的基本结构就已形成。①

综上所述,我国学制产生后的现代中小学音乐教育的内容完全是西化的产物,直至今日我国普通学校音乐教育的主要内容还是西方古典到浪漫时期的器乐作品与声乐作品。不可否认,早期儿童音乐作品的大量曲目是西方音乐作品,例如,圣桑的《动物狂欢节》组曲、穆索尔斯基的《图画展览会》组曲都是早期儿童百听不厌的经典,是我们早期儿童音乐教师不厌其烦地从不同角度反复挖掘的经典。所以,从学校音乐教育产生的渊源来看,西方音乐作品是我们音乐教育内容的传统。当我们把早期儿童音乐作品的民族性充分发挥出来时,就有可能改变这种传统。

---

① 王秀萍.我国音乐课程价值取向的历史分析[J].教育理论与实践(学科版),2004(3).

3. 早期儿童音乐作品的创作性

新中国成立后,除去"文化大革命"时期,每个时期都有一批为儿童专门创作的音乐作品。像潘振声、汪玲都是我们耳熟能详的老一代儿童作曲家。但是,不得不承认当下为早期儿童作曲的作曲家比较稀少,在早期儿童作曲领域普遍不景气的背景里,我们早期儿童音乐教师更应努力依靠自己的力量来为早期儿童鲜活的日常生活和话题来作曲。像大连的朱洪湘老师为孩子们创作了各种风格、各种功能的三百多首歌曲;像南京游府西街的郑珊珊老师为早期儿童创作的歌曲《雨点跳舞》,那优美而又童趣盎然的旋律,唱出了早期儿童教师的多才多艺和绰约多姿。

谱 2-3

雷哥哥和云妹妹

朱洪湘 词曲

1=♭B 2/4

```
‖: 3  34 | 5  1 | 6  65 | 5 - | 5 1̇ 1̇ |
 1. 雷  哥哥  的   脾  气    大,       把 云 妹妹
 2. 太  阳  公公 知   道    啦,       急 急 忙忙

 7 6 | 5 - | 5 - | 6  67 | 1̇ 5 |
 气 哭   啦,           泪 水  哗  哗
 来 劝   架,           雷 哥  哥  羞  得

 4  32 | 6 - | 5  653 | 2  32 | 1 - |
 往  下  掉,  哭着 喊着 离  开   家。
 不  说  话,  把 云 妹妹 找  回   家。

 1 - :‖ 1̇ 1̇ | 1̇ - | 7 1̇ 7 6 | 5 - |
         云 妹  妹,   不 哭  啦

 66 67 | 1̇  76 | 5 - | 5 - | 6  67 | 1̇ 5 |
 跟 雷哥哥 回 到    家,           向 太 阳 公公

 4  32 | 2  6 | 56 53 | 2  32 | 1 - | 1 0 ‖
 行  个  礼,   找 风 弟弟 去    玩    耍。
```

谱 2-4

雨 点 跳 舞

1=C 3/4

郑珊珊 词曲

| 3 5 5. 5 | 6 5. 1 | 2 1 0 | 3 1 0 | 3 1 0 |

1.小雨点　在哪里　　跳舞？　滴答，　　滴答。
2.小雨点　在屋顶　　跳舞。　滴答，　　滴答。

| 3 5 5. 5 | 6 5. 1 | 4 2 0 | 4 2 0 | 4 2 0 |

小雨点　在哪里　　跳舞？　哗啦，　　哗啦。
小雨点　在河里　　跳舞。　哗啦，　　哗啦。

| 3 5 5. 5 | 6 5. 1 | 7 6 0 | 7 6 0 | 7 6 0 |

小雨点　在哪里　　跳舞？　沙沙，　　沙沙。
小雨点　在草地上　跳舞。　沙沙，　　沙沙。

| 3 5 5. 5 | 6 5. 1 | 2 1 0 | 3 1 0 | 3 1 0 :|

小雨点　在哪里　　跳舞？　噼啪，　　噼啪。
小雨点　在窗上　　跳舞。　噼啪，　　噼啪。

| 4 6 6. 6 | 4 6 6 0 | 3 5 5. 5 | 3 5 5 0 | 6 4 6 4 6 4 |

啦啦啦 啦啦啦，　啦啦啦 啦啦啦，　滴答 滴答 滴答，

| 5 3 5 3 5 3 | 4 2 4 2 4 2 | 3 1 0 | 3 1 0 ‖

哗啦 哗啦 哗啦，沙沙 沙沙 沙沙，噼　啪，　　噼　啪。

4.早期儿童音乐作品的流行性

早期儿童生活在一个具体的时代，他们一定会受那个时代的文化潮流影响，当下的早期儿童主要受流行音乐的"洗礼"，这是时代的特征。我们看到：孩子们满怀激情地唱着《月亮之上》《老鼠爱大米》《隐形的翅膀》等这样的情爱歌曲，而像《丢手绢》《小燕子》《找朋友》等儿童歌谣似乎在逐渐远离孩子的童年音乐生活。在这种情景下，我们不禁要问：是不是我们给孩子的童谣、歌曲不够有趣生动？是不是我们呈现给孩子的音乐作品的音响效果不够精彩？鉴于此，我们的回答是：一方面我们需要挖掘民族的生动的儿童音乐作品；另一方面我们也没有必要排斥流行音乐，恰当的流行音乐元素也是丰富我们早期儿童音乐材料资源的一股力量，把流

行音乐中相对合适的内容经改编后为早期儿童所用,这种顺势利导比强硬拒绝要好得多。下面这首歌曲是经早期儿童教师改编后的流行音乐早期儿童版,此曲根据花儿乐队《嘻唰唰》改编,改编后的歌曲内容是早期儿童生活中时常发生的洗苹果、吃苹果事件。

谱 2-5

嘻 唰 唰

1=C 4/4

张家港万红幼儿园改编

(X XX XX X | X XX XX X | XX X XX X | XX X XX X)
嘻唰唰 嘻唰唰, 嘻 唰唰 嘻唰 唰, 嘻唰 唰 嘻唰 唰, 嘻唰 唰 嘻唰 唰。

1 1 6̇ 1 1 | 1 1 6̇ 1 1 | 1 1 3 5 | 6̇ 1 6 5 3 3 |
嗯 啊, 大苹果, 嗯 啊 大苹果, 我 们 喜 欢 香香 甜甜 大 苹

2 - 1 2 | 3 5 3 2 1 2 | 1 - 3 5 |
果, 喜 欢 香香 甜甜 大 苹 果, 喜 欢

6̇ 1 6 5 3 3 | 2 - 3 2 1 2 | 1 - - - ‖
香香 甜甜 大 苹 果, 啊吭 啊吭 啊。

总之,我国早期儿童音乐作品的文化特性的实质是民族性、传统性、创作性与流行性的协调。对早期儿童音乐教育来说,对早期儿童音乐作品文化特性的理解即合理安排多元音乐教育的内容。在音乐作品符合早期儿童年龄特点与接受能力的前提下,我们应多多安排民族音乐作品,这是实施多元文化音乐教育最本质的体现。原因有二:(1)深化自己民族的音乐文化才是世界音乐的真正多元化;(2)我国具有多民族文化的特点,让早期儿童接触我国各民族的音乐风格是一种多元的体现。我国学校音乐教育中传统性的音乐作品是西方音乐,这部分音乐材料已经被反复挖掘、循环运用,对此我们也没必要去放弃。当民族性的作品越来越多、越来越精彩后,西方音乐的比例自然会减少。创作与流行音乐作品作为新鲜元素只要合适就可选用,这样的作品是可遇不可求的,只要是好的就可使用,不怎么满意的就不要勉强。对这类作品要注重鉴别、挑选。

二、早期儿童音乐作品的实用特性

(一)音乐自律神话的破灭

从鲍姆加登让美学成"学"开始,经历康德,再到黑格尔,直到20世纪60年代现代美学的众多流派,美学已经逐渐窄化为艺术哲学与审美心理学,"美是什么"的命题已经转化成"艺术是什么"或"美感是什么"的命题。"艺术是再现""艺术是表现""艺术是形式""艺术是游戏""艺术是符号"等不一而足的有关艺术本质的命题,概括起来就是"艺术是审美",而"艺术是审美"的第一原理即艺术自律或自足或纯粹。

艺术的自律神话并非是脱离社会背景的空穴来风,它的出现与18世纪初始于英国和德国,然后遍及欧洲的贵族阶层的衰退和新中产阶级崛起的社会变革是分不开的。这个新时代的新意识形态的核心是所有人(但不包括妇女)都是自由、平等和自足的。建立在财富和世袭制度之上的旧的社会秩序正在被推翻。新的社会秩序强调人的自治,进而视个人出身为不相关因素。在新的社会秩序中起作用的不是社会继承或物质遗产(环境),而是自身价值。鉴于欧洲原本处于被流传下来的贵族阶层随心所欲的法律条文的管辖之下,所以那时社会的和谐越来越多地依赖于每个人的个人意识、修养和自律。自律的社会意识形态孕育出艺术的自律或审美意识形态。就如布迪厄(Pierre Bourdieu)所说:"我相信事实上不存在超越历史因素影响的场域之间关系的法则……艺术场域在19世纪获得了它真正的自主性。"[1]艺术自律原则在西方历史上的那个特殊时期,是具有进步意义的。它为人们提供了一个理想的、意识形态中立的精神空间。在这个精神空间里,由国家机构各文化团体创作的艺术形式被认为是客观的,于是没有必要关注这些团体特殊的文化背景与潜在的政治内容。而事实上,许多艺术实践,尤其是那些与国家主义信仰和宗教信仰相联系的艺术实践是带有强烈的文化、政治等色彩的,但是,"艺术自律"原则悬置了这些内容,因而使西方国家几百年来享受了这种艺术内部的相对和平与有序发展。社会发展到今日再审视艺术自律原则时确实能感觉到它弥漫着浓郁的唯一、纯粹、狭隘的气息,这种气息不由得让人倒吸冷气,与我们现时代的多元意识

---

[1] [法]皮埃尔·布迪厄,[美]华康德.实践与反思:反思社会学导引[M].李猛,李康,译.北京:中央编译出版社,1998:150.

格格不入。

(二)早期儿童音乐作品的实用性

音乐自律原则认为音乐是非功利的、纯粹的,所以对音乐作品的感知方式也应该是无利害的纯思。对音乐作品的感知内容是艺术作品的表现特性,唯感知方式正确、感知内容正确才能获得审美经验。事实上,音乐也有非功利即实用的一面,下面我们从四个方面来阐述早期儿童音乐作品的实用特性。

1. 教育性

教育性是指音乐教育的终极目标是为了早期儿童的经验积累或成为与自我、社会、自然和谐的人,这显然是早期儿童音乐作品最大的实用性。从自我的角度来看,早期儿童音乐教育活动要充分发挥早期儿童的主体性,尽可能让早期儿童主动学习,获得成功的愉悦,从而使早期儿童具有自信的人格特征。从社会性的角度来看,早期儿童音乐教育活动过程是一个尊重他人、彼此合作互动的过程。让早期儿童意识到他人并乐意与他人相处,从而形成社会型的人格特征也是早期儿童音乐教育的重要任务。

2. 说教性

用歌曲说教要比语言说教有效得多,有时候用歌曲说教也并非不可以。例如,下面这两首歌曲,一首是爱自然、爱伙伴,另一首是呼吁奉献,两首都是典型的说教歌曲。如果在德性教育活动中唱唱这样的歌曲,是很有作用的。

谱 2-6

变 高 了

选自 *Habits of Helpers*
王 秀 萍 译词

$1=^{b}E$ $\frac{2}{4}$

```
6 1 2 | 1   1 1 5 | 6 1 2 | 3 - | 0 0 |
1.大地是花 园,    花儿 开放风吹 过,
2.心儿是花 园,    友谊 花儿开放 了,
3.我们每个 人,    都很 能干有本 领,
```

◆ 第一编　经验的早期儿童音乐教育原理 ◆

| 6 1 1 1 | 2 1 6· 6 | 6 1 1 1 | 6 5 3 | 3 — |

红花 黄花 紫色 花，　齐向 我们 微微 笑。
无论 友谊 多么 长，　一切 都是 美好 的。
把你 本领 亮出 来，　我们 为你 鼓鼓 掌。

| 6 6 5 | 6 6 5 | 6 6 5 2 | 1 — | 1 — ||

看它 们　变高 了　每天 爱它 们。
看它 们　变长 了　每天 爱它 们。
看我 们　变高 了　每天 爱大 家。

谱 2-7

奉献树

选自 Habits of Helpers
王　秀　萍 译词

1=G 2/4

(0 4 5 6 | 6 5 4 | 0 4 5 ♭6 | ♭6 5 4 | 0 0 5 4 |

3 2 | 1 1· | 2 2· | 3 — | 3 —) ‖: 5 5 5 5 |

1. 友好 树在
2. 炎炎 夏日

6 5 3 2 | 1 2 | 3 — | 5 5 5 5 | 6 5 3 2 |

向我 挥手， 你好 你好 你好，　它那 繁枝 密叶 已经
我在 树下　享受 阴 凉，　寒冷 冬天 它弯 下腰

1 2 | 1 1 1 | 1 1 1 1 | 2 1 6 | 1 1 1 1 |

长出 了。 噢， 那树 站在 太阳 下， 来为 我们
挡风 雪。 噢， 在那 秋风 来临 时， 我们 那棵

2 1 | ♯5 | ♯5 | 0 1 | 5 5 5 5 | 6 5 3 1 | 1. 1 | 2 1 |

遮阴 凉，　　噢， 我想 成为 这样 的树，　一棵
善良 树，　　噢， 脱下 它的 外套 装饰

```
4 3 | 3 - | 3 - :‖ 1 - | 2 - | 1 - |
奉 献    树。           大       地。

1 - | (6 5 5 3 | 3 2 2 1 | 1 6 1 2 3 | 3 - | 3 1 2 6 |

1 5 6 5 | 1  1 2 1 | 1 - ) | 1 1 1 1 | 2 1 6 |
                              那树 站在 太阳 下,

1 1 1 1 | 2 1 #5 | #5  0 1 | 5 5 5 5 | 6 5 3 1 |
来为 我们 遮阴 凉。    噢,我想 成为 这样的 树,

1 2 1 | 4 3 | 3 - | 3 - | 5 5 5 5 |
一棵 奉 献  树。          我想 成为

6 5 3 1 | 1 2 1 | 4 3 | 1 - | 1 - ‖
这样的 树, 一棵 奉 献  树。
```

3. 知识性

学习歌词中的知识,并通过熟唱歌曲来掌握这些知识,这也是音乐的一种功能。在需要的时候,歌曲学习也可以成为知识教学的一部分,当然这种学习不能成为音乐教育的主要内容。

谱 2-8

十二生肖歌

1=F 2/4

赵严华词
宋 乔曲

```
3 2 1 | 2 3 | 1 6· | 6 2 1 | 0 0 |
```

1. 小 老 鼠呀,打 头 来 呀。(做相应的动作)
2. 龙 和 蛇呀,尾 巴 甩 呀。
3. 小 狗 跳呀,猪 儿 叫 呀。

```
0  0 | 5̲ 5̲  6̲ 1 | 6̲ 2̲  1 | 6 — | 6 — |
         牛儿  那个  把   蹄  抬       哟。
         马羊  那个  把   步  迈       哟。
         老鼠  那个  又   跟  来       哟。

0  0 | 0  0 | 1̲ 5̲  6̲ 6̲ | 1  6̲ 1̲ | 2 — |
（做相应的动作）  老虎  回头   一  声    吼，
                小猴  机灵   蹦  又    跳，
                十二  动物   转  圈    跑，

3  2̲ 1̲ | 6̲ 6̲  2̲ 2̲ | 1  3̲ 5̲ | 6 — | 6  0 :||
咿  呀儿，兔儿 那个  跑   得   快      哟
咿  呀儿，鸡唱 那个  天   下   白      哟
咿  呀儿，请把 那个  顺   序

|3.
 6  1̲ 2̲ | 3  2̲ 1̲ | 3  5̲ | 6 — | 6 — ||
排哟，得儿 咿   呀   咿   呀   哟。
```

4. 娱乐性

让早期儿童参与音乐表演可以促进早期儿童的音乐能力，因为音乐本来就是表演艺术，音乐能力就是在制作或表演中得到发展的。尤其是以家长为观众的经常性的音乐表演对早期儿童的音乐能力发展是有好处的，因为音乐经验也需要家庭环境的支持。

总之，音乐是可以有实用功能的，只是在发挥音乐实用功能的时候不要忘记音乐的实用性是受音乐性规限的。如果不受音乐性规限无止境地去发挥音乐的实用功能，即把音乐教育完全沦落为说教的教育、娱乐的教育，那么音乐教育之所以在学校教育中占据一席之地的独特性将不复存在，这样的实用性定成为音乐教育在学校教育中消亡的掘墓者。

第三章　早期儿童的音乐特性（二）：早期儿童音乐的实践特性

当我们把音乐作为客体进行音乐特性分析时，往往容易遮蔽音乐作为有意识地制作这种更为本质的音乐的实践特性。因为音乐是表演艺术，所以音乐实践者是通过有目的的行动（音乐制作）来理解音乐的。针对早期儿童这么一群特殊的音乐实践主体，其音乐实践特性确实具有与中小学音乐教育、成人音乐教育不同的品格，本章主要讨论早期儿童音乐实践的特别品格。在早期儿童音乐教学范围内的音乐制作包括：早期儿童的动作表演、歌曲演唱、打击乐演奏、音乐即兴表演与创作。音乐制作强调目的指向性，换言之，早期儿童在进行音乐制作时明白自己要干什么、怎么干才是好的。所以，音乐制作的本质是有意识的行动，这种意识行动区别于无意识或本能行动、性格呈现行动。在我们的叙述中，音乐制作、音乐表演、音乐实践都是同义的，本章第一节讨论音乐表演，第二节讨论音乐即兴与创作。

第一节　早期儿童的音乐制作

音乐制作或表演涵盖音乐即兴与创作，但是由于它们之间又有一定程度的区别，故把它们分开阐述。本节着重介绍早期儿童的动作表演、歌曲演唱与打击乐演奏这三种音乐制作方式。

一、早期儿童的动作表演

早期儿童的动作表演包括舞蹈、律动、身体打击等,它是早期儿童感知与表达音乐的核心手段,也是他们最喜欢的一种音乐制作方式。下面将先介绍早期儿童身体动作的类型与理解每种动作类型需要探索的各个维度,再介绍身体动作到音乐动作表演的转换,最后介绍与早期儿童身体动作的音乐表演密切相关的达尔克罗兹的体态律动学。

(一)早期儿童身体动作的类型

从动作形态的角度,我们把身体动作分成三种类型。

第一,非移动式动作。指身体在个人空间或固定位置上所做的动作,可以是躺着、坐着、跪着与站着。这些动作可能是手臂的单独移动,或者是脚的单独移动;可能是在坐着、躺着时双手以及双脚的移动,也可能是躯干或头部的移动。

第二,移动式动作。指身体在公共空间到处移动,如步行与跑步,双脚跳与单脚跳,并步跳与蹦跳。移动式动作涉及重心在双脚间的转移,通常比非移动动作需要更多的力气与更好的平衡。

第三,与物体一起做身体移动。指身体伴随物体做非移动或移动的动作。进行这种动作时,有时是手拿一些物体,如布袋、棒子;有时则是以脚移动物体,如球、踏板;弹奏乐器、跳绳也属于与物体一起做身体移动的动作。

(二)三种身体动作类型的多维度探索[①]

我们可以让早期儿童探索这三种身体动作类型可能涉及的所有维度,通过探索,逐渐使早期儿童理解与身体动作相关的一些时间、空间概念,以使早期儿童在音乐中做动作时有开阔的视域与较易可得的动作表象。

第一,非移动式动作的探索。

1.意识到身体的部分与整体

(1)让儿童意识到整个身体的动作。

例如,原地转腰、原地弯腰、坐在小椅子上抱腿等。

---

① 约翰·费尔阿本德.儿童音乐教育.南京师范大学讲座,2007年4月.

(2)让儿童意识到孤立的一个身体部位的动作。

例如,坐着做手腕转动、头的转动等。

(3)让儿童意识到可以做一个身体部位带动其他身体部位的动作。

例如,先用手指画圈,然后牵动手腕画圈,再进入手肘画圈、手臂画圈,一直到整个身体画圈。又如,先动脚指头,然后动膝盖、肘、头、舌头、眼睛。

2.意识到空间

(1)意识到私人空间。

例如,可以做"泡泡"的游戏活动:想象一个泡泡,它落下来,接住它,拿出一个吸管吹大那个泡泡,吹啊吹,吹得很大,大到把自己装进泡泡中。当把自己装到泡泡中时,我们就只能在泡泡中活动,这个泡泡中就是私人空间。

(2)意识到在私人空间中的直接与非直接路线。

例如,直接把手举过头顶,这是在私人空间中的直接路线;把手扭来扭去举过头顶,这是在私人空间中的非直接路线。

3.意识到层次

意识到在私人空间内的高层次、中等层次、低层次。例如,还是刚才的泡泡游戏,想象自己如何在泡泡中把手从最高的地方移到最低的脚边。

4.意识到重量

意识到重与轻。例如,想象在雨中踏水坑的情景,为了把水溅起来,把脚踏得越重越好;如果为了不把水溅起来,那就要走得越轻越好。

第二,移动式动作的探索。

1.意识到身体的部分与整体

(1)边移动边做整个身体的动作。

(2)边移动边孤立地做一个身体部位的动作。

(3)一个身体部位引领的移动动作。

例如,教师用假想的钓鱼竿做游戏,教师假想钓到孩子的耳朵、膝盖、肩膀、后背等身体部位,早期儿童由这个部位带着走。

(4)由一个部位发起的移动动作。

例如,先用手指画圈,然后用手腕、手肘、手臂、整个身体转圈。又如,先动脚指头,然后动膝盖、肘、头、全身。

2.意识到时间

(1)意识到快与慢。

例如,假想有一个快国度与一个慢国度,两国人各自在自己的国土上运动,快国人只能做快的动作,慢国人只能做慢的动作。然后两国人互访,快国人进入慢国就做慢动作,慢国人则相反。

(2)意识到时间长度。

例如,假想有一堵墙,孩子可在教师数十五下时正好触墙,数十下时正好触墙,数五下时正好触墙。

3.意识到空间

(1)意识到私人空间与公共空间。

还是"泡泡"的游戏活动,但由私人空间扩展到了公共空间:想象一个泡泡,它落下来,接住它,拿出一个吸管吹大这个泡泡,吹啊吹,吹得很大,大到能让自己走进那个泡泡,把泡泡涂上颜色,我们带上这个泡泡移动,一部分一部分地用身体各部位推着这个泡泡动起来,然后把泡泡推到原位,让泡泡变小、落下,直到落在地板上。

(2)意识到在公共空间中的直接与非直接路线。

例如,在教室内先走一条直线,然后弯弯曲曲地走回来。

(3)意识到向内的动作。

例如,穿过一个岩洞,但不能碰到任何的蜘蛛网。

(4)意识到向外的动作。

例如,假想带着一个大气球,推着它从一个地方到另一个地方。

(5)意识到对着一个面的动作。

例如,走任何方向但脸始终朝着老师。

(6)意识到远距离的动作。

例如,用鼻子与手指来比画一支钢笔的长度,用两个手肘比画一只香蕉的长度,走出一辆自行车的长度,走出一辆轿车的长度。

4.意识到层次

意识到在公共空间中的高层次、中等层次、低层次。例如,跟着老师做动作的游戏:老师跑到一个地方做一个动作,让早期儿童做老师一样的动作,但不要碰到老师。循环往复。

5.意识到重量

(1)意识到公共空间中的重与轻。

例如,在雨中踏水坑,越重越好,可以移动位置做动作。

(2)意识到紧张与放松。

例如,两个孩子一组,让一个孩子拉动另一个躺着的孩子的身体各部位,体会放松;相反,躺着的孩子可僵直身体部位,不让另一个孩子拉动,体会紧张。

6.意识到移动

走、跑跳、跑、单脚跳、双脚跳、小跑步、快跑、大步走、拖步等,这些动作又称基本步,能自如地做这些动作,可便于在音乐中用不同节奏型寻找不同的基本步。等到早期儿童基本会做这些基本步以后,教师可以带领早期儿童做以下三个游戏。游戏一,像教师一样做动作。教师做什么动作,早期儿童模仿做什么动作,旨在观察早期儿童是否会做这些动作。游戏二,有时间差做动作。教师做动作时早期儿童不能做动作,只能看,教师停时早期儿童开始做,但动作要与教师一样。游戏三,有时间差变换做动作。教师做动作时早期儿童停,教师停时早期儿童做,但动作恰恰不能与教师一样。

7.意识到流动

(1)意识到突然与持续的动作。

例如,让早期儿童创作两个塑像造型,并记住自己的两个造型,教师敲鼓,猛敲时让早期儿童迅速做造型,连续敲时让早期儿童持续地做造型。

(2)意识到接连与同时的动作。

例如,让早期儿童围成一个圈,朝左转,每人只看并跟随前面一个人做动作,过一会儿整个圈的动作是接连发生的。又如,让早期儿童围成一个圈,老师站在圈心,早期儿童看着老师的动作大家一起做。这样做熟练以后,就可以做"谁能猜出领袖"的游戏活动:请一个早期儿童做猜的人,站到圈外闭上眼睛。这时老师确定圈内的一个领袖,其他早期儿童知道领袖是谁后要跟着领袖变换动作。然后请猜的早期儿童站在圈心,来猜谁是领袖。

(3)意识到受阻的动作与自由的动作。

①意识到受阻的动作。例如,假想我们在一个果冻大碗中,艰难地提起腿,转身,把手臂往下放、往上提。

②意识到自由的动作。由于早期儿童较擅长自由动作,所以我们往往只让他们自由地动身体的某一个部位。例如,在游戏"神奇的手套"中,只有那只戴上神奇手套的手才能自由地做动作。

8.意识到其他人

(1)意识到舞伴。

例如,用慢音乐伴奏,先做照正常镜子的游戏,再做照哈哈镜的游戏。次如,像玩具一样先把舞伴弄弯曲,然后自己模仿。又如,你的手指跟着舞伴的手指走。再如,先一个人做造型,舞伴配合做造型,再重新配合,循环往复。

(2)意识到小组成员。

例如,让早期儿童想象自己是小星星,先两个星星一起跳舞,再三个星星一起跳舞,最后整个银河系一起跳舞。

第三,与物体一起做身体移动。

1.丝巾与彩带

可以让早期儿童随意挥动丝巾、彩带之类的飘逸道具,早期儿童对这种挥动本身就会很感兴趣。有关速度、拍感等的表达,特别适合使用这些飘逸的道具。比如以下两首歌曲,在情绪上都是抒情的,却有着不同的强弱拍感觉。这时可用上飘逸的道具,让挥动的动作来"说话",以此判断早期儿童是否捕捉到了拍感。当然在音乐中这种挥动对早期儿童来说一定要有具体真实的"内容",如果挥动的是丝巾,则是把丝巾当作"内容"(落叶)。《秋》这首歌曲为 $\frac{6}{8}$ 拍,《树叶》这首歌曲为 $\frac{2}{4}$ 拍,当用飘逸道具表达这两种拍感时,身体律动是共同的,即我们在第二章第一节讨论节奏形式元素时所谈到的,$\frac{6}{8}$ 拍的拍感也是以二拍为基础的。

谱 3-1

秋

1=D 6/8

佚 名词曲

```
3 5 5. | 5 3 2 1. | 3 5 5 6 5 | 1 6 5. | 3 5 5 6 5 |
草儿黄   树叶飘，  飘在地上  睡个觉，  小蟋蟀喔喔
6 5 0 6 5 0 | 1 5 4 3 2 | 3. 3 0 | 1 5 4 3 2 | 1. 1 0 ‖
喔喔 喔喔，  秋天 来到了，         秋天 来到了。
```

谱 3-2

树　叶

1=D 2/4

日 本 歌 曲
罗传开译配

```
3  2.1 | 3 5 5 | 6.6 1 6 | 4 6 5 | 3  1 3 | 5.5 3 1 |
1.落 下来  落下来， 片片树叶  落下来， 没 有风  没有风吹，
2.飞 起来  飞起来， 片片树叶  飞起来， 乘 着风  乘着秋风，
2.2 3 1 | 2 5 5 | 1 5 5 3 | 1 5 5 4 | 3  2.1 | 1  - ‖
树叶自己  落下来， 一片一片  片片树叶  飘 落下来。
落叶乘风  飞起来， 一片一片  片片树叶  飞 扬起来。
```

2.筷子或竹棒

主要在非移动式动作中使用筷子或竹棒。早期儿童经常做身体动作（拍手、拍腿、拍肩等），如果我们让早期儿童拿着竹棒来认识一下自己的身体，可能会另有一番情趣。竹棒要轻且光滑，25－30厘米长的棒子最适合早期儿童使用，直径是1.3－2.5厘米。① 第一，让早期儿童双手拿筷子或竹棒轻轻地敲击自己的身体部位，如腿、肩、脚、膝盖等，早期儿童会

---

① ［美］菲里斯·卫卡特.动作教学：幼儿核心的动作经验[M].林翠湄，译.南京：南京师范大学出版社，2006：106.

很快乐;第二,让早期儿童把筷子或竹棒当作鼓的棒槌,把小椅子反向当作小鼓练习敲鼓,早期儿童会非常有兴致地完成敲鼓任务。

3.纸盘与地毯

纸盘与地毯对早期儿童理解个人空间是有帮助的;另外,纸盘也可以与筷子或竹棒结合使用,即把纸盘当作鼓,把竹棒当作棒槌使用。如果把纸盘当作划分个人空间的工具,那么纸盘直径最好是20—23厘米;如果把低盘当作鼓来敲,那么应选择直径为13—15厘米的纸盘。①

4.沙袋或豆袋

在科学活动中把沙袋或豆袋作为认识空间方位的工具是不错的想法。例如,让早期儿童把沙袋按老师的口令丢,丢到身体的前面、后面、旁边等。学会上下扔沙袋有助于早期儿童理解声音的高与低。另外,可以把沙袋放在身体的任何一个位置,如把沙袋放在头顶、肩上、腿上、脚上、手上等。沙袋或豆袋的直径是10—15厘米。②

5.呼啦圈

呼啦圈的使用范围非常广泛。第一,可以替代纸盘与地毯作为认识个人空间的工具。把呼啦圈放在地上,要求早期儿童做所有动作都要在呼啦圈的范围内。第二,可以作为合作造型的工具。两个或两个以上的早期儿童,各拿一个呼啦圈互相合作做造型。第三,可以作为辨别乐音高低的工具。边听音乐边走动,根据音乐的高低把呼啦圈上举或下放。

(三)借用三种动作类型的音乐表达

这三类身体动作类型涵盖我们一般所指的舞蹈动作、律动与身体打击,但是有意识地使用这三种动作类型只表明在使用动作时思路开阔、空间得当、位置合理,并不能说明这些动作一定就能合理地表达音乐。对这三类身体动作类型的有意识使用可为音乐地使用身体动作做铺垫,如何进行音乐表达,还需要与音乐特性结合起来。教师在让早期儿童感受音乐时可大量合理使用身体动作,这种榜样作用是早期儿童感知与表达音乐的关键。只有教师把这三类动作中的各个纬度自如地运用到音乐中,

---

① [美]菲里斯·卫卡特.动作教学:幼儿核心的动作经验[M].林翠湄,译.南京:南京师范大学出版社,2006:108.

② [美]菲里斯·卫卡特.动作教学:幼儿核心的动作经验[M].林翠湄,译.南京:南京师范大学出版社,2006:110.

早期儿童才可能有比较自如的音乐动作表演能力。

身体动作音乐表达的灵魂是合拍,而合拍是二拍(包括 $\frac{6}{8}$ 拍、$\frac{4}{4}$ 拍、$\frac{6}{4}$ 拍等)与三拍(包括 $\frac{5}{4}$ 拍、$\frac{9}{8}$ 拍等)的拍感、速度感、句子感等音乐能力的综合表现。在音乐中自如地做身体动作是音乐与动作、身体部位之间多方协调的结果。因为生理成熟的原因,大班早期儿童的身体动作水平自然比小班早期儿童高,但并不代表大班早期儿童的音乐动作水平比小班早期儿童高。早期儿童的身体动作音乐表演或身体动作音乐制作是指早期儿童的上述三类身体动作在合拍、有句感、有一定的旋律运动方向的条件下的呈现。

(四)达尔克罗兹的体态律动学

达尔克罗兹信奉人类的身体是第一个用来表达音乐的乐器[①],他认为不仅音乐的旋律源自我们肢体的自然律动,而且人类可以通过身体运动将内心情绪转化为音乐,所以只有掌握音乐的第一乐器——人的身体,只有把倾听音乐和身体反应结合起来,才能产生理解与表现音乐的巨大力量。他说:"音乐中最强有力的要素是与生命关系最密切的节奏运动。节奏完全依赖于运动,它最原始的形态存在于肌肉系统中。所有的音乐时间微差:快板、行板、渐快和渐慢,所有的音乐动能微差:强、弱、渐强、渐弱,都可用身体实现。敏锐的音乐感依赖于敏锐的身体感受。"[②]

1.体态律动中的身体动作

达尔克罗兹把身体动作的基本语汇分成两类:非移动动作与移动动作。

(1)非移动动作语汇。

拍手——拍手心和拍手掌。

摇摆——躯干和手臂的摆动。

晃动——头、膝、肩、臀、脚的晃动与转动。

指挥——手臂、手的划拍与各种指挥动作。

弯曲——躯干、腿、手臂的弯曲。

转身——各种方向的转动。

---

① 黄丽卿.创意的音乐律动游戏[M].台北:心理出版社,1998:42.
② 蔡觉民,杨立梅.达尔克罗兹音乐教育理论与实践[M].上海:上海教育出版社,1999:15.

踏步——整个脚掌落地的踏步,脚跟和脚尖的点地。

说话——朗诵、有节奏的道白,运动中的说话。

歌唱。

(2)移动动作语汇。

走——有拍律地行走、漫步,有力地行进。

跑——脚掌落地较慢地跑,脚尖着地碎步跑。

跳——单腿跳进,两腿交替跳进。

蹦——双脚跳进。

跃——向前跨越。

奔腾——有弹性地奔跑,近似于跑跳步。

滑行——脚掌擦地,身体向前倾斜地运动。

非移动动作与移动动作结合可以构成大量的动作可能性。例如,一边走一边进行手臂弯曲、打拍;一边跑一边拍手;一边行进一边唱;跳跃中双臂展开;等等。身体不同部位的动作结合可表现多声部节奏和多声部音色。例如,头、身、手臂、脚和嗓音可以同时结合,几个早期儿童分别做不同的动作等。[①]

2.体态律动的实践活动[②]

(1)意识身体各个部位的活动。

活动一:教师使一根底端系有重物的细绳像钟摆似的来回摆动,让早期儿童的躯体跟着重物来回摆动,不久他们就会感觉到自己躯体的节奏。教师通过放长或缩短细绳的长度来变化重物来回摆动的速度,让早期儿童随之来变化躯体摆动的速度。然后把绳子交给配班教师,音乐教师可弹奏具有柔和摇摆性节奏的音乐,为摆动的绳索和早期儿童的身体运动伴奏。

活动二:教师弹奏以下音乐,并把早期儿童分成以下六个小组跟随音乐活动。

---

① 蔡觉民,杨立梅.达尔克罗兹音乐教育理论与实践[M].上海:上海教育出版社,1999:51.
② 蔡觉民,杨立梅.达尔克罗兹音乐教育理论与实践[M].上海:上海教育出版社,1999:87-93.

谱 3-3

律 动 曲

$1=G$ $\frac{2}{2}$

$\underline{1\ 2}\ \underline{3\ 2}\ \underline{1\ 2}\ \underline{3\ 2}\ |\ 1\ \dot{6}\ \dot{6}\ \underline{0\dot{6}}\ |\ \underline{1\ 2}\ \underline{3\ 2}\ \underline{1\ 2}\ \underline{3\ 2}\ |\ 4\ 2\ 2\ \underline{0\ 2}\ |$

$\underline{1\ 2}\ \underline{3\ 2}\ \underline{1\ 2}\ \underline{3\ 2}\ |\ 1\ \dot{6}\ 4\ \underline{0\dot{6}}\ |\ \underline{\dot{6}\ 5}\ \underline{4\ 5}\ \underline{1\ 2}\ |\ 3\ 1\ 1\ 0\ \|$

嗓音组:这组早期儿童围着钢琴歌唱。

脚组:这组早期儿童围成一个圈,随着音乐跑或跳。

整个身体组:一两个早期儿童模仿小马在活动室奔驰。

脚后跟组:这组早期儿童坐在地板上,用脚后跟模仿马蹄的声音。

手指组:这组早期儿童用手指在想象的乐器上演奏曲调。

手和手臂组:这组早期儿童用以下的节奏型击鼓或用他们的手击地板。

$\mathsf{x}\ -\ \mathsf{x}\ -\ |\ \mathsf{x}\ \mathsf{x}\ \mathsf{x}\ -\ |$

(2)意识空间和时间的活动。

让早期儿童各自在活动室任选一个位置,做一个自己喜欢的姿势,然后教师弹奏钢琴,每个早期儿童按自己选定的方向,随着音乐离开自己的位置。当教师用钢琴发出信号,如弹奏一个滑奏或快速琶音时,早期儿童快速跑回自己原来的位置。在跑回自己原来的位置时,要求早期儿童不发生碰撞,如发生碰撞,"罚"发生碰撞的早期儿童坐下来观看别人活动。

这个活动可以进一步得到扩展:当教师用钢琴发出信号时,请早期儿童走八步回到自己的位置。要求距离原来位置远的早期儿童与近的早期儿童想好自己是跨大步还是走小步。

(3)意识肌肉紧张与放松的活动。

活动一:把早期儿童分成两队,朝同一方向排在一根绳子的两边。两队分别用左手或右手,掌心向下抓紧绳子,然后由排头的学生带着这支用绳子连起来的队伍在房间中行走,摆成一个"之"字形图案。这时,教师通过演奏一段音乐发出指令,两排早期儿童相对而立拉绳子。在乐曲结尾的长音上保持拉绳子的力量和姿势,紧接着教师弹奏一个强音和弦或琶音,全体早期儿童同时放松,于是产生了各种有趣的松弛姿势。

活动二:早期儿童在活动室散开站立,双臂朝上伸直,保持一个固定的姿势。然后教师快速弹奏一个和声片段,早期儿童随着和弦的变换,依次放松身体各部位:右手臂—左手臂—头—上身(从腰部下弯)—两腿(松软、膝盖弯曲)—终于支撑不住,整个身体像空布袋一样慢慢地、无力地倒在地上。

(4)意识大脑与身体协调反应的活动。

活动一:根据老师口令,学生做拍手和跳的动作。听到口令"手"时,早期儿童连续拍手;听到口令"脚"时,早期儿童连续跳;听到口令"手脚"时,早期儿童一边拍手一边跳。待早期儿童能比较熟练地跟随口令做动作以后,再让他们挺直背坐在地板上,但是要放松,并把两腿向前伸开。老师弹奏二拍子的音乐,早期儿童跟随音乐用双手和双脚同时做张开—合拢动作。听到口令"手"时,双脚休息;听到口令"脚"时,双手休息。

活动二:教师弹奏 $\frac{4}{4}$ 拍的音乐,早期儿童跟随音乐行走。在走的过程中,教师会不断地发出口令"变",学生听到口令立即停止行走,按拍子做事先想好的动作,四拍后继续行走。活动前教师应告诉早期儿童一共会发出几次"变"的口令,然后请早期儿童想好自己要做的动作。例如,第一次听到"变"口令后拍四下手,第二次跳四下,第三次点四下头,第四次转四次手腕,等等。活动过程中,教师的口令必须在每小节的第四拍发出,早期儿童的新动作在新小节的第一拍开始做,四拍后继续回到走路状态,等待下一个"变"的口令。

(5)意识节奏长短的活动。

活动一:教师请早期儿童玩实物沙袋和气球的抛接(自己抛自己接),请早期儿童体验抛沙袋与抛气球哪个快哪个慢。早期儿童玩实物,教师用乐器伴奏。早期儿童可根据教师打击铃鼓的节奏型抛沙袋,也可根据教师打击三脚铁的节奏型抛气球。最后,早期儿童不用实物只凭想象根据教师的节奏型来抛沙袋或气球。

经验的早期儿童音乐教育

♩=104

铃鼓：X X X X | X X X X | X X X X | X X X X |

三角铁：X － | X － | X － | X － |

活动二：猫和老鼠。①老师与早期儿童一起玩语言节奏。老鼠与猫分组，老鼠只念"吱吱"，猫只念"喵"。教师用木琴演奏"吱吱"节奏型，用铝板琴演奏"喵"节奏型，与早期儿童的语言节奏相和。

XX XX X X | XX XX X X | XX X XX X | XX XX X 0 |
吱吱 吱吱 喵 喵， 吱吱 吱吱 喵 喵， 吱吱 喵 吱吱 喵， 吱吱 吱吱 喵。

②新增老鼠与猫交替出现的语言节奏。

猫：
0 0 X X | 0 0 X X | X X X X | X X 0 0 | X X 0 0 ‖

老鼠：
XX XX 0 0 | XX XX 0 0 | XX XX XX XX | XX XX XX XX | 0 0 0 0 ‖

请早期儿童分组学习这条语言节奏，教师分别演奏木琴与铝板琴伴奏。然后两组早期儿童分别用跑步与走路来表达"吱吱"与"喵"，最后早期儿童边念着语言节奏边听教师的伴奏边做自己的节奏，达到嗓音、脚步声的合奏效果。

活动三：小猫和狮子。请早期儿童学习这首歌曲，并根据歌词内容用身体动作表演。

谱3-4

小猫和狮子

江崎正刚 曲
缪 力 译词

1=C 2/4

(5 3 5 3 | 6 3 | 7 － | i 0) | 5 3 5 3 | 6 3 |
　　　　　　　　　　　　　　　　　　　喵 喵 喵，

```
2̇ 3 4 5 | 6̇ 1̇ 7 6 | 7  5 | 5 3  5 3 | 6  3 | 7 - | 1̇  0 ‖
我 是 小 猫， 喵       喵  喵  喵    喵   呜。        Fine

3 - | 4 - | 5 - | 4 - | 3 2 | 1 2 |
噢    噢    噢    噢，  我 是 大 狮

3 - | 0 0 | 3 - | 4 - | 5 - |
子。       噢    噢    噢

4 - | 3 2 | 1 7̣ | 6̣ - | 0 0 :‖
噢，  我 是 大 狮 子。
```

二、早期儿童的歌曲演唱

每个人都有歌喉，把歌喉当作乐器是很便捷又很经济的一项音乐实践活动。歌唱与动作表演的不同之处是歌唱增补了动作表演所不能达到的旋律肌肉感，通过使用嗓音周围的肌肉来体验音乐是歌唱活动的特点。歌唱离不开嗓音，下面将讨论早期儿童的嗓音机制、嗓音特点、最喜欢的故事性歌曲以及与歌唱密切相关的柯达伊音乐教学法等内容。

(一)早期儿童的嗓音机制

孩子的声带稚嫩，对于他们来说，唱低音比较容易，连贯地唱由低到高的音比较难，一般都会唱破音。从生理上说，孩子声带周围的两边肌肉用来帮助唱低音，声带上围的肌肉用来帮助唱高音。两边肌肉一般只能帮助唱C调的do、re、mi、fa、sol几个音，而上围肌肉中的增长肌可以帮助孩子唱到C调sol以上的音，所以，教师要让孩子多多练习增长肌，同时要寻找到孩子由低音到高音的换声点。[1] 平常我们喜欢说进入头声与大白声，从某种意义上说的就是在声带上围肌肉帮助下发出的音与在声带周围肌肉帮助下发出的音。当会用头声歌唱时，声音就得到了意识控制，这时唱重、唱轻、唱高、唱低就会得到有意识的调节，音准与音质的歌唱质量也相应地得到了保障。大多数早期儿童的自然说话与歌唱是带有头声的，如果教师自己具有较好的头声歌唱状态与控制能力，那么在正确示范

---

[1] 节选自约翰·费尔阿本德.儿童音乐教育.南京师范大学讲座,2007年4月.

与评价的引导下,早期儿童有意识地进入他们本能就有的头声状态是水到渠成的事。如何引导早期儿童有意识地使用声带上围的增长肌或头声呢?以下三个活动隐含着三种引导方法。

活动一:用哨子乐器进行嗓音热身,引导早期儿童使用声带上围的肌肉练习头声。刚让早期儿童接触哨子乐器时,对教师的吹哨有一定的方向要求:先从上到下地吹,即下滑;一段时间后可以由下到上地吹与由上到下地吹,两者交替进行。

活动二:使用沙袋引导早期儿童使用增长肌。让早期儿童跟着沙包扔出的高度发出声音,注意教师的准确示范。另外要注意的是,当早期儿童发音比较低时教师不要用语言提示,如"请你把声音发得高一点",而要说"像沙袋一样高"或"把沙袋扔得高一点"等。这是因为语言提示"把声音发得高一点"是非常抽象的,而沙袋的高低很具体,同时空间高低与声音高低具有可比性。

活动三:可以扩展其他的玩具来类比声音的高低,借此提醒早期儿童发出高的声音与低的声音。例如,可以用两只小海豚玩具,模拟对话;也可以用手指鬼偶发出鬼叫的声音;也可以用一段有弹性可自由折弯的彩色塑料线来类比旋律线,并用声音模拟。

(二)早期儿童的嗓音特点

(1)3—4岁早期儿童一般能达到的音区为d^1—b^1,当然有的早期儿童音域特别窄,只能唱2—3个音的情况也是有的。

一般来说,在这6个音级的范围内,小班早期儿童能够在老师的帮助下,比较接近音高地歌唱。让小班早期儿童独立地歌唱或单独唱一首完整歌曲是有一定难度的,但是在教师帮助下集体一起唱时,小班早期儿童还是能够演唱不少歌曲的。对小班早期儿童来说,最合适的演唱方式是音乐片段的演唱,所谓的音乐片段演唱包括:回声歌与对歌。回声歌是每句必重复的一类歌曲,因很像回声而得名。这类歌曲往往是老师先唱,早期儿童后唱,就如教师示范早期儿童模仿一样,对音准、节奏、自信地歌唱都有好处。对歌往往是有领有合,教师唱领唱部分,早期儿童唱齐唱部分,这样降低了早期儿童的歌唱难度,但不失歌唱的乐趣。以下是回声歌与对歌的例子。

谱 3-5

小朋友你好吗

美国传统儿歌
王秀萍译词

1=C 2/4

（乐谱）

谱 3-6

厨房里的声音

Bessie Jones 改编
王秀萍译词

1=F 4/4

（乐谱）

(2) 4—5 岁早期儿童一般能达到的音区为 d^1—c^2。

中班早期儿童在教师起音的条件下,能集体或单独歌唱,并已经可以有比较好的发声状况。因为能有比较好的发声,就有可能达到比较好的音准。在歌唱教学中,有以下几项原则。第一,教师一般不与早期儿童一起唱,而是为孩子歌唱。如果教师和早期儿童一起唱,早期儿童就会很轻易地模仿,从而抑制旋律表象的产生与旋律记忆机制的运用。当早期儿童先听教师唱,然后再自己独立唱时,要求早期儿童先倾听旋律、记忆旋律,然后再把旋律表象呈现出来,这样有益早期儿童旋律感的发展。第二,至少让早期儿童在第二次音乐活动时才开口歌唱,前面一次只让早期儿童在游戏或动作中倾听,每次活动至少倾听4次。

(3)5—6岁早期儿童一般能达到的音区为d^1—d^2。

大班早期儿童能进行集体或个人的独立歌唱,能唱准音调,并可以达到正确的音高、速度、发声。如果教师歌唱水平比较高的话,大班可以比较多地开展二声部、三声部合唱。在合唱中早期儿童的发声水平、旋律感、社会性合作能力等会得到比较坚实的发展,制约条件是教师的水平。

(三)早期儿童的最爱——故事性歌曲

1.故事性歌曲的含义

上面提到过的回声歌、对歌都是受早期儿童欢迎的歌曲,尤其受小班早期儿童欢迎,能让早期儿童很轻松地获得歌唱的成就感。另外,无论是对小班、中班还是大班早期儿童,故事性歌曲是他们的最爱。故事性歌曲是指歌词内容有故事情节的歌曲,故事情节是歌曲的再现性内容,这与早期儿童的表象思维能力合拍,是早期儿童的音乐口味所在。下面是两首故事性歌曲的例子。

谱3-7

大 灰 熊

1=D 2/4

美国传统儿歌
王 秀 萍 译词

| 1 1 1 3 | 2 2 2 4 | 3 1 2 7 | 1 — | 3 3 3 5 | 4 4 |
一只 大灰 熊呀,正睡 在那洞里头。 请你 走路 轻轻,

| 2 2 2 4 | 3 3 | 1 1 1 3 | 2 2 2 4 | 3 1 2 7 | 1 — ‖
非常 非常 轻 轻。如果 你去 摇醒 它呀,它就 要发 怒。

谱 3-8

都睡着啦

1=F 2/4

黄丽星 词曲

(3̇4̇5̇ 4 0 | 3̇4̇5̇ 4) 34 | 5 1 6̇ 0 | 5 1 1 6̇ 0 | 0 1 2 5 |
　　　　　　　　　　　　有只 小青 蛙　 在木头上，　 他睡着

3. 34 | 5 5 1 6 1 1 | 5 1 6̇ 0 | 0 1 2 5 | 3. 23 |
啦。还有 一只苍 蝇停在 时钟上，　他睡着 啦。 小老

4 3 4 5 | 3 1 0 | 4 3 4 4 5 | 3. 05 | 6 1 2 2 |
鼠，狗 狗和 木马， 精灵 和小绵 羊， 你 相信不相

　　　　　　　　　　　　　　　　　　　(3̇4̇5̇ 4 0 |
3 3 2 2 1. | 0 2 2 1 7̣ | 1 - | 3̇4̇5̇ 4) 34 | 5 1 6 1 |
信就在现在，　 他们睡着　 啦。　 只有 大灰 熊住

5 1 1 6̇ 0 | 0 1 2 5 | 3. 34 | 5 5 1 6 1 1 | 5 1 6̇ 0 |
在森林里，　 他睡着 啦。 还有 住在楼上的鸽 子们啊，

0 1 1 2 5 | 3. 23 | 4 3 4 5 5 | 3 1 0 1 | 4 3 4 5 |
他们睡着 啦。 我们 不想把他们 吵醒， 要 轻轻 轻轻

　　　　　　　　　　　　　　　　　(3̇4̇5̇ 4 0 |
3. 34 | 5 1 2 2 1 | 3 3 2 2 1 0 3 | 4 2 1 7̣ | 1 - |
地，因为 他们每一个 都已经累了， 要 好好地休 息。

3̇4̇5̇ 4) 34 | 5 1 6. 1 | 5 1 6̇ 0 | 0 1 2 5 | 3. 34 |
　　　　 小白 猫紧紧蜷 在那里，　 他睡着 啦。 今天

5 1 6. 1 | 5 1 6̇ 0 | 5 1 2. 1 | 1 - ‖
有人 特别陪着 我，　 快快地睡 去。

2.故事性歌曲的歌唱原则

早期儿童喜欢有故事情节的歌曲,所以要多给早期儿童唱叙事歌,并要反复地唱给他们听。早期儿童先通过模仿教师的歌唱,然后会很快地学会自己独立地歌唱,从而得到音乐的体验。有时一些叙事歌曲配有动画片或是故事书,但是最好先唱给早期儿童听,待到熟悉之后,再提供其他资源。因为培养孩子倾听音乐的能力时,眼睛不工作,孩子的耳朵就会工作得更好。

3.从身体动作表演到歌唱表演的转换

早期儿童独立演唱故事性歌曲之前,我们往往会让早期儿童用身体动作表演故事。在音乐中用身体动作表演歌词中的内容,早期儿童往往会乐此不疲。如上例《大灰熊》,早期儿童可以在歌曲音乐伴奏下把大灰熊睡觉、小朋友轻轻走路、大灰熊醒过来发怒的故事情节表演得有滋有味,但是由于他们歌唱时受动作表演的影响,容易控制不了感情,边做动作边歌唱,结果把歌曲唱得很糟糕。对早期儿童来说,很难理解歌唱是嗓音讲故事这一原理。由于《大灰熊》这首歌曲的轻重对比极度强烈,用动作表演很过瘾;如果用嗓音表演这种轻重对比强烈的歌曲,需要头声歌唱,否则强就是喊叫、弱就是无声。如果早期儿童做不到头声歌唱,至少让早期儿童明白歌唱是用嗓音讲故事,这时不要身体动作,人们要听你歌唱的声音就能知道你讲了一个什么故事。这种对身体动作做出一定限制的情况,一般只在故事性歌曲尤其是力度对比强烈的歌曲中才出现,通常的歌曲鼓励早期儿童做一些简单、合理的动作。

(四)柯达伊以演唱为主的音乐教学法

20世纪40年代,匈牙利的经济比较落后,在柯达伊开始探索普通学校音乐教育改革时,全国只有5%-6%的儿童有机会学习乐器。柯达伊认为儿童只有积极参加音乐实践活动,才可能获得音乐经验、获得真正的音乐文化。歌喉是每个儿童都有的乐器,歌唱正是每个儿童都可以参加的音乐活动,所以歌唱是普及音乐教育切实可行又有实效的途径。不过柯达伊所指的歌唱更确切地说是指合唱。由于合唱是群体参与形式,需要大家共同努力来营造和谐之美,所以合唱能培养集体感与友谊,忘我投入的合唱能给人带来精神的升华。柯达伊认为合唱需要技术,但关键不是技术问题,音乐的关键或本质是精神。

1.歌唱教学的主要方法

(1)字母谱与节奏谱。

这种方法对早期儿童教师音乐素养的提高很有帮助,但没必要用到早期儿童身上。字母谱与节奏谱主要功能是便于识谱,是识五线谱之前的过渡环节。节奏比较复杂时节奏谱与字母谱结合使用,节奏比较简单时字母谱单独使用。以下两例分别是字母谱与节奏谱结合使用和字母谱单独使用的例子。①

例1　结合使用的字母谱与节奏谱

例2　单独使用的字母谱

$$\left[\begin{array}{l|l|l|l|l} s-m & f-m & s-d' & t-d' & s-s \\ t,-d & s,-d & f-m & f-m & t,-d \end{array}\right]$$

(2)手势。

手势法是一种身体语言的形式,它的功能是使抽象的音高关系具有直观形象的意义。手势位置包括7个基本音级和常用的2个变化音级。手势的使用有一个相对的高度范围,do 的位置大约和腰平行,其后的 re、mi、fa、sol、la、ti、do'各音位置依次升高,do'音位置大约越过头顶。② 图3-1的手势图体现了音级关系与调式音级倾向。在早期儿童音乐教学中,教师要学会用手势并让早期儿童学会看手势,但没必要让早期儿童学习手势。

---

① 杨立梅.柯达伊音乐教育思想与匈牙利音乐教育[M].上海:上海教育出版社,2000:69.
② 杨立梅.柯达伊音乐教育思想与匈牙利音乐教育[M].上海:上海教育出版社,2000:71.

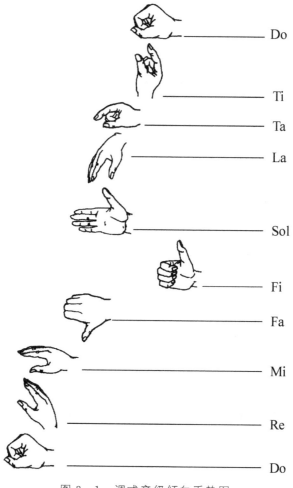

图 3-1 调式音级倾向手势图

（3）指挥。

这种方法是针对教师的，偶尔早期儿童也可以做指挥。由于柯达伊音乐教学主要是合唱教学，二声部歌唱是常规活动，所以教师必须深谙简单的指挥动作，以便自如地引导早期儿童合唱。指挥动作由两部分构成：第一，手势，在早期儿童练习和声、音程时使用；第二，简单的正规指挥动作，在引导早期儿童歌唱多声部歌曲时使用。

2.早期儿童歌唱教学的要点

(1)按照准确音调歌唱。

如果具备以下几个条件,按照准确音调歌唱对于早期儿童来说,将不会是什么难事。

第一,选择适合早期儿童智力、身体发展程度、音域的短小歌曲进行教学。所选用的音乐材料即便节奏类型合适、速度合适,旋律音域过宽也会产生不好的音调效果。音域合适的旋律主题更便于模仿。

第二,选择在合适的音高上歌唱。小班选择$d^1—b^1$音域,中班选择$d^1—c^2$音域,大班选择$d^1—d^2$音域。匈牙利音乐教室普遍没有钢琴,所以教师必须用音叉把歌曲的音调定至所规定的调性来歌唱。选择在合适的音高上歌唱是培养早期儿童具有良好音乐感的重要原则之一。

第三,教师要为早期儿童提供具有准确音调、正确发音吐字和带有愉快情绪的范唱。教学中在鼓励早期儿童歌唱的同时,要注意控制、约束早期儿童的音量。对早期儿童歌唱的要求是:适中的音量、准确的音调、清晰的吐字并伴随简单的动作。

(2)克服早期儿童的不良音调。

早期儿童来自不同的音乐环境,具有不同的音乐能力与接受水平。早期儿童歌唱音调不准的原因大致有以下几个方面:第一,缺乏歌唱练习;第二,害羞的情绪抑制了早期儿童的勇气,使他们不敢唱出音调;第三,一些早期儿童的声音低沉或音色特殊,他们因为和别人的声音不一样而不敢歌唱;第四,一些过于自信的早期儿童可能又会唱得太高太响,因此可能听不到他们自己唱得和别人不一样;第五,只有相当少数的情况属于儿童自身生理原因,如听觉失调或发音器官障碍等。针对这些问题,教师在让早期儿童感觉放松的前提下,进行个别示范与手势提醒音高是比较有效的方法。

(3)歌唱能力的发展步骤。

第一,早期儿童可以从教师或其他早期儿童的歌唱中捕捉到短小片段,模仿歌唱;第二,在教师歌唱后,早期儿童可以在准确高度模仿唱出短小的句子;第三,早期儿童可以和教师一起歌唱,少数早期儿童用近似的准确音高和准确节奏歌唱;第四,早期儿童可以在集体歌唱中找准音调;

第五，教师起音后不再跟唱，早期儿童可以按照所给的音高和速度集体歌唱；第六，早期儿童乐意自己歌唱，甚至在别人面前演唱，音调也许是大致的准确，但发音是好的；第七，小组独立地按照所要求的音高和速度歌唱；第八，早期儿童自己选择歌曲并在合适的音高和速度中歌唱，有好的发音吐字、强弱变化和歌曲的情绪表现。

三、早期儿童的打击乐演奏

在早期儿童音乐环境中，早期儿童通过简单打击乐器的演奏来学习手与脑的配合，随着手脑协调能力的发展，演奏能力也会得到提升。早期儿童打击乐器最好包括有固定音高与无固定音高两类打击乐器，有固定音高的打击乐器能使早期儿童的音乐感得到更好的发展，因为演奏一段旋律的本质是音高、节奏、曲式和感受等整合的音乐能力共同发挥作用的结果。如果受条件限制，只有无固定音高的打击乐器也是好的。

（一）早期儿童打击乐演奏的主要方式

1.音色探究中的打击乐演奏

早期儿童在音色探究活动中，在进入人声与正规乐器声探究之前，会围绕生活环境中的音色、机器的音色、自然界的音色进行很长时间的音色探究活动，这部分音色探究主要靠使用打击乐器来完成。

（1）探究生活环境中的音色。

早期儿童的日常生活环境中存在很多声音，例如钥匙发出的声音、撕纸的声音、敲门的声音等，请早期儿童尝试各种打击乐器的打击方法，找出最能模拟日常环境中一些声音的打击乐器与打击方法。另外，无用的钥匙、纸等破旧物品，它们只要能发出声音，都可以成为打击乐器。

（2）探究自然界的音色。

自然界有风声、雨声、雷声等，各种动物也会发出不同的声音。请早期儿童尝试找出能模拟风声、雨声、雷声的乐器，并找出相应的打击方法。然后可以边朗诵童谣边打击乐器，例如：

风来了、雨来了,
蛤蟆背着个鼓来了;
什么鼓,花花鼓;
噼噼啪啪噼噼啪啪二百五。

念"风"字时请打击乐声类似风声的早期儿童演奏,念"雨"字时请打击乐声类似雨声的早期儿童演奏,念"鼓"(共有三个)字时请拿鼓的早期儿童演奏,最后一句只念不演奏。

(3)音色综合探究。

无论是日常生活环境中的音色还是自然界的音色,到了大班就可以综合起来进行探究。例如,讲述下面这个故事时需要早期儿童把音响配上,语言部分由教师完成,音响部分由早期儿童完成。

一天,小华正蜷曲着身子在看书。"小华"妈妈喊道:"你能帮妈妈去买些牛奶与面包吗?""可以!"小华大声回答。

"一定要带上伞,天快下雨了。"妈妈说着给小华雨伞与钱,又说:"也给你自己买一些饼干与果汁吧。"

当小华离开家的时候,天就开始下雨了。一开始下的是小雨,雨滴柔和地拍打在雨伞上 。然后,她听到一声霹雷 ,打在伞上的雨滴就重了起来 。风也刮了起来,风声开始是细柔的 ,后来越来越重。小华跑了起来 ,一些硬币从她的口袋里掉了出来 。一个路过的好心阿姨替她捡了起来。

小华冲进商店,门在她身后"砰"的一声 。她买了她要的东西后急忙回家。出门时她又忘了扶门,门又"砰"的一声 。

回到了家,她迫不及待地吃起了饼干 ,喝起了果汁 。喝到最后,她还拼命地吸着吸管 。"这是多么不文明的声音啊!"妈妈说道。

2.对歌曲与乐器中典型节奏型的演奏

歌曲与乐器音响形式的呈现往往伴随教师的动作表演(对乐曲再现性内容的呈现),早期儿童通过模仿教师的动作表演与歌唱来感知音乐,并能把乐曲中典型的节奏型与节拍从曲子中提炼出来。这种提炼意味着

经验的早期儿童音乐教育

早期儿童对音乐的一定程度的理解,且这种提炼行为一般是通过打击乐来表达的。例如,以下是《未出壳雏鸡的舞蹈》的第二段,当早期儿童对这段曲子的动作表演很自如后,我们可以要求早期儿童把这段音乐用打击乐表现出来(其实是把音乐的节拍提炼出来,并用打击乐演奏)。

当早期儿童用打击乐器把这段音乐表演出来时,节奏型往往会是这样的:

第一、二句: X 0 0 | X 0 0 | X 0 0 | X 0 0 |
　　　　　　左手　　　　右手

第三句: X 0 0 | X 0 0 | X 0 0 | X 0 0 |
　　　　双手

第四句: X　X | X　X | X　X | X　X |
　　　　双手

这四句节奏型把《未出壳雏鸡的舞蹈》的节奏特征紧紧抓住了,前面三句抓住了两拍一次重音的特点,后面一句则是直接提取了节拍。这种通过演奏乐器把对音乐的理解表达出来的方式,是早期儿童音乐教育活动中让早期儿童表达音乐理解的重要方法。

3.多声部演奏

当早期儿童学会一首歌曲后,请几位早期儿童用固定音高乐器演奏简单旋律;另几位演奏固定音型,如 **1 5** 或 **1 5** 或 **1 5 3 5** 等;再另请几位演奏八度音;其他早期儿童分组演奏不同的节奏型,用这种方式形成多声部演奏。只要是简单的歌曲都可以进行多声部演奏,而且伴奏类型可以逐渐由早期儿童来决定。

下面我们将介绍早期儿童逐渐形成多声部演奏的一个例子。

(1)熟悉歌曲。

谱 3-9

赛 船

德国民歌
沈心工配词

$1=F \frac{2}{4}$

| 5 3 3 | 4 2 2 | 1 2 3 4 | 5 5 5 | 5 3 3 | 4 2 2 |
| 小小船 | 小小船 | 你们一起 | 赛一赛， | 船身小 | 胆量好， |

| 1 3 5 5 | 3 - | 2 2 2 2 | 2 3 4 | 3 3 3 3 |
| 不怕浪头 | 高。 | 用力用力 | 齐用力， | 追过前面 |

| 3 4 5 | 5 3 3 | 4 2 2 | 1 3 5 5 | 1 - ‖
| 得第一， | 追追追， | 追追追， | 比赛得胜 | 利。 |

(2)念歌词理解歌曲的节奏。

让早期儿童念歌词,并按歌词拍手与打击乐器,然后在心中念歌词进行乐器演奏。

(3)新增一种节奏型与早期儿童合奏。

当早期儿童进行歌曲的节奏演奏时,让其倾听教师是怎样敲大鼓与早期儿童合奏的(教师每两拍敲一次大鼓)。教师询问哪位小朋友能够学教师的样子与其他小朋友合奏。最后由两位小朋友敲鼓。

(4)新增低音。

当早期儿童进行演奏的同时,让其倾听教师是怎样演奏的(教师在铝板琴上双手同时敲"1 1"两音,四拍敲一次)。教师询问哪位小朋友能够学教师的样子与其他小朋友合奏。最后由两位小朋友演奏低音。

(5)新增一种固定音型。

当早期儿童进行演奏的同时,让其倾听教师是怎样演奏的(在木琴上左右手轮流敲"1 2 1 5"固定音型,在木琴上只留这三个音的音块)。教师询问哪位小朋友能够学教师的样子与其他小朋友合奏。最后由两位小朋友演奏固定音型。

(6)教师演奏旋律完成合奏。

最后教师演奏旋律,大家一起合奏,请早期儿童注意控制音量,最重要的是要注意听别人演奏的声音。

(二)早期儿童打击乐演奏的目的

无论是探索音色还是节奏型的演奏、合奏,早期儿童演奏打击乐器的目的是为了把头脑中关于音响的表象(主要是节拍与节奏型表象)表达出来。就好像早期儿童借用油画棒把头脑中关于物的表象表达出来一样,早期儿童是借用打击乐器来表达头脑中的音响表象的。除音色的音响表象外,节奏与旋律的表象一般以句子为单位,离开句子人们很难记住音乐,句子是音乐思维的最小单位。所以,在早期儿童音乐教学活动中,我们一般借助歌曲歌词的句子来理解音乐的句子。通过一句歌词抓住这句音乐的节奏型与旋律型是我们经常使用的方法。

(三)奥尔夫以乐器合奏为主的音乐教学法

1.奥尔夫教学法的乐器类型

奥尔夫教学法中所使用的乐器种类繁多,大概包括天然乐器、自制乐器、身体乐器与奥尔夫乐器。天然乐器包括生活周遭所有可能发出声音的物体,如风、雨、雷、汽车、杯子、墙壁等。自制乐器主要是指由教师提供各种材料并指导早期儿童运用想象力制作的一些和市面上的现成乐器有所不同的乐器,如风铃、手镯铃、洗衣板等。身体乐器是指凡身体部位所有能在拍击下发出声音的地方,都是很好的创造声音来源的乐器,如手指、手掌、脚、舌、臀等。奥尔夫乐器主要以木片和钢片材料为主,打击时具有极佳的音响效果,音色优美又简单易学。奥尔夫乐器可分为两类:(1)有音高乐器,包括高、中、低音钢片琴,木琴,钟琴与定音鼓;(2)无音高乐器,包括大小鼓、曼波鼓、康加鼓、木鱼、响板、铃鼓、沙球等。

2.奥尔夫音乐教学的主要方法

(1)身体打击。

一个早期儿童通过手脚的配合能发出不同的声音从而形成声音织体,这种方式在小组中或全体早期儿童一起参与的集体中更能显示出它的"魔力",是身体声音的"合唱"。以下是一首身体打击回旋曲,曲式为:ABACADA。

谱 3-10

身体打击回旋曲

A段

拍手 | $\frac{4}{4}$ XX XX XX XX | XX 0 0 0 | XX XX XX XX | XX 0 0 0 |

拍腿 | $\frac{4}{4}$ 0 0 0 0 | 0 0X XX 0 | 0 0 0 0 | 0 0X XX X |

踩脚 | $\frac{4}{4}$ 0 0 0 0 | 0 0 0 X | 0 0 0 0 | 0 0 0 X |

| X X X 0 | X X X 0 | XX XX XX XX | XX 0 0 0 ‖

| 0X 0X 0X XX | 0X 0X 0X XX | X0 0 0 0 | 0 0X XX 0 ‖

| X0 X0 X0 0 | X0 X0 X0 0 | X0 0 0 0 | 0 0 0 X ‖

B段

拍手 | 0 X 0 X | 0 XX XX XX | X X 0 X | X XX X 0 |

踩脚 | X 0 X 0 | X 0 X 0 | X 0 X 0 | X 0 X X |

| 0 X 0 X | 0 XX XX XX | X X 0 X | 0 XX X 0 ‖

| X 0 X 0 | X 0 X 0 | X 0 X 0 | X 0 0 0 ‖

C段

拍手 | 0 XX 0 XX | 0X XX XX XX | 0 XX 0 XX | 0X XX XX XX |

踩脚 | X 0 X 0 | X0 0 0 0 | X 0 X 0 | X0 0 0 0 |

| XX XX XX XX | XX XX XX XX | XX XX XX XX | X 0 0 0 ‖

| 0 0 0 0 | 0 0 0 0 | 0 0 0 0 | 0 XX X X ‖

```
D段
拍手 ‖ OX XX OX XX | X XX X X | OX XX OX XX | X XX X X ‖
踩脚 ‖ XO O XO O | X O O O | XO O XO O | X O O O ‖
```

(2)韵律朗诵。

早期儿童是通过韵律朗诵来理解节奏的。换言之,有节奏的童谣、儿歌是早期儿童理解音乐节奏的中介。一方面,节奏的学习始于韵律朗诵;另一方面,当音乐中的节奏型较难时,我们一般想办法把这种节奏型以韵律朗诵的形式让早期儿童接受,从而消解音乐的难度。

(3)集体舞。

集体舞的音乐往往句式与曲式都很规整,句子与段落重复很多,这样的音乐特别容易让早期儿童理解句子与段落。更重要的是通过简单的与音乐性质一致的舞蹈动作的表演,早期儿童的情绪容易高涨,在投入表演的过程中会不知不觉地体察音乐的细微变化。这种动作与音乐的协调非常有利于节奏感的形成,这种协调性比较容易迁移到乐器演奏中。

在奥尔夫的乐器演奏活动中,早期儿童在探索各种乐器的音色、玩法时,逐渐理解持续音、颤音、固定音型、五度音程、八度音程、乐句、乐段的音乐含义,但不是掌握这些概念的定义。例如,在商调中请早期儿童打击木琴的"D、A"两音,即五度音程;请早期儿童打击木琴的"D、D'"两音,即八度音程。

第二节 早期儿童的音乐即兴

有的人认为即兴是一种表演,是一种在没有音乐曲谱的情况下自发地进入歌唱或演奏状态的表演。另有人认为即兴是现场作曲的一种类型,它是一种创作。这两种观点都是对的,因为音乐即兴同时涉及表演与创造。即兴是音乐制作的一种形式,在这种形式中一人或多人可自发地、同时地对音乐作品进行诠释、表演、创作。在现场,由表演走向创造是即兴的特色。

对早期儿童来说,音乐首先是早期儿童自我表达的一种音响,早期儿童是声音的探索者和发明者,探索和创造的产品则是音乐活动中必然的、合适的一部分。但同时我们必须清楚早期儿童探索和创造的音乐产品不具有社会效应,只对他自己的发展有意义。正是从这种层面上来说,我们不愿意动不动就把早期儿童的一些即兴之举上升到创造的高度。即兴具有表演与创造的成分,但又既不是单纯的表演也不是单纯的创造,是一种需要表演作为基础,但又具有当下灵性突破的活动。它对音乐创造力的形成具有非凡的力量,是早期儿童音乐教育活动"心之神往"的部分。所以,对早期儿童而言,所有的创造都在即兴层面,即兴即创造。本节以早期儿童表演或制作的三种基本类型——身体动作表演、歌唱、演奏为线索,对早期儿童的身体动作即兴、歌曲即兴与演奏即兴分别展开讨论。

一、早期儿童的身体动作即兴表达

这里所谈的身体动作是指在音乐背景中的身体动作,是一种音乐制作方式,与没有音乐做一些身体动作是不一样的。在音乐中能合拍地根据句子、音乐风格做身体动作是一种包含拍感、句式感、速度感的音乐综合能力。身体动作即兴表达则是通过对音乐再现内容的动作表达来体现音乐综合能力。

(一)歌曲中再现内容的动作表达

早期儿童能够对歌曲的再现内容或歌词内容进行动作表达是因为教师的长期榜样作用。早期儿童在小班的头半年时间里,唱歌活动基本上都是教师既唱又跳的活动,早期儿童能跟着教师哼唱一会儿、做几个动作就很不错了。教师从第一首童谣开始就在早期儿童面前边朗诵边做动作,一直到早期儿童小班第二学期,所以到早期儿童独立开口歌唱并独立为歌曲做动作时,前期教师的歌唱与动作表演的榜样作用是巨大的。正是从这个意义上说,教师本身的音乐素养是何等重要!歌曲再现内容的动作表达可以分为以下几种类型。

1.身体打击(主要是小班)

在小班时我们需要大量表示身体部位的歌曲让早期儿童边唱边拍某些身体部位,同时强调拍身体部位时要在拍点上。当然,要想让早期儿童拍得有拍点,最重要的条件是教师的榜样作用。只有教师的举手投足之间充满拍点,早期儿童通过模仿才能相对容易找到感觉。

谱 3-11

头 与 肩 膀

祖鲁儿童游戏
王秀萍译词

1=C 2/4

| 0 1 | 1 | 1 3 | 5 | 5 5 | i | 7 6 | 5 | 5 3 |
| 那 头 | 和 | 那 肩 | 膀, | 那 胸 | 和 | 那 肚 | 皮, | 那 |

| 5 5 4 3 | 2 | 2 2 | 4 4 3 2 | 1 | 1 0 ‖
| 膝 盖 和 那 | 脚 | 趾,那 | 膝 盖 和 那 | 脚 | 趾。

在唱这首歌曲时,合拍地用手拍这些身体部位——头、肩、胸、肚、膝、脚。早期儿童会很高兴地进入这种拍身体部位的游戏中,而实际上这是合拍练习。

2.拍律的身体表达(主要是小班)

根据歌曲的歌词内容做动作,而实际上是让早期儿童学会拍子的摇晃律动,下面是早期儿童进行二拍子身体律动的一个例子。

谱 3-12

火 车 开 了

匈牙利儿童歌曲
吴 静译词

1=C 2/4

| 1 1 3 1 | 5 5 6 5 | 4 3 2 | 1 — | 1 1 3 1 |
| 咔嚓 咔嚓 咔嚓 咔嚓 | 火车 开 | 了, | 咔嚓 咔嚓 |

| 5 5 6 5 | 4 3 2 | 1 — | 4 5 6 | 6 — |
| 咔嚓 咔嚓 | 火车 开 | 了, | 火车 司 | 机, |

| i 7 6 | 5 — | i 5 3 1 | 5 5 6 5 | 4 3 2 | 1 — ‖
| 开着 火 | 车, | 咔嚓 咔嚓 | 咔嚓 咔嚓 | 火车 开 | 了。

当早期儿童左右摇摆着身体尽兴地开着假想的火车时,教师认真地观察是不是全体早期儿童都能自如地进行二拍子的身体律动。

3.重拍与弱拍的身体表达(主要是中、大班)

对早期儿童来说,用身体动作把重拍与弱拍分开是比较难的,但是,如果教师的榜样作用明显,早期儿童在模仿中学习似乎也没有什么难度。以下是用身体动作表达重拍的一个例子。

谱 3-13

假如感到幸福

美国传统民歌

1=G 4/4

(5.5 ‖: 3.3 3 3 3 3 | 2.3 4 3.2 1 | 7.1 2 2.1 7.5 6.7 |

1 3 1) 5.5 | 1.1 1.1 1.1 7.1 | 2 0 0 5.5 |
1.假 如 感 到 幸 福 你 就 拍 拍 手,(拍手) 假 如
2.假 如 感 到 幸 福 你 就 跺 跺 脚,(跺脚) 假 如
3.假 如 感 到 幸 福 你 就 伸 伸 腰,(伸懒腰)假 如
4.假 如 感 到 幸 福 你 就 挤 个 眼,(挤眼儿)假 如
5.假 如 感 到 幸 福 你 就 拍 拍 肩,(拍肩) 假 如
6.假 如 感 到 幸 福 你 就 拍 拍 手,(拍手) 假 如

2.2 2.2 2.2 1.2 | 3 0 0 5.5 | 3.3 3 3 3 3 | 2.3 |
感 到 幸 福 你 就 拍 拍 手,(拍手) 假 如 感 到 幸 福 大 家 来
感 到 幸 福 你 就 跺 跺 脚,(跺脚) 假 如 感 到 幸 福 大 家 来
感 到 幸 福 你 就 伸 伸 腰,(伸懒腰)假 如 感 到 幸 福 大 家 来
感 到 幸 福 你 就 挤 个 眼,(挤眼儿)假 如 感 到 幸 福 大 家 来
感 到 幸 福 你 就 拍 拍 肩,(拍肩) 假 如 感 到 幸 福 大 家 来
感 到 幸 福 你 就 拍 拍 手,(拍手) 假 如 感 到 幸 福 大 家 来

4 3.2 1 7.1 | 2 2.1 7.5 6.7 | 1 0 0 (5.5 :‖
一 起 拍 手, 看 哪,大 家 都 一 起 拍 拍 手。(拍手)
一 起 跺 脚, 看 哪,大 家 都 一 起 跺 跺 脚。(跺脚)
一 起 伸 腰, 看 哪,大 家 都 一 起 伸 伸 腰。(伸懒腰)
一 起 挤 眼, 看 哪,大 家 都 一 起 挤 个 眼。(挤眼儿)
一 起 拍 肩, 看 哪,大 家 都 一 起 拍 拍 肩。(拍肩)
一 起 拍 手, 看 哪,大 家 都 一 起 拍 拍 手。(拍手)

经验的早期儿童音乐教育

请早期儿童围成圈做拍手跺脚的即兴游戏,早期儿童自己即兴做这个游戏时往往会忽视强弱拍,对这个曲子的弱起不予理睬,所以当早期儿童即兴玩了他们自己的玩法后,教师可以对早期儿童的玩法做一些改进。教师改进后的玩法是:前奏与弱起拍原地不动,从"感到"开始起步走路,起步动作要夸张、幅度大一些,表示重拍。走到休止处停下,原地拍手,拍两下手后再原地停一拍才能起步走。后面动作要求相同。

4. 再现性内容的动作表达(主要是中、大班)

再现性内容的动作表达已经内含了合拍、合重拍、拍子的摇摆等拍感内容,即使把歌词内容用动作表达得再漂亮,如果没有拍感那就很难说是音乐中的动作表达了。

谱 3-14

国旗国旗多美丽

常 瑞 词
谢百倩 曲

早期儿童为这首歌曲配动作时容易出问题的地方是第三句,这一句的旋律描述了小朋友爱祖国的情怀,所以一改进行曲的风格,具有一定的柔度。在做这句动作表演时,教师应提醒早期儿童动作柔和些,这句与其他几句的动作表演是有区别的。

(二)器乐曲再现内容的动作表达

器乐曲再现内容的动作表达有两种情况:一种是以欣赏音乐为主要

目的而进行的动作表达,通过动作表达中的肌肉感让早期儿童理解音乐;另一种是以韵律动作的学习为主要目的而进行的动作创编。

1.音乐欣赏中的动作创编

对于音乐欣赏中的动作创编,我们以《瑞典狂想曲》的音乐欣赏活动为例。这首曲子是 ABA 三段体曲式,其中 A 大段本身也是 aba 三段体,而 B 大段则是 cd 二段体。本书对原曲做了一点简化,旨在更适合早期儿童欣赏。

这首曲子的曲式结构分析图见图 3-2,其中大写英文字母表示大段落,小写英文字母表示小段落。

|: a :||: b :|| a || a :||: b :|| a :||: b :|| a

A | B | A′ ||

图 3-2 《瑞典狂想曲》结构图

这首曲子的音乐如下:

谱 3-15

瑞典狂想曲

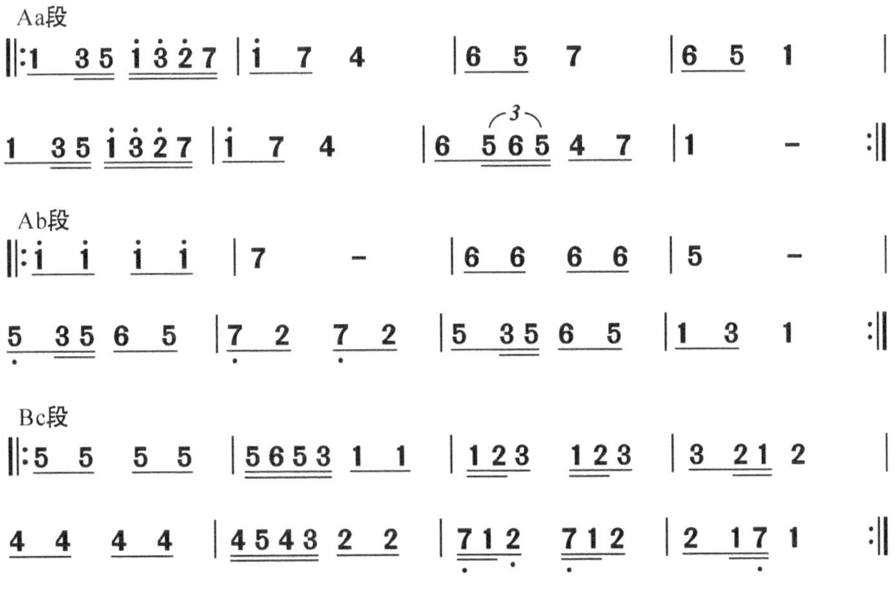

Aa段

Ab段

Bc段

对这首曲子的再现性内容主题挖掘如下①：

A 段：a、a′表现农民挑着工具到田间劳动的场景。

　　　b、b′表现农民浇水、松土的劳动场景。

B 段：c 表现禾苗茁壮成长，享受阳光，沐浴和风并伸伸懒腰的情景。

　　　d 表现禾苗与伙伴尽情玩耍的情景。

A′段：重新表现农民挑着工具到田间浇水、松土，然后快乐地回家的情景。

在这首器乐曲的欣赏活动中，早期儿童可分成两组，一组专门表现 A 与 A′段的情景，扮演农民并做挑着工具到田间浇水、松土的动作；另一组专门表现 B 段情景，扮演禾苗并做禾苗破土成长、与同伴玩耍的动作。这些动作都适合早期儿童自己创编，当然要求是合拍、合句式、合旋律轮廓。

2.韵律活动中的动作创编

在韵律动作创编活动中，教师往往使用 ABA 三段曲式的乐曲，让早期儿童学会 A 段中的几个基本步子，然后呈现 B 段音乐并要求早期儿童根据 B 段音乐进行动作创编。当然，要创编的新动作的实质是 A 段使用过的基本步子的不同组合。

这种动作创编活动如果设计得好，比较容易能发挥早期儿童的主体性，因为它把早期儿童原有经验（A 段基本动作）与新经验（把基本动作用在新的音乐中）进行了合理的安排。换言之，使早期儿童的音乐学习恰好处于最近发展区内。但是，这种动作创编活动也容易发生偏差：教师容易把注意力全部集中在早期儿童的动作上，忽视动作的合拍、合句式、合音乐风格。结果，把音乐动作创编活动演绎成动作创编活动，把音乐能力的培养演绎成动作技能的训练。

下面是器乐曲动作创编活动的一个典型案例，供大家参考。

---

① 此活动由南京游府西街幼儿园郑珊珊老师原创。

快乐皮影人(大班)

杭州市上城区胜利幼儿园　颜瑶卿

设计意图:

一天,有个孩子带来了皮影舞蹈《俏夕阳》的光盘。大家在欣赏了这个节目后,为老奶奶和小朋友的表演喝彩,同时对皮影戏产生了浓厚的兴趣,于是我们设计、组织了"快乐皮影人"的创造性韵律活动,以创造性地进行艺术化的表现,并培养早期儿童对身边事物的敏感性。乐曲《快乐皮影人》是根据2006年春节联欢晚会舞蹈节目《俏夕阳》的音乐改编而成的,幽默、滑稽,具有民族特色。由于原来的乐曲节奏较快,缺乏变化,不适合早期儿童表现,因此我将乐曲改编为ABA结构,将B段各乐句后半句处理成停止旋律出现锣及木鱼的节奏型,为孩子随乐创编表现皮影人的造型动作提供了自由空间。由于早期儿童对皮影戏缺少经验,活动前我让他们观看舞蹈《俏夕阳》和皮影戏的录像,让他们模仿图片上的皮影造型,操纵皮影人进行造型表演等,这些经验准备为早期儿童创编造型提供了条件。另外,A段乐曲中皮影人入场的动作已在前面的课时完成,在这个活动中,我重点让早期儿童尝试独立造型,并借助一系列的问题,引导早期儿童变化方位,创编B段乐曲中皮影人的造型动作。

目标:

(1)理解并能用动作表现作品的ABA结构。

(2)能变化方位,创编B段音乐中皮影人的各种造型动作。

(3)在音乐旋律停止、出现节奏型时,能够迅速控制自己的身体并做出有创意的造型。

(4)初步了解皮影戏的特点,喜爱民间艺术。

准备:

(1)《快乐皮影人》音乐磁带,一块长白布,一盏太阳灯。

(2)早期儿童观看过皮影表演以及皮影动画片,观看过舞蹈《俏夕阳》VCD,了解皮影戏的特点。

(3)熟悉A段音乐并探索过A段乐曲中皮影人入场的各种动作。

经验的早期儿童音乐教育

过程：

一、随 A 段音乐做"皮影人"动作并排队进入活动室

二、自主探索皮影人的造型动作

（一）欣赏 B 段音乐，引导早期儿童表现皮影人的造型动作

1. 欣赏 B 段音乐

师：听，喇叭吹起来了。皮影人要干什么了呢？仔细听。你觉得这一段乐曲中皮影人在干什么？

幼：皮影人在跳舞。

幼：皮影人在玩。

幼：皮影人在摆造型。

幼：好像在敲鼓。

幼：皮影人在表演节目。

幼：皮影人在出场。

2. 边听音乐边尝试表现皮影人的各种样子

师：现在我们合着音乐把自己的想法用动作表现出来。

（早期儿童随着音乐自由表演：有的早期儿童挥动双手表现皮影人在跳舞；有的早期儿童双手上下摆动表现皮影人在敲鼓；有的早期儿童滑稽地表演皮影人头和手向前一伸一缩的样子，并在音乐出现"镗"时停住，摆出一个造型……）

3. 教师引导早期儿童分析一位早期儿童的造型

师：刚才老师看到有个小朋友的动作特别地合拍。我们请他上来表演给大家看看！

（播放 B 段两小节音乐，请该早期儿童随着音乐表现自己创编的造型动作。）

师：这位皮影人在表演什么？

幼：在摆造型。

师：你们觉得他表演得怎么样？

幼：造型动作特别地好看。

幼：他的造型动作和音乐很合拍。

师：我们再来看看他是在乐曲的什么时候停住并摆造型的？

(教师哼唱乐曲,该早期儿童随着音乐再表演一遍。)

幼:在音乐出现锣声的时候停住并摆造型。

幼:音乐没有旋律、出现"镗"的时候。

4.边听音乐边尝试表现皮影人的动作造型

师:现在请大家来试试,在乐曲出现"镗"的时候停住并摆造型。

(早期儿童边听 B 段音乐边尝试表现皮影人的动作造型,教师有意识地用体态语提醒早期儿童在旋律停止、出现节奏 X XX|0 XX 时停住并摆出造型。)

师:现在请谁来表演给大家看看?

(播放 B 段两小节音乐,请几名早期儿童随着音乐展示自己创编的造型动作。其余早期儿童模仿他们的造型动作。)

5.变化方位创编各种皮影人的造型动作

师:大家看这位小朋友是站着的造型。除了站着的造型,皮影人还可以怎么造型?

幼:蹲着。

师:谁来试试蹲的造型?

(一位早期儿童展示蹲的造型。)

师:谁再来摆个半蹲的造型?

(一位早期儿童展示半蹲的造型。)

师:大家看这三个皮影人,一个是站的、一个是半蹲的、一个是蹲着的,造型有高有低。

(教师用手势请站着身子、向前倾的早期儿童留下,其余两位早期儿童回位。)

师:大家看,他的造型是身子前倾的,皮影人除了身体向前做造型,还可以怎么做造型?

幼:向后。

幼:向上。

幼:向下。

(教师根据早期儿童的回答,让他们上来分别展示身子向后、向上、向下的造型,并用夸张的动作加以模仿。)

师:做皮影人造型时的身体方向可以是多种多样的。

(教师捕捉到一位早期儿童的手臂是弯曲向下的造型。)

师:瞧,他的手臂关节也很灵活,是弯曲向下的造型。手臂除了向下的造型,还可以向什么方向做造型?

幼:向上/向前/向后。

(教师根据孩子的回答做出手臂弯曲向上、向前、向后的造型。)

师:除了手臂关节,我们还可以利用哪些关节变出各种各样的造型?

幼:脚部关节。

师:我们来试一试。

(教师和早期儿童摆动脚尖做出向上、向下、向前、向后的造型。)

师:还可以利用什么部位的关节?

幼:膝盖。

幼:脖子。

幼:手腕。

幼:大胳膊。

幼:胯。

(教师根据早期儿童的回答,启发他们摆弄各个关节做出不同的造型。)

师:现在请每个小朋友找个空位置摆出自己喜欢的造型动作,注意运用身体的各个关节向不同方向做造型。

(早期儿童自由摆造型,教师巡回指导,积极评价早期儿童的动作。)

6.随乐创编各种皮影人造型动作

师:现在我们跟着音乐来试一试,注意要利用各个关节变出各种各样的造型。

(播放四句乐曲,早期儿童随音乐做造型。)

7.合着音乐,完整地创编B段的造型动作

师:现在我们要完整地合着音乐来玩一玩,注意要变出各种各样的造型。

(早期儿童合着B段音乐,完整地创编造型动作。)

(二)欣赏 A'段音乐,引导早期儿童表现皮影人走回去的动作

师:皮影人的造型表演结束了,真精彩。现在皮影人准备回家了。

(放 A'段音乐,早期儿童排成一排,合着音乐节奏做皮影人走回去的动作。)

三、游戏:快乐的皮影人

1.师幼一起随音乐完整表现皮影人的动作

师:现在我们将皮影人的游戏完整地玩一遍,请小朋友排成两排,每位小朋友准备一个自己最喜欢的出场动作。

(早期儿童完整地做一遍游戏。)

2.观看表演

师:今天老师准备一块长长的布,这块布加上灯光就是我们皮影人的小舞台了,刚才小朋友们的造型很棒,有高有低,身体有向前的也有向后的,还利用了身体的每一个关节。下面谁来试一试到小舞台上表演皮影戏?

(四个早期儿童上台表演。)

师:刚才老师看到有几位小朋友的影子特别好看,也特别有趣。这是因为他的动作幅度大,特别夸张(教师边评价边配上夸张的动作),下面我们分成两组将皮影人的游戏完整地表演一遍。

(早期儿童分组上台表演。)

延伸活动:

在日常游戏中,教师进一步引导早期儿童探索皮影人的各种动作及造型。

谱 3-16

快乐的皮影人

根据《俏夕阳》改编
颜瑶卿、王滔改编

$1=D \dfrac{4}{4}$

| 0 0 0 0 | 0 0 0 0 | 0 0 0 0 | 3. 4 5. 1 |

| 6 4 5 1 1 4 ♭6 | 3 3 3 3 3 3 3 1 6 3 | 6 3 1 6 2 2 3 |

| 3 3. 3 3 3 | 3 3. 3 3 3 | 3 2 7 3 3 2 7 3 |

经验的早期儿童音乐教育

[乐谱略]

二、早期儿童的歌曲即兴表达

歌曲即兴可分为创编歌词的即兴演唱与自发咏唱两类。创编歌词的即兴演唱是指早期儿童已经会唱一首歌曲,在歌曲的歌词与旋律都很熟练的前提下,教师引导早期儿童重新创编歌词并把创编的歌词填入原歌曲曲调中进行即兴演唱。自发咏唱是指早期儿童同时编词与编曲并演唱,这种即兴是发展独创性音乐思维的重要手段。

(一)创编歌词

关于创编歌词我们将讨论三个问题:目前早期儿童歌词创编活动存在的偏差、早期儿童歌词创编的目的与适合早期儿童进行歌词创编活动的歌曲类型。

1.歌词创编活动存在的偏差

(1)音乐活动变成语言活动。

由于歌词创编能力与语言能力有密切的关系,所以在歌词创编活动时,有些早期儿童音乐教师忘记了这是歌曲的歌词创编活动而进入了造句子的语言学习情境中。教师的评价具有撇开演唱进入谁能把句子造出来,谁能把句子说得比别人好等倾向。出现这种情况,显然是由于教师对歌词创编的目的不甚了解。

(2)在新学的歌曲活动中就进入歌词创编。

一般来说,向早期儿童呈现新歌曲的第一次活动中是不需要早期儿童开口歌唱的。早期儿童学新歌需要一段"闷"的时间,如两到三天,两三天后,对于原本不会开口歌唱的新歌,早期儿童神奇般地就会唱了,这就是早期儿童学习新歌的特点。然而,我们还是能碰到在第一次新学歌曲活动中就进入歌词创编的音乐教学。这种任务驳杂、新经验堆积的活动,迫使早期儿童陷入顾此失彼、难以统筹的混乱境遇,使音乐活动不再令早期儿童愉悦。出现这种情况,也是由于教师对歌词创编的目的不甚了解。

2.歌词创编活动的目的

歌词创编活动是利用早期儿童语言发展能力先于音乐能力的优势,通过把歌唱的心理能量以编歌词的方式,促进嗓音控制能力的自动化。从教育心理学的角度来解释,歌唱是一种技能或一种做事的能力,嗓音的做事能力最好发展到自动化程度,即针对不同的旋律能自如地调节声带周围的肌肉。换言之,当熟练掌握一首歌曲后,早期儿童应该在记歌词、记旋律方面都没有负担,所有的心理能量可以用在嗓音的控制上即歌曲的速度、力度等及情绪表达与音准上。歌词创编活动可以让早期儿童的嗓音控制能力(对速度、力度、音准等的调节能力)得到更为精致的发展。当把新的歌词填入旋律时,多数心理能量被记忆新歌词占用,如果这时早期儿童还能以正常的速度、精确的力度、正确的旋律线来歌唱,说明早期儿童的歌唱能力极佳,达到了基本自动化的标准,这也是具有一定音乐思维能力的一个指标。所以,创编歌词不是为了语言能力,也不是为了歌词本身,而是为了嗓音控制能力或歌唱能力。另外,在歌曲不熟练的前提下进行歌词创编,不存在重新分配心理能量的问题,故从学习的角度出发没有意义。下面是一首比较适合早期儿童进行歌词创编的歌曲,其实创编的歌词很简单,但要在唱新歌词的同时,再把这首歌的旋律生动地唱出来,这就是早期儿童需要达到的歌唱能力。

经验的早期儿童音乐教育

谱 3-17

对 歌

广 西 民 歌
宁波宝韵幼儿园编词

$1=\flat A$ $\frac{4}{4}\frac{3}{4}\frac{2}{4}$

```
3 2 2 - - | 3  2  3  2 1 | 6  1  2 3 |
(独)唉!       什 么 动 物 鼻  子 长

2 - 5 | 3  1  2 - | 3. 3 2 3 | 2 1 6 |
咧,(合)唉, 鼻 子 长;(独)什 么 动 物 耳 朵

1 6 5 - 1 | 6 3 5 - | 6. 1 2 3 |
短 咧,(合)唉, 耳 朵 短;(独)什 么 动 物

2 1 2 1 6 | 6. 1 2 3 | 2 1 6 5 | 6 5. ‖
爱 吃 骨 头;什 么 动 物 爱 吃   鱼 咧。
```

3.适合早期儿童进行歌词创编活动的歌曲类型

(1)每段歌词一般只含一种形象,且词句有较多重复。[①] 适合小班的歌曲如:

谱 3-18

小鸡在哪里

佚 名 词曲

$1=C$ $\frac{2}{4}$

```
1 1 | 3 3 | 2 2 | 1 - | 3 3 |
小 鸡 小 鸡 在 哪 里?     吱 吱

5 5 | 4 4 | 3 - | 6 6 | 5 3 |
吱 吱 在 这 里。   小 鸡 小 鸡

4 5 | 3 - | 6 6 | 5 3 | 2 2 | 1 - ‖
在 哪 里?   吱 吱 吱 吱 在 这 里。
```

---

① 许卓娅.学前儿童音乐教育[M].北京:人民教育出版社,1996.

适合中、大班的歌曲如：

谱 3-19

两只老虎

1=C 4/4

法国童谣

| 1 2 3 1 | 1 2 3 1 | 3 4 5 - | 3 4 5 - |
| 两只老虎， 两只老虎， 跑得快， 跑得快， |

| 5̇ 6̇ 5 4 3 1 | 5̇ 6̇ 5 4 3 1 | 2 5̣ 1 - | 2 5̣ 1 - ‖
| 一只没有眼睛， 一只没有尾巴， 真奇怪， 真奇怪。 |

(2)喊答式、问答式歌曲。

谱 3-17 的《对歌》和第二章提到的郑姗姗老师创作的歌曲《雨点跳舞》都是这类歌曲，因此也都适合让早期儿童创编歌词。

(二)自发咏唱

创编歌词是我国早期儿童音乐教师在音乐教育教学活动中最喜欢开展的一项创编活动，以至于给人一种错觉：早期儿童歌曲即兴似乎只有歌词创编，其实不然。应该说，歌词创编是重要的，但它不是歌曲即兴的唯一方式，也不是歌曲即兴的最终目标。歌曲即兴还有一种更为重要、更具创造意味的方式：自发咏唱。早期儿童的自发咏唱一般是基于一个很熟悉的歌曲片段或一个简单的词，或是无词的，旋律总是在一个简单的音调上绕来绕去，其中有许多被认为是音阶歌。当孩子的身体不停地摇摆时，这些音阶歌的曲调就随之向上或向下进行配合。早期儿童音乐教育活动可以提升早期儿童自发咏唱的能力。

1.自发咏唱的前提条件

(1)让小班早期儿童理解说与唱的区别。可以放录有说话声、喊叫声、说悄悄话声、唱歌声的 CD，请早期儿童辨别。当早期儿童能辨别这些声音后，请早期儿童做这些活动：我这样唱，我这样说，我这样喊，我这样说悄悄话。

(2)在小班第二学期让早期儿童开始自发咏唱。

2.引导早期儿童自发咏唱的活动方法

(1)歌唱岛活动。

教师在地上画一个圈作为一个奇妙的岛,然后告诉孩子那里的人只会唱歌不会说话,所以说话就没人听得懂了。教师接着说:现在,我们要到那里去玩,你要跟奇妙岛上的人交流只能唱歌。于是,在这样的情境中,孩子们进入用音乐来表达一切的创作活动中,他们用歌声来描述所看到的或想说的一切。

(2)类似的扩展活动。

第一,只会唱歌的椅子,谁坐到这把椅子上谁就只能唱歌;第二,只会唱歌的木偶,谁拿到这个木偶谁就得歌唱起来。

3.引导早期儿童自发咏唱的策略

(1)在日常生活中教师经常与早期儿童进行喧叙调式的对话,即有点像同音重复似地把要讲的话唱出来。

(2)当引导早期儿童创编完整曲子时,教师要求早期儿童最起码说三件事。

例如,关于早餐的三样东西,关于生日的三样东西,关于上学路上碰到的三样东西等,没有三件事或三样东西,不足以形成完整的曲子。

三、早期儿童的演奏即兴表达

严格意义上说,早期儿童音乐教育活动中的打击乐演奏都应该是即兴的,那种手把手地教早期儿童如何使用打击乐器,然后严格地让早期儿童按节奏谱来演奏不是理想的打击乐演奏。在早期儿童音乐教育活动中,所有的打击乐器都是早期儿童展开音乐思维的工具,是早期儿童探索音色的工具,是早期儿童表达心中的节奏感、乐句、音乐所呈现的情绪感的工具。因为表达的需要,早期儿童会努力把乐器使用好,如果表达时他们的乐器使用有困难,教师自然应该提供帮助与指导。早期儿童演奏的三种类型是:音色探究中的打击乐演奏、对歌曲与乐器中典型节奏型的演奏、多声部演奏。它们都是从即兴演奏开始,然后逐渐形成固定的演奏类型。演奏即兴一般是以下几种契机的展开。

(一)音色探究活动的展开

音色探究活动可以通过嗓音进行,但是大多数情况下还是需要借助打击乐器与自制简易乐器来完成。自然界风、雨、雷、电的声音,各种动物的叫声,技术时代各种机器发出的声音,生活环境中人的活动的声音,对这些音色的探究为打击乐器的演奏即兴表达提供了许多机会。

(二)进入音乐思维的迁移环节

1.歌曲的动作表演与歌唱活动完成后进入音乐思维的迁移环节

很多歌曲的节奏比较鲜明,比较容易提炼出节奏型。让早期儿童把身体动作的节奏频率转换到打击乐演奏中去,这种转换是典型的音乐思维迁移过程。

2.舞曲的动作表演完成后进入音乐思维的迁移环节

舞曲的节奏非常鲜明,舞曲的上肢动作与舞步都是按照舞曲的节奏或节拍风格设计的,所以舞曲是非常容易提炼节拍与节奏型的。舞曲动作表演熟练后,需要早期儿童把舞步中的节奏型或节拍提炼出来,并转换到打击乐演奏中去。

3.器乐曲的动作表演完成后进入音乐思维的迁移环节

对有些节奏比较鲜明的器乐曲或器乐曲中节奏比较鲜明的某一段落,只要具备提炼节拍与节奏型的条件,我们都应该让早期儿童把节拍或节奏型提炼出来,并转换为打击乐演奏。

4.身体打击完成后进入音乐思维的迁移环节

所有的身体打击活动都可以转换成器乐打击活动,在节奏型上不用转换,但需要根据身体打击的节奏型特点,以及速度、力度情感表现特点等来确定演奏的打击乐器种类。

(三)音乐创作

创作包括即兴表演与生产固定的音乐作品两方面。对早期儿童来说,音乐创作的全部内容就是即兴表演。身体动作、身体打击乐、打击乐器演奏、歌唱,所有的表演活动都充满音乐即兴的契机。进行即兴表演需要两个条件:第一,具有经验的铺垫。创作不是无中生有,不是脑中没有任何表象的空想,而是音乐经验累积的必然结果。第二,明确的任务意识。早期儿童进行音乐创作时需要非常清楚表演创作的任务是什么,完成任务的要求是什么。

第四章　早期儿童的音乐经验

本章考察三个问题：杜威的经验与审美经验的内涵、早期儿童音乐经验的类型、早期儿童音乐经验的获得机制。虽然加登纳在提出他的儿童艺术发展三系统理论时只是偶尔提到杜威经验中做与受的关系，但是他的三系统理论与杜威的审美经验是认知、情感与理智（行为）的整合，其中审美经验是做与受的平衡等观点与杜威的相关理论如出一辙。本章音乐经验的获得机制原理是对杜威经验与审美经验原理、加登纳儿童艺术发展三系统原理的应用。

第一节　经验与审美经验

本章阐述的经验与审美经验的基本内涵来自杜威理论。杜威的经验与审美经验之间是一个连续体，审美经验是对普通经验的提炼与精细。沿着这个思路我们来理解杜威的经验与审美经验的内涵。

一、杜威经验论

（一）经验的内涵

"经验"是杜威教育理论中的核心概念，由于其含义与传统的差别较大，加之杜威对其阐述的抽象，它也是杜威教育理论中较难理解、较有歧义的一个概念。当人们讨论杜威的经验概念时，大多从他《经验与自然》中提到的"'经验'是一个詹姆士所谓具有两套意义的字眼"[1]开始。在这里，我们没必要把杜威对经验两套意义的描述再展开，但是可以比较肯定地说，从杜威对经验两套意义的描述以及在《经验与自然》《经验与教育》

---

[1] ［美］杜威.经验与自然[M].傅统先，译.南京：江苏教育出版社，2005：8.

《民主主义与教育》《儿童与课程》中所有讨论经验的字里行间,经验的定义还是呼之即出的——经验是人与环境交互作用的过程与结果。但是,这个定义没有给出成为经验的充分与必要条件,即没有说出经验到底是什么,它只不过描述了经验应该具有的性质而已。为了进一步洞悉杜威的经验内涵,还得对此定义的三个关键概念再做展开性描述。

关键概念一,交互作用,即经验是人与环境的交互作用。在杜威之前,最突出的经验概念有两种。一种是古希腊的经验概念,认为经验出于实践,与行动、身体有关,所以经验与理性是对立的。另一种是近代经验主义的经验概念,认为经验具有理性的含义,但同时具有被动性和受纳性。具体地说,经验是认知的途径,理性知识都由感官观察而得,同时心灵越是被动,越能对实物产生真实的印象。[①] 杜威关于经验的交互作用的概念超越前人非此即彼的对立,对两者做了创造性的整合,认为经验不只是环境作用于人的被动的"受"(undergo),还有人作用于环境的主动的"做"(do)。所以,经验既不是纯粹被动的也不是纯粹主动的,而是处于主动与被动两者之中。

关键概念二,过程,即经验是人与环境交互作用的过程。杜威强调人与环境交互作用的过程不是静态的而是一种动态的过程,正是在人与环境的交互作用过程中,两方处于不断的平衡丧失与恢复的过程,即处于相互的改造过程。这种经验改造过程观的实质是对传统教育中存在的"展开说"与"塑造说"两种教育本质说的纠正。"展开说"认为教育的本质是从内部将儿童潜在的能力展开,而这种潜在能力是先验的,其展开是自发的[②];"塑造说"认为教育的本质是从外部对儿童的心灵进行塑造,即教育依靠外部提示的教材,通过建立内容的种种联结,从外部构筑儿童的心灵[③]。显然,展开说可能太沉醉于儿童的先天本能与冲动,忽略了环境能给予儿童的本能与冲动之上的东西;而塑造说则走向另一端,它考虑了教育的一切事情,唯独放弃了儿童本能的、充满活力的冲动能量。杜威的经验概念则再一次超越前人非此即彼的对立,认为教育是在儿童先天本能

---

① 张华.经验课程论[M].上海:上海教育出版社,2000:230-231.
② [美]杜威.民主主义与教育[M].王承绪,译.北京:人民教育出版社,2001:65-70.
③ [美]杜威.民主主义与教育[M].王承绪,译.北京:人民教育出版社,2001:79-81.

经验的早期儿童音乐教育

与冲动的基础之上,通过环境交互作用而不断进行经验改造的过程。

关键概念三,结果,即经验是人与环境交互作用的结果。经验的结果可以被理解为经验的内容,也可以被理解为经验的意义,把对两者的理解叠加起来可能更接近杜威的意思。从经验的内容角度理解,杜威的经验内容既不是"自我"也不是"对象",而是经验本身,所以经验是第一性的。有了经验便有了对经验的反思,才有了对"自我"与"对象"的意识,所以对"自我""对象"的意识是第二性的,是在经验的基础上生长起来的。① 故这种经验既不是纯粹主观的也不是纯粹客观的,要在主观与客观的关系中去把握它,同时这种经验不只是一种认识,人的情感、意志等是经验更重要的内容。从经验的意义角度理解,我们需要先理解杜威的"一个经验"与"原始经验"这两个概念。关于"一个经验",杜威认为经验有完整与不完整之分,日常生活的经验是零碎不完整的。完整的一个经验又由不完整的一些经验组成,如读完一本书是一个完整经验,但是又由许多不完整的关于其中某章某段的经验组成。人都有获得完整经验的要求,所以只有把一本书读完了才觉得圆满与满足。因此,只有具有一种自身的完整性,并从中获得意味,才成为"一个经验"。在生活之中,有太多的不能成为"一个经验"的不完整经验,而这些不完整经验不具累积性,时过境迁之后,很快成为过眼烟云。所以,"一个经验"中凝聚了人与环境交互作用的结果。关于"原始经验",杜威认为原始经验是粗糙的未经提炼过的经验,与此相对应的是经过反省提炼过的经验。杜威的原话是:"当这种经验是在一种未经控制的形式中给予我们时,它就是原始的;当这种经验是在一种比较有节制和有意义的形式中(这种形式可能是由于反省经验的方法和结果)给予我们时,它就是最后的。"②原始经验是反省提炼过的经验的来源,但反省提炼过的经验显然是更有结构更有意义的经验。总而言之,要想经验具有意义、具有结果性质,那么它一定是一个自身具有完整性的经验,同时它是经过反省提炼过的经验。

(二)经验的标准

杜威认为不是所有经验对学生的发展都有价值,有教育价值的经验

---

① [美]杜威.艺术即经验[M].高建平,译.北京:商务印书馆,2005.
② [美]杜威.经验与自然[M].傅统先,译.南京:江苏教育出版社,2005:12-13.

应符合连续性与交互作用这两个标准。如果我们不怕犯简单主义错误的话,就可以这样表述:杜威的连续性标准与交互作用标准只是他的哲学层面的经验概念在教育论域内的展开。交互作用标准即是经验概念中的交互作用概念在教育论域内的演绎,而连续性标准则是经验概念中的经验的过程与结果在教育论域内用教育话语的解释。

1.连续性标准

杜威认为无论是有教育价值的还是无教育价值的或者反教育的经验都具有连续性并具有推动力,问题在于"经验的价值只能由它所推动的方向来评断"[①],教育的任务便是指导学生明确这种方向,这种符合学生生长的方向。杜威认为两种倾向违背他的经验的连续性标准:第一,在评断学生经验方向时,对原经验的理解不忠实;第二,压制学生的原经验。无论是对学生原经验理解不透,还是不理会学生的原经验,都不可能为学生指明经验的方向,其结果会走向反教育。那么教育怎样才能找到这种方向呢?首先要同情学生的现有经验,察觉出其本能冲动与能力;其次教师要通过主动作业使学生有反省作业课题内容与自我的时间与空间;再次获得这一课题的相对完整且对个体具有意义的一个经验;最后以此经验为动力进入下一个课题,并预见未来的经验。应该说,杜威关于经验的连续性标准是他的教育定义"教育是在经验中,由于经验和为着经验的一种发展过程"的一种注解。他的立场是教育要以学生的个体经验为中心,教育始于学生经验,并指导学生朝着有累积价值的经验方向发展,经验的累积即经验的改造,也即学生的发展。

2.交互作用标准

交互作用标准旨在强调经验的客观条件和内部条件的同等重要性。杜威认为传统教育的弊端不是在于强调对经验的外部条件的控制,而是在于对经验的内部条件几乎不予注意。但是,新教育又容易走向另一个极端,即忽视对客观条件的关注。这两种非此即彼的教育现象都违背了经验的交互作用标准。杜威所指的交互作用中的客观条件,包括教师所做的事和做事的方式,包括设备、图书、仪器、玩具和游戏,还包括学生所参与的各种情境的整个社会结构;而交互作用中的内部条件指学生的能

---

① [美]杜威.我们怎样思维·经验与教育[M].姜文闵,译.北京:人民教育出版社,1991:258.

力和需要。教师的责任不仅在于提供这些客观条件,而且在于使这些客观条件与学生当时的能力和需要起交互作用。当用交互作用标准来解释教材与学生的关系时,杜威申明"教材若不适应个人的需要和能力,可以使经验丧失教育作用,同样,个人若不适应教材,也会使经验丧失教育作用"①。

综上所述,经验的连续性标准旨在说明经验具有方向性,不是凡经验都是真经验,真正意义上的经验是那种朝着学生生长方向累积的经验。而这种方向性的掌握是教育的本质所在、魅力所在、困难所在。经验的交互作用标准旨在说明经验具有条件性,有意义经验的获得不是纯粹自发的也不是纯粹外压的,维持内外两个条件的张力是教育的根本任务。

(三)经验的组织

教育即生长,生长即经验的不断改造,而经验的不断改造即经验的组织。学校课程的目标就在于有效地组织学生的经验。在《儿童与课程》中杜威首先强调了连续性标准的方向性内涵,然后阐述了使学科教材这一客观条件与儿童内在条件进行交互的策略。对方向性内涵与交互策略的把握是有效组织经验的关键所在。

1.方向性内涵

在杜威的行文中,课程指称学科(科目)或各门学科的总称。学科是什么?是人类种族经验的产物,它与儿童个体经验在三个方面存在分歧:第一,儿童经验是关于儿童个人的一个狭小的世界,而种族经验是关于一个在空间与时间上无限扩大的世界;第二,儿童经验是统一与整合的,而种族经验是分门别类并专门化的;第三,儿童经验是实际与情绪的结合,而种族经验是分类和排列的抽象原理。由于这些分歧,出现了两种对立的教育派别。一种派别认为儿童的经验是混乱、模糊、不稳定和冲动的,而学科知识则提供关于客观世界的真理、法则和秩序,教育就是把儿童经验中的偶然性、表面性消除掉,即用学科知识的逻辑和有序来替代它。另一种派别认为儿童的经验是起点、中心,学科经验是工具,只是从属于儿童经验,学习是主动的,永远不可能把知识从外面灌进去。杜威认为这两种派别各执一端的症结在于他们把儿童经验与种族经验(学科知识)之间

---

① [美]杜威.我们怎样思维・经验与教育[M].姜文闵,译.北京:人民教育出版社,1991:264.

存在着的程度上的区别看作了无法逾越的性质上的鸿沟。学科知识的表现形式是事实和真理,确实与儿童经验实际与情绪化的表现形式不同,但是儿童经验本身早已包含着达到现有水平的事实和真理中起作用的那些态度、动机和兴趣。所以,进入儿童现在经验里的事实和真理,和包含在学科中的事实和真理,是一个现实的起点和终点的问题,把一方和另一方对立起来,就是使同一成长中的生活的幼年期和成熟期生活对立起来,使同一过程的前进中的倾向和最后的结果对立起来。

因此,经验组织的起点是儿童个体经验,具体地说是儿童达到现在水平的结构化知识中起作用的兴趣与冲动;经验组织的终点是与种族经验的会合,即掌握包含在学科中的事实和真理。但是,经验组织从起点到终点的过程是漫长的,传统教育把终点的愿望直接放到起点而新教育沉醉于浪漫的起点忘记了终点。所以,经验的组织或改造过程一方面需要理解这种经验改造的方向性内涵,另一方面需要具有让内外条件起交互作用的方法。

2.交互策略

要想让儿童的经验从起点顺利地达到终点,关键问题是教师对待学科教材的态度。把学科教材当作课程内容,直接把事实与真理的种族经验样式呈现在儿童面前,那是传统教育的做法,事实证明是无效的。学科教材应该是什么,是教师对付现在的一种指导方法,一方面教师应按照儿童生活中直接表现出来的那种实际的情绪化的经验样式去解释教材,另一方面应持续地对儿童进行指导,即发现介于儿童的现在经验和这些学科的更为丰富而成熟的东西之间的各个步骤。这就是让儿童的经验从起点顺利达到终点,换言之,让经验的内外条件进行交互从而完成不断的经验改造的基本策略。解释策略的要义在于教师需要看透学生的兴趣与能力,并让兴趣与能力倾向获得成就。具体地说,教师一方面要能体会儿童包含于现在经验中的兴趣与能力,另一方面必须明白儿童的兴趣与能力不是经验的目标,它们的重要价值在于它们是达到较高级水平经验的推动力,而要达到的经验目标或成就则是指向学科经验中的事实和真理。指导策略的要义在于选择对本能与冲动起作用的适当刺激,这种刺激就是交互作用标准中提到的所有的客观条件。什么时候需要提供什么、适宜刺激的火候拿捏,取决于教师理解儿童现在经验与学科经验所具有的素养。

二、杜威审美经验的内涵

通过对杜威经验内涵的理解,我们发现杜威的经验具有一个特点:总是处于一对对范畴所形成的张力结构中。携带上这种张力"思维",我们进入对杜威所描述的审美经验的理解。杜威对审美经验性质的描述分两步展开:第一步,给出审美经验的描述性定义,它来自日常经验,是对日常经验的提炼。第二步,给出提炼的两阶段。首先,经验必须具有一个完满度——成为一个经验,才具有审美性;其次,一个经验必须具备内在冲动与外在压力两个条件,才能成为审美经验。

(一)审美经验来自日常经验,是对日常经验的提炼

康德的审美无利害观念是:审美不是认识,审美不是官能享受,审美不是善,把审美经验纯粹到几乎是无概率事件的地步。杜威的审美经验打破康德审美的"真空"状态,强调"艺术品经验的精致与强烈的形式,与普遍承认的构成经验的日常事件、活动,以及苦难之间的连续性"[①]。对此,他从两方面展开论证。第一,从人类历史的早期事实来说明审美经验与日常经验原本就是有机的一个整体。像帕台农神庙,现代人把它视为一件伟大的艺术品,但当时的雅典人只是把它当作城市纪念物来建筑,这种建筑活动只是他们的经验表现而已。再如,几千年前的人们,他们文身、佩戴羽毛与金银玉石装饰、制作华丽的长袍与屋里的各种陈设,这些既是他们生活的感受对象又是他们欣赏的对象。第二,通过历史—政治的和社会—经济的谱系叙事,论证现代的审美经验与生活经验的畸形割裂不是一个必然不幸,而是一个历史的灾难。他说:

> 欧洲的绝大部分博物馆都是民族主义与帝国主义兴起的纪念馆。每一个首都都必须有自己的绘画、雕塑等物品的博物馆,它们部分是用来展示该国过去艺术的伟大,部分是展示该国君主在征服其他民族时的掠夺物。例如,拿破仑的战利品就存放在罗浮宫。它们证明了现代艺术与民

---

① [美]杜威.艺术即经验[M].高建平,译.北京:商务印书馆,2005:1-2.

族主义和军国主义间的联系。①

当然,审美经验与日常经验存在区别,这种区别不是在于审美经验唯独拥有一个特别的要素,而是在于它对日常经验的所有要素的更完美、更热情的整合。如何整合或提炼?下面将讨论经验成为一个经验与审美经验实现的两个条件。

(二)日常经验唯成为一个经验才具有审美性

日常生活经验常常是零碎不完整的。在生活之流中,各种各样的经验错综复杂地相互交织,我们的注意力被不同的事件所吸引,我们的情感表现常常被打断和压抑,我们的某一项具体的活动不断受到其他活动的干扰。这样的经验是初步的,事物只是被经验到,却没有构成一个经验。一个经验是一个整体,情感、实践、理智都存乎其间,而这些部分特征又失去其独特性。首先,经验是情感性的,但是在经验之中并不存在一个独立的、被称为情感的东西。情感依附于运动过程中的事件与物体。例如,我们受到惊吓时的害怕、感到羞愧时的脸红,婴儿受到干扰后的吵闹,这些害怕、羞怯、愤怒都不是情感状态,只是本能反应。原因是在这些情况下,情感缺乏供它依附的东西,很快会产生一种没有真实性的错觉。其次,经验是实践性的,即由明显的行动所组成。如果行动与情感、理智脱钩,那么行动就会处于本能的混乱与过于自动化的状态,这两种状态都感觉不到行动是什么、往哪儿发展,即便它到达了一个终点,也不是意识中的结束与高潮。再次,经验具有理智的性质。一个经验往往能得出一个结论,这种结论往往是理智性质的。但是,在一个经验中这种理智成分不可能绝对地脱离其他成分独立地存在,即便是最强调经验中的理智成分的科学家和哲学家,也没有人会勤勉地从事自己的工作,除非他被吸引,并从具有内在价值的总体经验中得到回报。② 所以,一个经验因其材料的丰满、连贯而具有审美性质,它不可能被划分为实践的、情感的、理智的几部分,而是通过情感把各部分结合为一个整体。从情感是联结经验的关键这层意义上说,经验是情感性的,但是在经验之中,并不存在一个独立的、

---

① [美]杜威.艺术即经验[M].高建平,译.北京:商务印书馆,2005:6-7.
② [美]杜威.艺术即经验[M].高建平,译.北京:商务印书馆,2005:39.

被称为情感的东西。

一个经验具有模式和结构,这是因为它不仅仅是做与受的变换,而是将这种做与受组织成一种关系,这种关系提供意义,而捕捉这种意义是所有智慧的目的。经验受这种关系制约。太多的做或太多的受,都会使知觉变得模糊,使经验变得片面和扭曲,使意义变得贫乏和虚假。关于做与受缺乏张力、平衡而导致的偏差,杜威总结道:做得热情、行得渴望,导致许多人几乎令人难以置信地缺乏经验、流于表面。经验也会由于过多的受而造成拔苗助长,所谓的印象、学习不过是浮光掠影罢了。另外,杜威也强调经验是在系列性的活动中完善的,每一次活动都为经验带来吸取和保留的意义,如果我们进行得太快,经验会变得混乱、单薄和模糊;如果我们在取得一个纯价值以后,磨蹭得太久,经验就会空虚衰亡。所有的活动具有连续性和稳定性。所以,处于经验节奏中的系列性活动,被赋予多样性和运动性,免除单调和无意义的重复。

概括以上杜威对一个经验的刻画,我们可以得出这样的结论:一个经验处于情感、实践、理智的张力结构中——强调一个经验的整体性与完满性;一个经验处于做与受的张力结构中——强调一个经验的主动与被动的平衡。

(三)一个经验成为审美经验的两个条件

杜威说道:"使一个经验成为审美经验的独特之处在于,将抵制与紧张,将本身是倾向于分离的刺激,转化为一个朝向包容一切而又臻于完善结局的运动。"[1]我把杜威所指称的这种运动过程解释为是成就审美经验的两个条件:冲动与压力。冲动来源于一种需要,是一种来自内在的情感与思想,是只有通过建立与环境的确定关系才能满足的饥饿与需求。内在冲动的实现需要外在压力,这种外在压力即来自环境的挑战,有内在冲动又突破了来自环境的挑战,一个经验才能转向更完善的审美经验。具体地说,内在冲动的实现即冲动与压力的平衡就是完成一种转换的两个面:从表面上看,是把情感与思想这些内在材料与外在的物理材料(如颜料、大理石、声音等)结合形成媒介(画、雕塑、音乐等),即让当下的冲动获得形式和可靠性;而从实质上看,是把经验中"储存的"旧材料复活,通过

---

[1] [美]杜威.艺术即经验[M].高建平,译.北京:商务印书馆,2005:60.

面对新挑战而获得新的生命和灵魂。冲动经历了转换或压力后,原有的情感与思想得到整理并获得秩序或形式。所以,审美经验的获得过程是冲动与压力的互动过程,这种冲动与压力的互动过程就是杜威所说的"行动表现的过程"。在杜威的概念系统中,"表现行动"与"审美经验"对应,活动与经验对应,唯"表现行动"的过程才是"审美经验"获得的过程。

在生活与教学中,我们往往将人们本能与习惯性的冲动所支配的活动也当作表现行动。例如,一个婴儿的哭与笑只是这个婴儿直接做某事,对他来说并不比呼吸、打喷嚏有更多表现,当然对母亲或护士来说,依据这些本能表现可以掌握这个孩子的某种状态,但这种"表现"不是我们说的表现行动,在这样的"表现"中不能获得审美经验。又例如,一个愤怒、歇斯底里的人只是行动没有表现,虽然对旁观者来说通过他的习惯性表现了解了他的性格,但这种所谓的表现与审美无关。同理,在我国普通学校艺术教学活动中,艺术教师把大量的儿童的本能表现当作艺术表现,导致儿童的艺术经验几年都停留于本能水平。

一方面不能把人们本能与习惯性的冲动所支配的活动当作表现行动,另一方面也不能把原有情感与思想材料的直接呈现当作转换,情感的直接呈现活动也不是表现行动。例如,人们总是对那些一愤怒就歇斯底里的人很厌恶,人们不喜欢以情感说情感,情感是不能直接呈现的。愤怒时通过整理房间等间接方式来整理情感的人,让人觉得有涵养,具有较高的品位。这种品位就具有审美性。对艺术创作活动来说,并没有独立存在的感情形式,它是内在情感材料(冲动)与外在物理材料(压力)的互动,从而使情感得到整理。对非艺术家来说,他们并非缺少情感,也并非绝对缺少技能(如工匠),他们缺少的是将模糊的思想和情感进行改造,换言之,使内在材料与外在材料互动,使之符合某种确定媒介要求的能力。审美经验是自我在与外界环境互动中改造模糊思想和情感,使之形式化、秩序化的经验。

所以,行动表现的过程或审美经验获得的过程是冲动与挤压的互动过程,冲动与挤压两个条件缺一不可。就好像葡萄在榨酒机中被压碎压出汁,猪的肥肉在高温高压下变成猪油,粗金属被变成精炼的产品一样。一方面,没有原初的天然材料(模糊的情感与思想),什么也压不出来;另一方面，只是直接地流出或释放出来的东西与压出来的不一样。压出来的东西经历了原材料的转化，它与原材料已经有区别，成为新的东西。①

三、超越艺术领域的审美经验

在美学史上，艺术领域内部有两种对立的艺术本质论：审美本质论与实践本质论。审美本质论主要指18世纪由鲍姆加登立学，经历古典美学的顶峰黑格尔，直到20世纪60年代现代美学的众多流派为止的审美学说。审美学说以给艺术下逻辑定义从而得出艺术本质为研究特征，艺术即模仿、艺术即表现、艺术即形式、艺术即游戏、艺术即符号、艺术即无意识的表现、艺术即多层次的意向性客体等是审美学说给出的艺术本质定义。所有这些本质定义看起来似乎有很大差异，然而它们都认可"审美主要是感性"的观念。实践本质论主要指兴起于20世纪40年代，鼎盛于50年代后期和60年代初，80年代又放射出一阵光芒的分析美学理论。分析美学认为实践是一个相互连接的活动复合体，它要求有经过训练得到的技巧和知识，旨在实现某些内在于实践的目的，而艺术就是历史叙事中的特定的实践。从历时性上看，实践本质论是在摧毁审美本质论的过程中逐渐建立起来的审美学说；从研究对象上看，实践本质论毫不留情地抛弃了"审美"这一范畴；从研究气质上看，实践本质论与审美本质论一样走极端、钻牛角尖。杜威的艺术经验本质论，带着它平和、民主的气质，跳出了艺术领域的象牙塔，对审美本质与实践本质进行了调和。

第一，从"美"的边界上看，审美学说把"美"的边界逐渐缩小至艺术范围，又把艺术边界逐渐缩小至美的艺术②范围，再把美的艺术定格于美的艺术作品内，而对美的艺术作品的关照要求达到非功利、纯粹、自足的标准，所以审美本质论最终走向"为艺术而艺术"的艺术自律道路。实践理论不讨论美，直接讨论艺术。艺术即实践，而实践受内在目的的指引，受成就的内在原因和标准的支配。当艺术成为特定的历史实践后，所有的价值问题都被推到了这种实践的内部，艺术的价值由内在于实践的标准和程序所决定，但是，这种实践的标准和程序是根本不能被界定的，也就

---

① ［美］杜威.艺术即经验[M].高建平，译.北京：商务印书馆，2005：68.
② 美的艺术，英语为 fine arts，又译高雅艺术，包括：绘画、雕塑、建筑、音乐、诗歌、舞蹈、戏剧。

是说是由艺术界的某些人说了算的。所以,实践本质论最终走向艺术自律的另一个极端"艺术界自律"。在非民主的环境中,艺术界自律比审美自律要可怕得多。经验本质论所讨论的"美"涵盖精神与物质的自然界的一切美的事物,只要成就"一个经验"的行动,就具备审美的条件。所以,杜威审美经验本质论的突出品格是跳出了艺术传统上特许的艺术领域来讨论艺术,他的审美经验不受制于艺术作为历史限定的实践的狭窄范围,从而不屈服于那些支配实践和决定实践的内在目的的人唯我独尊的控制。[①] 杜威把审美经验赋权于更多的社会成员,使审美经验生活化。但是,杜威保留审美学说中的"审美"这一范畴,因为他只是摒弃审美学说中有关"审美"的要不得的纯粹、非功利性,而继续保留"审美"这一范畴的感性特质。

　　第二,从西方艺术史的沿革来看,从审美本质到实践本质是一个越来越专门化、专业化制作"美的艺术"的实践。从鲍姆加登创学开始,"美"就已经被"艺术"替代,尔后"艺术"被"美的艺术"替代。经历黑格尔直到当代艺术,这种艺术实践即"美的艺术"实践的格局愈演愈烈,艺术的发展已经是不断远离多数人的历史。分析美学的后期重要代表人物丹托都说:现代艺术必须是"本质上不流行的",甚至是"反流行的"。[②] 各种先锋艺术派别的艺术作品的出现,是艺术实践领域少数人的热闹,普通老百姓根本没法理解。为什么变形才是前沿,为什么立体要变回平面,为什么便池是艺术品,为什么噪音可以成为音乐,为什么无声也是音乐?这些答案只在与多数人区隔开的艺术实践内部的历史中。所以,从审美本质到实践本质,艺术领域是一个持续走向象牙塔的过程;从目前艺术实践情境来看,还有从艺术持续走向反艺术的趋势。而杜威审美经验中的"审美"两字,表达了杜威反对以"观念"为创作思维的那部分先锋艺术的决心;杜威从生活经验到审美经验的连续性立场,则是想极力弥合高雅艺术与大众艺术之间的分离,从而实现改造艺术实践的民主理想。

　　所以,杜威的审美经验是超越艺术领域边界的,是超越艺术美的,是

---

① [美]理查德·舒斯特曼.实用主义美学:生活之美,艺术之思[M].彭锋,译.北京:商务印书馆,2002.
② 刘悦笛.艺术终结之后[M].南京:南京出版社,2006.

接纳审美功利性的,是保留艺术感性特质的,是赋权民众的。

第二节 早期儿童音乐经验的类型

音乐制作者制作音乐作品是出于以下三个层面的原因:(1)音乐句法与非句法设计本身的复杂性;(2)音乐的情感表现;(3)音乐对人、地方、事物的表达。换言之,是为了音乐的形式性、表现性与再现性,而表现性依附于再现性与形式性,再现性又受形式性规限。抛开对音乐形式性的一定程度的理解,所谓的对表现性与再现性的理解也不复存在。所以,说到底音乐经验与音乐形式是分不开的,音乐经验以音乐形式的"脚本"存在,是以音乐形式样式为内核的,但依赖音乐制作并以再现性与表现性的"形象"出场。总之,音乐经验是由音乐形式、音乐制作、音乐的再现与表现联动完成的。用加登纳的儿童艺术发展三系统来解释,音乐发展是音乐感知、制作与感受的互动整合,感知、制作、感受的对象指向音乐的形式性,但获得的结果分别是对音乐形式样式的分辨、对音乐再现性内容的制作、对音乐表现性内容的制作。我们把促进早期儿童音乐发展的关键经验列举如下。

一、音乐制作的关键经验

(一)身体动作制作的关键经验

1.运用联觉,用身体动作表达音乐中人、动物、地方、事物的意象

2.运用联觉,用身体动作表达音乐中强弱、快慢、高低、紧张与松弛的情绪意象

(二)歌唱的关键经验

1.运用嗓音描述音乐中的人、动物、地方、事物

2.运用嗓音表达音乐中的强弱、快慢、高低、紧张与松弛的情绪

(三)演奏的关键经验

1.运用打击乐器表达音乐中人、动物、地方、事物的意象

2.运用打击乐器表达音乐中强弱、快慢、高低、紧张与松弛的情绪意象

二、音乐形式的关键经验

（一）节奏

1.拍子

通过身体动作、演唱、演奏的音乐制作方式,探索合拍,二拍、三拍的韵律,其中四拍可以理解为两个二拍的韵律,$\frac{12}{8}$拍子可以理解为一个四拍的韵律,$\frac{5}{4}$拍子可以理解为一个三拍与一个两拍的韵律,$\frac{6}{8}$拍子可以理解为两个三拍的韵律。

2.节奏型

我们已经强调过音乐思维是从句型开始的,要么是旋律型,要么是节奏型。让儿童计算四分音符、八分音符、二分音符,再进行这些音符的时值比较,这样的数学教学与音乐没有多大关系,与早期儿童音乐学习更是没有任何关系。所以,我们所说的节奏要么以节拍的模型出现,要么以节奏的模型出现。在早期儿童音乐教学范畴内,我们让早期儿童关注节拍、简单音符组成的节奏型,先密后疏的节奏型,紧凑与舒展的节奏型,等等。

（1）节拍。

通过身体动作、演奏的音乐制作方式,探索合拍,二拍、三拍摇摆的肌肉感。

（2）简单音符组成的节奏型。

通过身体动作、演奏的音乐制作方式,探索基本由二分音符、四分音符、八分音符组成的节奏型的动作特点（走、慢走、跑）。

（3）张弛不同的节奏型。

通过身体动作、演唱、演奏的音乐制作方式,探索与人类情绪表达直接相关的节奏模型,如先密后疏节奏型、紧凑和舒展节奏型。

（二）音色

通过嗓音与打击乐演奏的方式,探索人声的音色、乐器的音色、生活中的其他音色等。

（三）力度

通过身体动作、演唱、演奏的音乐制作方式,表达音乐中再现性与表现性的强弱意象。

（四）旋律

通过身体动作、演唱、演奏的音乐制作方式，探索上行与下行、级进与跳进的旋律型特征。

（五）结构

1. 句子结构

通过身体动作、演唱、演奏的音乐制作方式，探索重复句（模仿句）、喊答句。

2. 段落结构

通过身体动作、演唱、演奏的音乐制作方式，探索主副歌结构、三段体结构、回旋体结构、引子与尾声。

（六）速度

通过身体动作、演唱、演奏的音乐制作方式，探索音乐在时间变化上的联觉效应。

（七）织体

通过倾听与身体动作、演唱、演奏的音乐制作方式，对有伴奏音乐与无伴奏音乐进行分辨，对织体的厚与薄进行分辨，并通过打击乐合奏来表达与分享音乐的层次效果。

（八）风格

通过身体动作、演唱、演奏的音乐制作方式，探索摇篮曲、进行曲、舞曲这三种体裁音乐的风格差异。

第三节　早期儿童音乐经验的获得机制

早期儿童音乐经验的获得需要以下三个条件：第一，在听音乐的同时让早期儿童"见"到音乐的再现内容。这是强调让早期儿童感知新音乐时要有与新音乐相关的原有知识，早期儿童的原有知识就是生活经验，生活经验就是音乐中所具有的再现内容（制作与感受系统）。第二，用一种制作方式让早期儿童去感知与其音乐经验相符的音乐形式样式（制作与感知系统）。第三，用其他类型的制作方式让早期儿童去解释他们对音乐形式样式的理解（制作与迁移）。

一、在听音乐的同时让早期儿童"见"到音乐的再现内容

单纯的听音乐行为是指用听觉感知音乐的音响形式,这对大多数没有受过音乐专门训练的人来说是很难的一件事,这时音乐的音响形式往往在人们音乐感受阈之外,音响对人不起效果,所以,只是靠听觉感知音乐的音响形式对大多数成人无效,更不要说对早期儿童。音乐的再现内容是指根据联觉效应通过语言、身体动作、图画等音响听觉之外的形式呈现音乐所描述的人、动物、地方、事物的内容,其中身体动作的呈现方式是主要的,语言与图画的呈现方式是辅助的。对早期儿童来说,音乐的音响听觉之外的这部分内容是早期儿童的原有知识或原有经验,而一切有效学习都需要这一前提条件。

(一)有效学习的原理

1.学习的信息加工结构与过程

有关学习的信息加工结构与过程模型很多,由于梅耶模型最简洁且又抓住了核心,所以我们以梅耶模型为例(见图4-1)。

(1)结构。

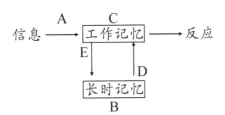

图4-1 信息加工结构图

工作记忆:头脑中清楚地意识到的东西。(以前认为工作记忆的模块是7±2个,现在认为是4—5个模块,因为在加工的同时又能意识到的东西是非常有限的。)

长时记忆:终身保存的知识技能。

(2)过程。

A:注意。

B:原有知识。

C:新知识内部联系建立。

D:新旧知识联系。

E:新知识进入长时记忆。

(3)用非音乐的例子解释。

例如,小学一年级认"乘"字的教学中,教师根据这一原理编了一个"乘"字口诀:

千字竖要长,

北字分开站两旁,

一撇一捺在下方。

这个口诀把信息加工过程的 B、C、D 三个环节运用得很到位,而 A 是前提,E 是 B、C、D 完成后的自然结果,所以我们着重关注 B、C、D 三个环节。

B 环节:把原有知识"千、北、八"激活。

D 环节:新旧知识之间建立联系。第一,找出相同的地方(千、北、八字);第二,找出不同的地方(千字竖要长,北字要分开,八字也要分开并放在最下面)。

C 环节:建立新知识内部的联系,即整个口诀的完成。

把原有知识"千、北、八"激活是整个学习过程有效进行的关键,所以找到支撑新知识的原有知识是有效学习的前提。

(4)此学习原理对音乐学习的启示。

对早期儿童来说,音乐学习的原有知识是什么?我们认为是以音乐形式样式为依据的音乐再现内容,这些再现内容需要教师挖掘出来,然后呈现在早期儿童面前。

2.奥苏贝尔有意义学习的条件

(1)外部条件。

学习的内容对学生而言要有潜在意义,这种潜在意义包括两方面含义:第一,学习内容有被学生理解的可能;第二,学习内容本身要有逻辑联系。

(2)内部条件。

第一,学生头脑中要有与新知识有关的原有知识;第二,学生要有有意义学习的动机,即学生要有主动地把新知识和原有知识建立起联系的倾向。

结论:如果两个条件中有一个条件不满足,学习就会变成机械学习或无意义学习。

这一有效学习原理是从另一个角度强调学生头脑中与新知识有关的原有知识是有效学习的前提条件。

3.杜威经验标准与经验组织中的原初经验

(1)杜威的经验标准。

杜威认为促进经验生长的教育要符合经验生长的两个标准：连续性标准与交互作用标准。他的经验连续性标准表达了他的这种立场：教育要以学生的个体经验为中心，教育始于学生经验，并指导学生朝着有累积价值的经验方向发展，经验的累积即经验的改造即学生的发展。他的经验交互作用标准旨在强调经验的客观条件和内部条件的同等重要性，经验的客观条件包括教师所做的事和做事的方式，也包括设备、图书、仪器、玩具和游戏，还包括学生所参与的各种情境的整个社会结构；而经验交互作用中的内部条件指学生的能力和需要或者说是学生的原初经验。

(2)杜威的经验组织。

杜威认为经验组织的起点是儿童个体经验，具体地说是儿童达到现在水平的结构化知识中起作用的兴趣与冲动；经验组织的终点是与种族经验的会合，即掌握包含在学科中的事实和真理。要想让儿童的经验从起点顺利地达到终点，需要教师掌握一定的策略。首先是教师的解释策略，指教师按照儿童生活中直接表现出来的那种实际的情绪化的经验样式去解释教材。解释策略的要义在于教师需要看透学生的兴趣与能力，并让兴趣与能力倾向获得成就。其次是教师的指导策略，指教师持续地对儿童进行指导，即发现介于儿童的现在经验和这些学科的更为丰富而成熟的东西之间的各个步骤。指导策略的要义在于选择对本能与冲动起作用的适当刺激，这种刺激就是交互作用标准中提到的所有的客观条件。在这里，经验组织的起点即儿童的个体经验，即让儿童对学习产生兴趣与冲动的意识能量的原初经验。

(3)杜威原初经验的"锚"的作用。

在杜威经验的连续性标准中，经验的起点与中心是儿童的原初经验；在杜威经验的交互性标准中，内外条件具备才能进行经验交互，而需要具备的内在条件即儿童的原初经验。在杜威的经验组织中，无论是一个活动的经验组织还是儿童长期生长的经验组织，其出发点是儿童的原初经验。一句话,儿童的原初经验是儿童新经验生长的"锚",没有原初经验的"锚"也就没有新的"航"。

4.早期儿童的音乐趣味所在

我们在第一章介绍早期儿童音乐趣味时谈到,让早期儿童感兴趣的音乐类型是"关于"某些事情的音乐。关于小动物、小河、小湖、小星星、树林的音乐,讲着小熊一家、小朋友不听话、来了小客人的故事的音乐都是让早期儿童沉迷的。总之,音乐必须要有与早期儿童生活相关的内容,这些内容吸引着早期儿童。音乐再现性最重要的特征是与早期儿童的生活经验相连,所以早期儿童的音乐趣味与早期儿童音乐学习需要的原初经验是一致的。

(二)再现音乐内容的标准

无论是信息加工结构与过程原理、奥苏贝尔的有意义学习原理,还是杜威的原初经验原理,强调的都是原有知识在学习过程中的作用。对早期儿童的音乐学习来说,教师用再现的方式把音乐内容呈现出来就是起"锚",使早期儿童觉得音乐很简单很容易懂,于是就有继续与音乐接触的冲动与兴趣,这也是使音乐教学内容回到早期儿童原初经验或生活经验或个体经验的含义。但是,再现音乐内容是有规定性的,只有符合音乐学习规范的音乐内容再现才能最终为早期儿童获得音乐经验打下基础。再现音乐内容的标准大概有以下三条。

1.形式规限标准

节奏、音色、力度、旋律、结构、速度、风格等每种音乐形式都规定着一个曲子的再现内容,所以分析音乐形式是教师获得音乐再现内容的前提。

2.意象思维标准

中学教师在让中学生欣赏小提琴协奏曲《梁祝》时往往会讲梁山伯与祝英台的故事,教师期望学生听了这个故事后能专注地听音乐。结果是学生专注地听老师讲的动人的爱情故事,等到听音乐的时候学生还是不能专注。原因很简单,学生在音乐中听不到老师刚才讲的那个故事,结果还是听不懂音乐,听不懂当然就不能专注了。

音乐的再现内容只能通过意象思维或联觉的方式获得,因为音响展示的是听觉状态的人和物的"形象"或形态,它无法呈现具体内容,所以必须通过意象思维把听觉状态的人和物的形态与日常生活中人与物的说话或动作形态对应起来。还是以刚才的小提琴协奏曲《梁祝》中"楼台会"音乐片段为例。这段音乐是小提琴和大提琴如泣如诉又深情万千的"对话",对看过越剧"楼台会"片段或对梁祝爱情故事中这段情节很熟悉的成年人来说,这段音乐是很容易听懂的。因为小提琴与大提琴交替出现的旋律"形态"(由旋律轮廓、节奏型、音色等组成的一种音乐"语态")与梁山伯和祝英台"楼台会"一幕中二人在相爱却只能分离的绝望情境中相见、诉说、道别的语调完全一致,更直接地说,与人在哽咽状态下诉说的语调一致。这段音乐容易听懂就是因为这段音乐小提琴和大提琴的"对话"形态与越剧中祝英台和梁山伯的"对唱"形态,或生活中男女情侣对话并以哽咽语调倾诉的形态非常容易产生联觉,只要有点生活经验的人都会产生这种知觉层面的类比。所以,理解音乐是无法通过语言式的内容与音乐直接对应来实现,只能通过音乐形式元素所汇集的音响的听觉"形态"或听觉形象与生活中形象的联觉来实现,这种联觉是一种意象思维,是儿童音乐理解的重要机制。

3.以身体动作呈现方式为主,以其他呈现方式为辅标准

用身体动作来呈现音乐再现内容是最理想的。首先身体动作是在音乐背景中完成的,它内在地完成音乐形式规限;其次身体动作表达音乐是一种形象表达,它自然地运用意象思维。所以,一般情况下音乐的再现内容最好以身体动作的方式呈现,同时辅以语言或图片说明。用身体动作来呈现音乐再现内容也是早期儿童的音乐趣味所在,在第一章我们介绍了早期儿童的三种音乐趣味:音量、"关于"什么的内容、运动。我们反复强调音乐再现内容的挖掘,就是投早期儿童所好,让他们听到、"看"到"关于"音乐的内容,这样他们才会对音乐感兴趣;我们强调再现内容要以身体动作呈现为主,一方面是身体动作符合形式规限、意象思维要求,另一方面也是要投早期儿童在音乐中运动的所好。

二、用一种制作方式让早期儿童去感知与其音乐经验相符的音乐形式样式

早期儿童音乐感知的有效性受内外两个条件制约:第一,在行动中感

知,这是受早期儿童年龄特点制约的一个条件。第二,感知的内容指向音乐形式的样式,这是受音乐特点制约的另一条件。因为音乐经验的内核是音乐形式,再现与表现内容的获得是以音乐形式样式的获得为前提,而再现、表现内容与音乐形式的双获得即音乐经验。在这里把音乐形式的样式(音乐形态)再次阐述一下。在节奏与旋律中,音乐形式的样式是各种和人类情绪情感对应的节奏型(拍子、简单音符组成的节奏型,先紧后松或紧凑或舒展的节奏型)与以句子为单位呈现的旋律轮廓。在其他音乐形式元素中,音色的样式是指一段音乐中为表现人的情感或再现事实所使用的乐器或人的声音;速度的样式是指一段音乐中所使用的快与慢或渐快渐慢的时间频率;轻重的样式是指一句或一段音乐中所使用力度的张弛状态;结构的样式是指句子、段落重复与变化的样式。所有这些音乐形式样式是早期儿童思考音乐与音乐对话的"语言"。早期儿童的音乐经验或音乐思维正是在对这些音乐形式样式的辨认与意象的过程中形成与累积的。

(一)用一种制作方式感知音乐

1.感知环节的制作方式往往是指用身体动作的制作方式

我们已经讨论音乐经验形成的第一条件是在听音乐的同时让早期儿童"见"着音乐的再现内容,而让早期儿童"见"着的音乐再现内容主要以身体动作的方式呈现,所以在感知环节的制作方式中主要也是身体动作。当教师用身体动作的方式把音乐的再现内容与音响形式呈现给早期儿童时,早期儿童被教师身体动作所表达的音乐内容深深地吸引,他们迫不及待地想学。于是,教师请早期儿童离开位置,让早期儿童跟着自己来做身体动作,早期儿童则以教师为榜样通过全身的肌肉运动感受着音乐的节奏、句子、速度、力度。这是早期儿童感知音乐的最精彩场面。同时,这也是早期儿童感知音乐的环节,是早期儿童在头脑中留下音乐形式样式表象的环节。教师对音乐再现内容的动作表达越贴近音乐,早期儿童在模仿过程中在头脑中留下的音乐形式样式的表象越清晰,正是这种清晰的音乐形式样式表象,才是早期儿童理解与解释音乐的关键。

2.我国早期儿童音乐活动感知环节的不足

从理念的角度来看,我国目前的早期儿童音乐教育活动已经比较强调用活动或身体动作的方式来让早期儿童感知音乐,但受客观条件的制约,在实施行动中还是不能真正做到这一点。主要的问题是在音乐活动中早期儿童基本上处于"上位"①状态,原因是早期儿童一"下位"就容易"疯",一"疯"音乐活动就无法正常进行下去。所以,一般到了音乐活动快结束前,早期儿童才有机会"下位",即真正用全身的肌肉感实践一下学过的音乐内容,但是,只是这么一次或两次的实践机会对多数早期儿童来说是没有感觉的,音乐肌肉感的形成是需要一个时间量的:不仅需要单次时间量而且也需要长期累积的时间量。所以,我们的音乐活动可能设计得比较精致,但活动的焦点没有全部落实到早期儿童的有意识的肌肉行为中去。没有经过大量时间的肌肉操作,早期儿童的音乐经验很难生长。要想改变这种局面,用我们的常规术语来说,从小班的第一次音乐活动开始,早期儿童就得基本处于"下位"状态。对3~6岁的早期儿童来说,音乐感基本上是依靠肌肉感来完成的,音乐肌肉感依靠有意识的行动,只有把"上位"状态转向"下位"状态,音乐肌肉感的时间量才能得到保证。在行动中,学习音乐的早期儿童年龄特点才能得到照顾,音乐作为表演艺术的特点才能得到发挥。当然,教师不能把这话理解为只要"下位"就行了,不受规限地去实现一种单向目标是教育要忌讳的。

(二)感知的内容是音乐形式样式

1.对音乐形式样式的确认

上面已经提到,音乐感知环节旨在让早期儿童在头脑中留下音乐形式样式的表象,清晰的表象是新旧知识交会的结果,是对知识理解的产物,是真正属于个人的经验。音乐经验的获得基于音乐表象,而音乐表象即音乐形式样式的表象。不同的音乐作品具有不同的音乐形式样式,教师在挖掘一个具体的音乐作品的再现内容时,抓住此音乐作品的核心音乐形式样式是早期儿童获得核心音乐形式样式表象的前提。如果教师自己都不清楚,早期儿童怎么可能清楚!

---

① 我国幼儿园音乐教育活动中的一个常规术语,意思是坐在位置上或坐回位置。与其相对应的常规术语是"下位",意思是离开位置做一些活动。

经验的早期儿童音乐教育

例如,器乐曲《水族馆》(适合于中、大班)。

谱 4-1

水族馆

$1=C$ $\frac{4}{4}$

[法]圣-桑 曲

A段

(乐谱)

B段

(乐谱)

C段

(乐谱)

D段

(乐谱)

E段或B'段

(乐谱)

我们对这个曲子的再现主题是这样确认的:A 段表示鱼在水中游,鱼儿先是尾巴打圈然后轻盈游出,这样的动作在 A 段反复;B 段表示水中的水草由高到低地漂浮;C 段表示大波浪的翻腾;D 段表示水泡泡的出现与消失;E 段或 B'段表现的还是水草。这个曲子的核心音乐形式样式是节奏型。A 段是琶音奏出的先密后松的节奏型,通过手腕转圈的动作可以把这种节奏型表达得细腻而优雅;B 段是清脆的从高到低的完全密集的节奏型,可以用由高到低手腕波动动作表示;C 段与 B 段相比,无论是琶音还是旋律轮廓都变大了变松了;D段是轻脆的短音。这些节奏型可通过身体动作来表达并激发早期儿童的注意。

再如,歌曲《我们一起拍手》(适合于小班)。

谱4-2

我们一起拍手

1=D 4/4　　　　　　　　　　　　　西方传统儿童歌曲

| 1 1 5 4 3 | 1 1 2 1 5　5 | 1 1 5 4 3 | 3 3 2 2 1　1 |
拍拍 拍拍手, 我们一起 拍 手, 拍拍 拍拍手, 我们一起 拍 手。

‖: 5 6♭7 6 5 4 3 | 5 6♭7 6 5　5 | 5 6♭7 6 5 4 3 | 3 3 2 2 1　1 :‖
啦啦 啦啦 啦啦啦　啦啦 啦啦啦 啦　啦啦 啦啦啦啦啦　啦啦 啦啦啦 啦。

这首歌曲的核心音乐形式样式就是节奏型,对于一字一音的歌曲来说,提炼节奏型能充分发挥这类歌曲的形式功能。歌曲中节奏型的提炼可采用歌词朗诵的方法,把歌词朗诵出来节奏型也就出来了。

2.我国早期儿童音乐活动感知内容的偏离

谱4-3

戏 说 脸 谱

1=F 1/4　　　　　　　　　　　　　京剧《戏说脸谱》选段

| 0 2 | 1 2 | 3 2 | 3 | 0 3 | 2 3 | 1 | 2 |
蓝 脸的 窦尔敦　盗　御马;

| 0 2 | 1 2 | 3 2 | 3 5 | 2 1 | 6 1 | 1 | 1 |
红 脸的 关　公　战　场 杀;

| 0 1 | 5 6 | 1 0 | 1 0 | 0 2 | 1 2 | 3 0 | 3 2 |
花 脸的 孙 猴, 白 脸的 曹 操,

| 0 7 | 6 7 | 2 | 0 | 2 | 0 | 3 2 | 2 3 |
黑 脸的 张　飞　叫

经验的早期儿童音乐教育

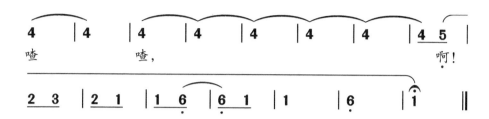

目前我国早期儿童音乐教育活动的感知内容是偏离音乐形式样式的,感知内容基本指向与歌曲或乐曲相关的事实知识上。以歌曲《戏说脸谱》的学习过程为例。

这首歌曲从音乐角度来说,是运用中国京剧的跺板(一小节一拍)来表达快速激动情境中对各种人物性格的概括描述。对早期儿童的音乐教学来说,这首曲子的难度是快速中的弱起拍,是早期儿童在音乐形式上较难突破的。目前我国早期儿童的音乐教学活动的立场是既要让早期儿童学习这样有难度的歌曲但又回避音乐问题。所以早期儿童的学习过程基本上是学习脸谱与旗幡等与京剧相关的事实知识。老师把音乐活动的重点放在脸谱与旗幡的介绍、制作上,最后把早期儿童自己制作的旗幡披上跟着录音带走走京剧碎步,整个过程早期儿童与音乐的接触较少。无可非议,这也是一种音乐教育活动,从获得知识的角度来说,了解我国国粹京剧的一些常识也是有必要的、有意义的。但是,教师心中要明确这种音乐教育活动不能让早期儿童获得音乐经验而只能让早期儿童获得一些事实知识,我们不能让早期儿童学着事实知识,却口口声声说是为了培养早期儿童的音乐能力,这与让孩子吃着虾却说是为了增加孩子的维生素营养一样荒谬。在学歌曲时花太多的精力与时间在歌词内容的解释上也是这种倾向的一种表现,不是说学歌曲不能在歌词理解上花精力与时间,而是说不能花太多的精力与时间,更不能花全部的精力与时间。如果一首歌曲需要花大量的精力与时间才能让早期儿童理解歌词,那么这首歌曲不学也罢。本来歌曲是因为有歌词而使早期儿童特别容易理解音乐的,所以我们才通过大量歌曲来学习音乐,现在歌词本身就充满障碍,这样的歌曲不但不能成为学习音乐的中介而是成了学习音乐的拦路虎了。

(三) 一个经验的原理

杜威认为经验的生长一定是从原初经验开始的,原初经验提升为审美经验需要有两次蜕变,第一次蜕变即让原初经验成为一个经验。一个经验具有两个特征:第一,一个经验具有整体性,即情感、实践、理智都存乎其间,但这些部分特征又失去其独特性。第二,一个经验具有模式和结构性,即一个经验不仅仅是做与受的变换,而是将这种做与受组织成一种关系,这种关系提供意义,而捕捉这种意义是所有智慧的目的。

一个经验的原理与早期儿童音乐经验获得的第二个条件是对应的。我们平时不断地体验着事件,事件中的事物被经验到但并不构成一个经验,不能成为一个经验的零散经验就不具有累积性,不能促进经验生长。所以,成为音乐经验的经验首先是一个经验,是一个经验就必须要有一个经验的两个特征。对早期儿童音乐经验来说,一个经验第一个特征的含义是表现与再现性(情感)、制作性(实践)、形式性(理智)三者融合为一个整体,而这种整体是以音乐制作的方式出现的;第二个特征的含义是这种经验以音乐形式模型的方式在头脑中留下表象,表象的形成与表达都依赖三种音乐制作方式。表象形成的方式以身体动作制作方式最为适宜早期儿童的年龄特点。

三、用其他类型的制作方式让早期儿童去解释他们对音乐形式样式的理解

(一) 例举分析

还是以前面的《水族馆》为例。当早期儿童对一段音乐的动作掌握自如,能非常合拍并有感觉地随着音乐进行身体动作变换时,说明早期儿童对这段音乐的乐句感、节奏感在肌肉感的带动下已经形成,但是此时只说明早期儿童对此曲有了一定的感知能力,不能下结论说早期儿童对此曲的音乐形式样式已经理解,因为他们还没有对音乐形式样式做出自己的解释与表达。让早期儿童为《水族馆》的 A 段挑选乐器,并用挑选出来的打击乐器模拟音乐句子的形态把 A 段表达出来。一般早期儿童会挑选有滑音或颤音效果的打击乐器把 A 段的节奏型打出来(主要是提取节拍并保留持续音的节奏,这是早期儿童提取节奏型的主要方式);

经验的早期儿童音乐教育

$$\times\ \times\ \times\ \times\ |\ \times\ \times\ -\ -\ |$$

以同样的方式请早期儿童挑选合适音质效果的打击乐器把后面几段音乐的句子形态模拟出来。B段为了音色的吻合，早期儿童一般会挑铁质乐器，用清脆的声音来密急敲打。C段挑选余地比较大，可以用多种不同音色的乐器齐奏。D段以小铃等清脆音响乐器为佳。E段是B段的稍做变化。对音乐的解释或表达是检验早期儿童是否建立音乐形式样式表象的环节，是让早期儿童用音乐语言进行思维的环节，也是音乐经验是否获得的行为反应环节。

（二）从一个经验到审美经验的原理

一个经验必须具备冲动与压力的两个条件才能成就审美经验。杜威认为冲动来源于一种需要，一种来自内在的情感与思想，只有通过建立与环境的确定关系才能满足的饥饿与需求。内在冲动的实现需要外在压力，这种外在压力即来自环境的挑战，有内在冲动又突破了来自环境的挑战，一个经验才能转向更完善的审美经验。

从一个经验到审美经验的原理与早期儿童音乐经验获得的第三个条件是对应的。早期儿童用身体动作所进行的再现性表现可激发早期儿童情感的进一步音乐即兴的冲动。通过身体动作制作方式感知了一首乐曲的再现内容后，早期儿童不能只停留于对老师再现动作的模仿上，因为模仿只是感知，不是自己对音乐的表达与解释。这时，教师需要引导早期儿童进入打击乐的即兴活动，把用动作表达的音乐模型让早期儿童自己提取出来并运用到打击乐演奏中去。上面我们列举《水族馆》一曲，阐述了先让早期儿童动作模仿再让早期儿童运用打击乐即兴演奏的过程，下面我们再列举一个舞曲，阐述从作为感知的动作学习到作为理解的打击乐演奏的过程。

谱 4-4

问 候 舞

德国民间舞曲

1=G 2/4

5 | 1 2 3 4 | 5 | 3 5 | 4 | 2 4 | 3 | 1 5 | 1 2 3 4 | 5 | 3 5 |

4 2 7 2 | 1 - | 2 2 | 2 3 | 2 1 7 6 | 5 6 7 1 | 2 2 |

2 2 3 | 2 1 7 6 | 5 0 ‖: 5̂ 3 :‖ 5̂ (5) ‖ 5 2 | 5 ‖

D.C.　　　Fine

动作制作方式建议：

(1)第 1 小节等待不动。

(2)第 2—9 小节，小跑步自由寻找朋友，并与朋友面对面。

(3)第 10—11 小节，用 X X | X 0 | 节奏型双手与朋友对拍。

(4)第 12—13 小节，与朋友拥抱，用 X X | X 0 | 节奏型互拍双方的背。

(5)第 14 小节，两人握手，延长音 5 时握一次，以延长音结束为准；3 时握一次；这一小节音乐重复时，握手动作重复。

打击乐制作活动建议：

(1)讨论节奏型：根据邀请舞动作的提示，请早期儿童讨论这个曲子可以有几种节奏型？大家小跑步找朋友的音乐用什么节奏型比较好；拍手与拍背用什么节奏型比较好；握手部分用什么节奏型比较好？

(2)讨论乐器：每一部分的节奏用什么乐器来演奏比较好？

(3)实施早期儿童的想法，找到最好听的一种方式作为班级的打击乐演奏曲目保留下来。

在这里，动作制作方式的过程是早期儿童音乐经验获得的第二个条件，也是指感知阶段；而打击乐制作活动的过程是早期儿童音乐经验获得的第三个条件，是指解释音乐阶段，也是杜威所指的"挤压"条件。因为打击乐制作时的音乐形式模型是早期儿童根据身体动作迁移过来的，是自己对音乐理解的结果，这种迁移就是"挤压"，是一种音乐经验形成的最终标志。

四、早期儿童音乐经验获得机制应用的注意事项

（一）经验"挤压"或迁移具有多种情况

我们所讨论的早期儿童音乐经验获得的第三个条件"用其他类型的制作方式让早期儿童去解释他们对音乐形式样式的理解"的意思就是杜威所阐述的经验的"挤压"，也就是教育心理学所说的知识的迁移。从教师的角度来说，这第三个条件是对早期儿童音乐经验是否获得的确认，如果早期儿童的音乐制作会迁移了，那么可以确定地说早期儿童已经获得了此时他正在制作的这种音乐经验。但是，这种迁移活动是具有多种境况的。

1.同一音乐作品用不同的制作方式来表达

（1）同一音乐作品由身体制作方式走向打击乐演奏方式。

前面所举的《水族馆》与《问候舞》的例子都属于这一类。先由教师示范这一音乐作品的身体动作制作方式，早期儿童通过模仿来学习这个作品的身体动作制作方式；然后请早期儿童根据自己已经做过的身体动作的特点，在教师的引导下找出音乐作品各个段落的节奏型并以演奏打击乐的方式把节奏型表达出来。这是同一音乐作品用不同制作方式的迁移。

（2）同一音乐作品由身体制作方式走向演唱方式。

当我们讨论通过《大灰熊》这首歌曲让早期儿童学习轻重表达的音乐经验时，我们使用的就是这种方式。先让早期儿童通过故事表演的方式用身体动作表达故事情境中所需要的轻重，当早期儿童用身体表达很自如后进入演唱表达阶段。轻重的演唱表达与身体动作表达有一些不同，身体表达时情绪可以激动，但是带着太激动的情绪进行演唱就不合适了。这是同一音乐作品由身体动作制作方式转向演唱方式的一种境况。

2.同一制作方式在不同音乐作品中的表达

我们回忆一下前文阐述音乐作品本体特性中表现性特性时举的《老狗》的例子，这是让早期儿童获得先疏后密的节奏型经验的例子。开始时我们让早期儿童跟着教师学习握拳然后双臂打开这样一个身体动作，这个动作特别适合表达先疏后密节奏型所表达的人的情感。早期儿童学会

这个动作以后,在《老狗》这首歌曲中第一次使用,使用熟练后,教师让早期儿童把这个动作用到新的曲子腾格尔的《天堂》之中。这种情况下,动作是教师原先给的,但音乐模型得早期儿童自己去找,找得好不好教师一看早期儿童的动作就知道了。当然,动作可以变化,由握拳打开双臂的动作换到耸肩造型的动作等,但无论动作怎么变,它还是身体动作制作方式。所以,这是一种制作方式不变音乐作品改变的境况。

(二)不是每一个作品都必须完成这三个环节

我们所讨论的早期儿童音乐经验获得的三个条件是指具体的某个音乐经验的获得必须经过这三个环节或具备这三个条件,而且需要反复进行,但不是说每一个音乐作品都必须完成这三个环节。有些时候这三个环节的完成需要几个音乐作品配合才能做到,如果音乐作品本身具有独自完成这三个环节的特性,我们当然应该把这个音乐作品的特点挖掘完毕为止。

第五章 早期儿童经验音乐课程的编制原理（一）
——目标、内容与评价

本章讨论课程编制四要素中的三要素：目标、内容与评价。有关早期儿童经验音乐课程的目标，我们将讨论早期儿童经验音乐课程目标的体系、层次与表述三个问题；有关早期儿童经验音乐课程的内容，我们将讨论早期儿童经验音乐课程内容的选择与组织两个问题；有关早期儿童经验音乐课程的评价，我们将讨论评价的四个常规问题：评什么、谁来评、为什么评与怎么评。

第一节 早期儿童经验音乐课程的目标编制

关于早期儿童经验音乐课程的目标，我们主要讨论：早期儿童音乐课程的目标体系、目标层次与目标表述。

一、早期儿童经验音乐课程的目标体系

早期儿童音乐经验分为两类：音乐制作经验与音乐形式经验。这两类音乐经验形成一对张力范畴，音乐制作经验是规限目标，音乐形式经验是价值目标，只有在实现规限目标的同时价值目标才能实现。以早期儿童音乐经验为结构框架的目标体系具体如下。

1.音乐形式的关键经验

1.1 节奏

    1.11 稳定的节拍

    1.12 疏密节奏型

    1.13 强拍与弱拍

    1.14 休止符

1.2 旋律

    1.21 声音的高与低

    1.22 旋律的上行与下行

    1.23 旋律的级进与跳进

1.3 音色

    1.31 悄悄话、说话、唱、喊四种音色

    1.32 打击乐器的音色

    1.33 生活环境中的音色

    1.34 自然界的音色

    1.35 机器的音色

    1.36 钢琴、小提琴、吉他等乐器的音色

1.4 速度

    1.41 快与慢

    1.42 渐快与渐慢

1.5 织体

    1.51 声势、舞蹈中的多层次

    1.52 有伴奏与无伴奏比较

    1.53 伴奏厚与薄的比较

1.6 力度

    1.61 轻与重

    1.62 渐弱与渐强

1.7 结构

    1.71 模仿句

    1.72 重复句

    1.73 喊答句

    1.74 主副歌

    1.75 三段体、回旋体

    1.76 引子

1.8 风格

    1.81 摇篮曲

1.82 舞曲

 1.83 进行曲

2.音乐制作的关键经验

 2.1 节奏

  2.11 稳定的节拍——身体移动动作

  2.12 疏密节奏型——手的动作、身体动作、歌唱

  2.13 强拍与弱拍——身体移动动作、歌唱

  2.14 休止符——身体移动动作、歌唱

 2.2 旋律

  2.21 声音的高与低——讲故事、身体动作、歌唱

  2.22 旋律的上行与下行——身体动作、歌唱

  2.23 旋律的级进与跳进——身体动作、歌唱

 2.3 音色

  2.31 悄悄话、说话、唱、喊四种音色——说、歌唱

  2.32 打击乐器的音色——说、演奏打击乐、即兴创作

  2.33 生活环境中的音色——说、演奏打击乐、即兴创作

  2.34 自然界的音色——说、演奏打击乐、即兴创作

  2.35 机器的音色——说、演奏打击乐、即兴创作

  2.36 钢琴、小提琴、吉他等乐器音色——说、身体动作、演奏打击乐

 2.4 速度

  2.41 快与慢——身体动作、演奏打击乐、即兴创作

  2.42 渐快与渐慢——身体动作、演奏打击乐

 2.5 织体

  2.51 声势、舞蹈中的多层次——说、身体动作

  2.52 有伴奏与无伴奏比较——身体动作、即兴创作

  2.53 伴奏厚与薄的比较——身体动作、即兴创作

 2.6 力度

  2.61 轻与重——身体动作、歌唱、演奏打击乐、即兴创作

  2.62 渐弱与渐强——身体动作、歌唱、演奏打击乐、即兴创作

2.7 结构

　　2.71 模仿句——歌唱、身体动作、打击乐演奏

　　2.72 重复句——身体动作、歌唱、打击乐演奏

　　2.73 喊答句——身体动作、歌唱、打击乐演奏

　　2.74 主副歌——身体动作、歌唱

　　2.75 引子——打击乐演奏、即兴创作

2.8 风格

　　2.81 摇篮曲——身体动作、歌唱、说

　　2.82 舞曲——身体动作、歌唱、说

　　2.83 进行曲——身体动作、歌唱、说

二、早期儿童经验音乐课程的目标层次

课程的目标层次是指课程目标的纵向结构即从上到下的结构，早期儿童经验音乐课程的目标层次分为四层（图5-1）。

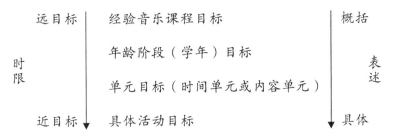

图5-1　早期儿童经验音乐课程的目标层次

(一)早期儿童经验音乐课程总目标

经验音乐课程总目标是早期儿童音乐课程目标层次中的第一层，它以早期儿童经验音乐课程目标体系的面目出现。它是早期儿童经验音乐课程目标体系中的核心内容，具有层次清楚、结构完整、内容概括的特点。

(二)早期儿童音乐课程年龄阶段目标

在制定以音乐经验为结构框架的早期儿童音乐课程年龄阶段目标时，我们有意识地将其分为两个阶段：3—4岁（小班）与4—6岁（中、大班）。原因是早期儿童音乐经验获得的成熟条件与早期儿童数理逻辑经验获得的成熟条件有所不同，数理逻辑经验的获得有相对明确的年龄序

列,而音乐经验的获得条件与年龄序列不具绝对的正相关。考虑到小班早期儿童的集体活动经验与身体运动经验等方面的不足,故把小班作为一个年龄段,而中、大班合起来作为一个年龄段。表 5-1 是早期儿童年龄阶段音乐关键经验目标的内容。

表 5-1 早期儿童以制作方式呈现的音乐形式关键经验年龄阶段目标

		3—4 岁	4—6 岁
节奏	稳定的节拍	①用不移动动作合拍 ②用移动动作合拍 ③按二拍韵律进行身体摇摆 ④用不移动与移动动作合强拍	①按二拍、三拍韵律对 $\frac{6}{8}$ 拍、$\frac{3}{4}$ 拍进行身体摇摆 ②用不移动与移动动作合弱拍 ③合速度与拍子交替的音乐
	疏密节奏型	①语言节奏的朗诵与身体打击 ②音乐节奏的身体打击 ③节奏与节拍的分离 ④休止符	①与拍子重音重叠节奏型 ②与拍子重音交叉节奏型 ③先紧后松节奏型 ④紧凑与舒展节奏型
旋律	声音的高与低	①分辨八度距离声音的高与低 ②分辨八度内声音的高与低	①继续分辨八度距离声音的高与低 ②继续分辨八度内跨度较大的高低声音 ③分辨五度、四度、三度跨度的高低声音
	旋律的上行与下行	分辨级进上行与下行旋律轮廓线	分辨上行与下行旋律轮廓线
	旋律的级进与跳进	分辨级进旋律轮廓线	分辨跳进旋律轮廓线
音色	日常音色	①探索生活环境中的音色 ②探索自然现象中的音色 ③探索各种动物的音色 ④探索机器的音色	①进一步探索生活中的音色 ②进一步探索自然现象中的音色 ③进一步探索各种动物的音色 ④进一步探索机器的音色

续表

		3—4岁	4—6岁
音色	打击乐器音色	①玩木质打击乐 ②玩塑料质地打击乐 ③玩铁质打击乐 ④玩有固定音高的打击乐	①分辨木质打击乐音色 ②分辨塑料质地打击乐音色 ③分辨铁质打击乐音色 ④分辨特殊音色打击乐音色
	人声	分辨说、唱、悄悄话与喊叫	①分辨童声与成人声 ②用嗓音模仿童声与成人声
	乐器音色		①中国乐器音色 ②西洋乐器音色
速度	快与慢	①用不移动与移动动作合中速音乐 ②用不移动动作合快速音乐 ③用不移动动作合慢速音乐	①用移动动作合快速音乐 ②用移动动作合慢速音乐 ③在快速中完成二拍与三拍的身体摇摆 ④在慢速中完成二拍与三拍的身体摇摆 ⑤用移动动作合快慢速交替音乐
	渐快与渐慢		①用身体动作表达渐快 ②用身体动作表达渐慢 ③用身体动作表达渐快与渐慢的交替
织体	打击乐(包括身体打击与乐器打击)、舞蹈中的多层次		①分辨身体打击乐合作中的层次 ②分辨踢踏舞、铃圈舞中的层次 ③独立完成身体打击的多层次
	有伴奏与无伴奏比较		①分辨歌唱的有伴奏与无伴奏 ②歌唱与打击乐伴奏的合作 ③合作多层次的打击乐伴奏
	织体厚与薄的比较		①分辨钢琴伴奏与管弦乐伴奏的不同 ②分辨独奏与合奏 ③合作回旋曲的打击乐表演
	多声部歌唱		①分辨领唱与齐唱 ②合作二声部歌唱 ③合作三声部歌唱

续表

		3—4岁	4—6岁
力度	轻与重	①用身体动作表达轻与重 ②用打击乐器表达轻与重 ③分辨音乐中的轻与重 ④用说话嗓音表达轻与重	①进一步用身体动作表达轻与重 ②进一步用打击表达轻与重 ③用歌唱嗓音表达轻与重
	渐弱与渐强		①用身体打击表达渐弱与渐强 ②用打击乐器表达渐弱与渐强 ③用嗓音表达渐弱与渐强
结构	模仿句	能模仿老师歌唱	用打击乐器表达模仿句
	重复句	能模仿老师歌唱	①用打击乐器表达重复句 ②为重复句编不同的歌词并自如歌唱 ③为器乐曲的重复句编同样的动作
	喊答句	能模仿老师歌唱	①用打击乐器表达喊答句 ②为喊答句编歌词并自如歌唱
	主副歌		①为主副歌编不同风格的动作 ②分辨主副歌歌曲中的主歌与副歌 ③为主副歌配不同风格的打击乐伴奏
	三段体、回旋体		①以重复动作的方式找出三段体中的重复段 ②为三段体音乐配伴奏 ③以重复动作的方式找出回旋体音乐中的重复段 ④打击乐即兴合作回旋体
	引子		①分辨歌曲中的前奏 ②分辨乐曲中的引子 ③为歌曲配前奏 ④即兴创作打击乐合奏引子

续表

		3—4岁	4—6岁
风格	摇篮曲	抱娃娃时在老师鼓励下能唱摇篮曲	①独立歌唱二拍摇摆的摇篮曲 ②独立歌唱三拍摇摆的摇篮曲 ③理解没有歌词的摇篮曲即抒情乐曲
	舞曲		①理解舞曲一般是活泼的乐曲 ②能跳二拍、三拍身体摇摆的几类典型舞曲 ③能把舞曲中一些典型的节奏型迁移到打击乐演奏中
	进行曲		①理解进行曲一般都是适合行进的 ②理解进行曲本身也有多种风格

(三)早期儿童经验音乐课程单元目标

这里主要论述以时间为单元的目标,它是年龄阶段目标的再具体化,如果需要的话可具体为学期计划与月计划。

表5-2是小班音乐教育活动第一学期的计划。

表5-2 小班第一学期音乐经验目标

节奏	稳定的节拍:根据歌词内容做身体动作并合拍;用走路移动动作合拍 节奏型:朗诵语言节奏并合拍地做动作;能在语言节奏帮助下根据音乐节奏做身体动作
旋律	音的高低:分辨八度或八度以上的两个音的高低
音色	人声:分辨说、唱、悄悄话与喊叫;分辨男声与女声 日常音色:探究日常生活中的一些音色;探究家禽家畜的叫声 打击乐音色:根据需要愿意去玩打击乐器
速度	中速:用不移动动作合中速音乐;用走路移动动作合中速音乐
力度	身体动作表达力度:能用身体动作表达歌曲中的轻与重

表 5-3 小班 9 月份音乐经验教学计划

音乐经验	月目标	主要活动内容	环境与材料
节拍	1.根据歌词内容做身体动作并合拍 2.用走路移动动作合拍	1.①合拍地模仿老师所做的各种身体动作 ②根据歌词所唱的身体部位合拍地进行身体打击 2.①边唱歌曲边走路 ②边唱歌曲边做开火车的动作	1.①歌曲《我能照你做》 ②歌曲《部位歌》 2.①歌曲《部位歌》 ②歌曲《火车开了》
节奏型	朗诵语言节奏并合拍地做动作	①边朗诵儿歌边合拍地做动作 ②有韵律地做生活常规游戏	①儿歌《小手拍拍》 ②语言游戏《我的飞机开始飞》
音色	分辨说、唱、悄悄话与喊叫	根据录音说出是什么声音,并进行模仿	辨别四种声音的音响资料

事实上,学期计划与年龄目标没有多大的区别,仅有的区别可能就是把年龄目标分成学期而已。月计划(表 5-3)与年龄目标的区别在于音乐材料的具体化,年龄目标只是音乐经验目标的罗列,而月计划的主要功能则是为具体目标选择了具体的音乐材料,并设计了将要进行的音乐活动方式。

三、早期儿童经验音乐课程的目标表述

关于早期儿童经验音乐课程的目标表述,我们主要限定在具体活动目标这一层面,着重关注以下三个问题:表述的角度、表述的性质(确定目标类型)与表述的准确。

(一)确定表述的角度

音乐课程目标可以从以下两个角度表述:第一,从教师角度表述。例如,"培养早期儿童的节奏感受力"这种表述强调的是教师对早期儿童的培养。第二,从早期儿童角度表述。例如,"喜欢参加艺术活动,并能大胆地表现自己的情感和体验"。从国家层面来说,我国在 2001 年《早期儿童教育指导纲要(试行)》里,就已经完成了目标表述的角度转换,即从教师

角度的表述转到了早期儿童角度的表述。目标表述角度的转换,一方面体现着教育理论界对"教学"重心从"教"转向"学"的意志,另一方面也确实能促进这一重心在实践层面的转移。

(二)确定表述的性质

音乐课程目标的表述方式一般有两种:行为目标与表现性目标。行为目标是指以具体的、可操作的行为形式陈述的课程目标,它指明教育过程结束后儿童身上所发生的行为变化。行为目标的制定准则是行为与内容的双维度制定,"行为"是指要求儿童表现出来的行为,"内容"是指这种行为所适用的领域。制定目标时教师们往往指出内容就算目标了,如"儿童学会正确使用逗号",但不能准确地表述儿童的行为维度。在制定行为目标时在行为纬度上又有以下两个准则:第一,指出儿童外显的表现行为;第二,指出这种表现行为的条件或公认的准则。例如,"儿童学会正确使用逗号"的目标表述,应该改为"儿童将通过陈述来证明已掌握了五项逗号规则的知识(具体说出有哪五项规则),并能在逗号被删除的句子中正确插入逗号"。其中,学习逗号的使用是"内容"纬度,陈述五项逗号规则与被删除的句子中正确插入逗号则是"行为"纬度,即指出了学会逗号这种表现行为的两个条件。又例如,"给儿童一篇文章,儿童在五分钟内不靠帮助或参考书,能够识别出它的风格",也是很标准的行为目标,其中识别文章的风格是"内容"纬度,而在五分钟内不靠帮助或参考书完成识别是达到文章风格识别水平的具体条件。表现性目标是指每一个儿童与具体教育情境的种种"际遇"中所产生的个性化表现,它追求儿童反应或结果的多元性而非同质性,追求儿童解决问题或完成任务的过程。表现性目标的制定准则是情境与任务的双维度制定,即交代儿童需要完成的任务情境与具体任务。例如,"通过各种办法,这些办法可以来自家庭、来自早期儿童、来自社区,为长度从1寸到30寸的大大小小的气球充气,尤其关注那些大气球的充气办法"。这是典型的早期儿童表现性目标,其中"寻求家庭、早期儿童、社区的帮助力量"是任务的情境,而为"从1寸到30寸的大大小小的气球充气"则是任务。又例如,"在自然角,通过观察,用绘画的方式记录蝌蚪的生长发育过程"。其中"在自然角,使用观察、绘画方式"是任务的情境,而"记录蝌蚪的生长发育过程"则是任务。

经验的早期儿童音乐教育

标准的行为目标表述不仅需要指出活动内容,而且需要指出实现目标的早期儿童行为与这种行为实现的条件或准则。在这种情况下,当目标出来的时候,教师对教育内容的原理与教育活动实施的方法也已经胸有成竹了。标准的表现性目标需要表述清楚早期儿童需要完成的任务情境与具体任务。在这种情况下,当目标出来的时候,教师对早期儿童所要完成的任务、早期儿童可能会如何去完成任务也已经非常清楚了。所以,无论是行为目标还是表现性目标,只要是好的目标表述都会充分体现出教师的教育与学科素养。所以,从本质上说两种目标表述方式都是精彩无比的,作为一个教师需要熟练每一种表述方式。更重要的是教师还要能针对具体的教育活动内容确定自己用哪种课程目标表述方式。如果教育活动内容具有明确共同答案的知识技能,则选用行为目标表述方式;如果教育活动内容没有一致的答案,则需要在情境中以独自的方式来寻找答案的任务式、艺术式内容,则选用表现性目标表述方式。

在早期儿童音乐教育实践中,行为目标的比例是比较低的,主要还是表现性目标。如果活动目标非常明显就是行为目标,当然我们就毫不犹豫地把目标性质确认为行为目标;如果我们觉得很难确定活动目标性质,哪个都有点像,这时我们就毫不犹豫地把它列入表现性目标。

(三)确定表述的准确

如果确定是行为目标,那么行为目标的最有效的陈述形式是:"既指出要使学生形成的那种行为与行为表现的条件,又言明这种行为能在其中运用的生活领域或内容。"例如:

①通过倾听,判断四个音乐片段哪个是轻的哪个是重的。听到重的音乐时举"狮子"卡片,听到轻的音乐时举"老鼠"卡片。

②在教师介绍了音乐的主题,并多次观看了教师示范的情况下,能合上音乐与教师一起完整地做身体动作。

如果确定用表现性目标,那么目标的表述就应该包括以下两个纬度的内容:第一,指明儿童将在其中工作的情境;第二,指明儿童将要处理的任务。例如:

①在教师提供的打击乐器、各种废旧材料中寻找工具,把录音中的走路声模拟出来。

②对于舞曲身体动作中的击掌节奏型，选择一种合适的打击乐器演奏出来，其他部分休止。

第二节　早期儿童经验音乐课程内容的选择与组织

针对早期儿童经验音乐课程的内容选择，我们从两个方面展开讨论：早期儿童音乐作品的选择标准与范围。针对早期儿童音乐课程的内容组织，我们考察三个问题：早期儿童经验音乐课程内容的组织要素、组织标准与组织形态。

一、早期儿童经验音乐课程内容的选择

关于早期儿童音乐课程内容的选择，我们着重讨论两个问题：早期儿童音乐作品的选择标准与早期儿童音乐作品的选择范围。

(一)早期儿童音乐作品的选择标准

早期儿童音乐作品的选择标准与早期儿童音乐作品的本体三特性是一致的，真正受早期儿童喜爱的音乐作品一定是形式、再现与表现整合得比较完美而再现性比较鲜明的作品。早期儿童音乐作品形式性的要求是指音乐作品作曲技法的运用要达到一定的境界，换言之，要有作曲技巧性。童趣盎然的音乐作品往往是音乐写作技法的自然流露，与激情交辉的写作修养对任何年龄阶段、任何程度作品创作都是需要的。人们在口头上虽然不会说早期儿童的音乐作品无须什么艺术技法的话，但是从作曲家们不太愿意涉猎早期儿童音乐作品创作领域的现实来看，人们对早期儿童音乐作品与成人音乐作品一样也需要较高作曲技巧的认同程度是不够的。这种局面导致了专门为早期儿童创作的音乐作品不多，音乐名家专门为早期儿童创作的音乐作品更是少之又少，但是我们不能因为早期儿童的创作作品比较少而选择没有艺术性可言的音乐作品作为早期儿童音乐课程内容。选择早期儿童音乐作品的途径并不只是当代创作作品一条，从西方到东方、从传统到当代、从民间到官方、从流行到古典，当我们打开视域时就会发现早期儿童音乐作品的来源还是很多的。

早期儿童音乐作品再现性的要求是指音乐作品具有生动性、意象性，换言之,要具有想象性。对歌曲来说,歌曲中的歌词是提升音乐作品艺术性的重要因素,充满意象性的歌词本身就能深深地触动人的感觉。如下面这首摇篮曲的歌词,那一个个意象使歌曲的艺术味十足。对儿童器乐曲来说,想象性体现在作品中所刻画的音乐形象要很容易让儿童"看"到,音乐形式的"形态"要捕捉住音乐所刻画的动物、人物、事物的典型"形态"。

摇 篮 曲

蓝天是摇篮,摇着星宝宝,

云儿轻轻飘,星宝宝睡着了。

大地是摇篮,摇着花宝宝,

风儿轻轻吹,花宝宝睡着了。

妈妈的手臂是摇篮,摇着小宝宝,

歌儿轻轻唱,小宝宝睡着了。

早期儿童音乐作品表现性的要求是指音乐作品要能触动人的感觉。一个作品至少要有一个表现力的亮点,这个亮点要么表现在节奏型上,要么表现在力度上,要么表现在音色上,要么是多种表现力的整合,等等。不过,特别值得注意的是早期儿童音乐作品的表现性往往蕴含在再现性之中,当再现性鲜明时表现性就已经在其中了。本书第二编实践编中每一章节音乐材料的选择就是遵循每一作品至少要有一个音乐形式的表现力亮点为标准。

(二)早期儿童音乐作品的选择范围

具有早期儿童音乐趣味的音乐材料可以来自不同地方、不同音乐种类。从区域性来说,我们首先应选择具有我国民族风味的音乐材料,从西北的花儿、安徽的黄梅戏、湖南花鼓戏到闽西山歌、广西对歌、广东童谣,从新疆纳尔孜姆舞、广西的蚂拐舞到云南迎客舞、霸王鞭,都充分展现着我国民族民间音乐素材的丰富与别致。但是,这些民族民间音乐材料一般不能直接拿过来用,需要早期儿童音乐教师对其进行简化或改编,使之符合早期儿童的生活经验水平、音乐趣味水平后才能进入早期儿童音乐教学之中。其次应选择西方经典作品,一方面这些经典作品特别具有艺术性,另一方面这些经典作品是被他人用了再用的作品,用这些作品我们可以借鉴别人的许多经验。从音乐种类方面来说,我们首先应选择我国早期儿童音乐教育领域长期积累下来的创作歌曲与乐曲,这是一批鲜活、生动的音乐材料。其次我们可以选择内容与形式都符合早期儿童特点的流行音乐。在洪流般的流行音乐材料中是能够获取内容健康、形式与内容又都适合早期儿童音乐教育的一些音乐材料的,应该说,流行音乐是我们早期儿童音乐资源中不可忽视的一股力量。

二、早期儿童经验音乐课程内容的组织

早期儿童经验音乐课程内容的组织是指在经验音乐价值观的指导下,将选出的课程内容要素妥善地组织成早期儿童教育活动结构,使教育活动要素在动态运行的教育活动结构系统中产生合力,以便有效地实现早期儿童经验音乐课程目标。所以,早期儿童经验音乐课程的组织要素、组织标准、组织形态都是下面需要讨论的内容。

(一)早期儿童经验音乐课程内容的组织要素

在为早期儿童经验音乐课程拟订方案时,需要确定用来作为组织线索的各类要素。这些要素包括音乐形式要素、音乐制作要素。早期儿童经验音乐课程组织的共同要素,可参考本章第一节以早期儿童音乐经验为结构框架的具体目标体系。[①]

(二)早期儿童经验音乐课程内容的组织标准

在制订早期儿童经验音乐教育活动方案时一般需要遵循三个标准:连续性、顺序性与整合性。连续性与顺序性标准是指音乐经验组织的纵向关系。连续性是指直线式地重复主要的组织要素。例如,"稳定的节拍"这一音乐内容要素,我们会通过逐渐加大三种音乐制作难度的方式在小班、中班、大班整个早期儿童音乐教育期间连续安排这一内容,使早期儿童有机会反复地、连续地体验它,确保他们最终获得"稳定的节拍"这一音乐经验。连续性强调课程内容组织要素的重复,因为任何音乐形式经验要素与制作经验要素都需要让早期儿童反复接触、体验。顺序性是指课程内容组织要素由浅入深的安排,是指纵向系统的逻辑要求。整合性

---

① 见本书第 123—126 页。

是指音乐经验组织的横向关系,这种横向整合方式有两种:第一种是以音乐内容为主线的整合。这种整合从范围上看又可以分为三类:第一类,音乐内部各形式要素、制作要素的整合;第二类,与其他艺术领域(美术、文学、舞蹈、戏剧等)的整合;第三类,与其他非艺术领域(科学探究、体育活动等)的整合。第二种是以儿童人格和谐发展内容为主线的整合。这种横向组织方式一定是单元主题式的,看上去以早期儿童的社会生活经验为课程组织要素,而实际要求早期儿童获得的还是音乐经验,是以早期儿童的社会生活内容为课程组织明线,以早期儿童的音乐经验为课程组织暗线的一种组织形态。

(三)早期儿童经验音乐课程内容的组织形态

早期儿童经验音乐课程内容的组织形态一般有两种:以音乐经验为组织要素的早期儿童经验音乐课程;以早期儿童生活经验,包括自我、社会、自然及相互关系为组织要素的早期儿童经验音乐课程。

1.以音乐经验为组织要素的早期儿童经验音乐课程

音乐经验由音乐形式核心经验与音乐制作经验构成,所有的音乐形式核心经验都以音乐制作的方式获得,不通过音乐制作也就不可能获得音乐形式经验。这种组织方式以音乐形式核心经验为内容组织要素,八大形式经验一般以节奏为起始经验外,对其他经验的组织在顺序上并无规定性,但是每一音乐形式经验中的具体经验有顺序要求。例如,节奏形式经验中的节拍经验,从不移动动作合拍、移动动作合拍、二拍身体摇摆、三拍身体摇摆到变拍身体摇摆的过程是需要由易到难的顺序的。又例如,旋律形式经验,从音的高低经验到旋律的上行与下行经验、旋律的级进与跳进经验的推进,也是具有一定顺序的。以音乐经验为组织要素的课程组织最大的特点在于音乐形式核心经验的获得以音乐制作为条件。无论是对音乐特性的感知还是反应都需要通过音乐制作方式来完成。本书第二编"早期儿童经验音乐教育实践"就是以音乐经验为内容组织要素的早期儿童经验音乐课程的列举,它把早期儿童经验音乐课程如何以音乐形式的核心经验为展开的逻辑、如何以音乐制作方式为实现音乐形式核心经验的条件做出了完整而概括的呈现。

2.以早期儿童生活经验为组织要素的早期儿童经验音乐课程

这种音乐课程又称单元主题式音乐课程,围绕早期儿童个性和谐发展所需的自我、社会、自然三个维度的对话来确定单元主题。以美国银伯德特2002年版早期儿童课程为例,这版早期儿童音乐课程制定了六个单元的主题,这些单元主题分别是:我、我的邻居与我、生活中有些什么、在自然界漫步、瞧我能做什么、与我一起来庆祝。很显然这种音乐课程的内容组织要素是自我和谐发展要素,表现为:对自我的了解(自我与自我的对话),对生活于我周围的其他人的了解(自我与他人的对话),对我生活周围环境、事物的了解(自我与环境的对话),对我生活其中的大自然的了解(自我与自然的对话),对我的能力的了解(自我与自我的对话),对生活中与我有关的节日活动的了解(自我与社会的对话)。这种音乐课程的组织形态是属于课程组织整合性标准中提到的以儿童人格和谐发展内容为主线的整合。

第三节　早期儿童经验音乐课程的评价

关于早期儿童经验音乐课程评价,我们围绕"评什么、谁来评、为什么评、怎么评"这四个基本问题展开讨论。

一、评什么?——早期儿童经验音乐课程评价的对象

早期儿童经验音乐课程的评价对象由早期儿童经验音乐课程方案、早期儿童经验音乐课程方案的实施过程与早期儿童经验音乐课程方案的最后效果三个部分组成。

评价早期儿童经验音乐课程方案,主要需了解两个方面内容:第一,方案以及方案中的各个要素、部分是否依据了经验的原理、原则,是否以经验的课程理论为先引;第二,课程结构是否合理,各内容组织要素之间是否具有较高的内部一致性,是否符合经验的指导思想。对一线的早期儿童音乐教师来说,对经验音乐课程方案的评价主要是指对具体的一个音乐教育活动设计的评价,评价教育活动的经验目标、内容、方法是否合理。

经验的早期儿童音乐教育

评价早期儿童经验音乐课程方案的实施过程,要了解的内容比较多,包括:第一,早期儿童在音乐教育活动中的反应,具体指早期儿童的反应是否指向音乐经验,早期儿童的参与程度是否高、学习状态是否主动、情绪表现是否积极等;第二,教师的教育态度和行为,指教师对早期儿童的指导介入程度、课堂管理方式、教育机制和技巧等;第三,师生互动的质量;第四,学习环境的创设与利用等。通过对早期儿童经验音乐课程方案实施的评价,我们一方面可以获得经验音乐课程方案对早期儿童适宜性的信息,另一方面可以了解影响此经验音乐课程方案效果的因素。

评价早期儿童经验音乐课程方案效果,一般是通过对早期儿童的音乐发展评价来确定的,包括:评价早期儿童音乐学习后在音乐能力上的发展状况,音乐能力发展状况与课程目标的符合程度,产生了哪些非预期的结果,等等。

二、谁来评?——早期儿童经验音乐课程评价的主体

早期儿童音乐课程评价的主体主要是教师与早期儿童。

对教师来说,评价的过程不仅是教师运用音乐与教育心理等专业知识,审视音乐课程方案和音乐教育实践,发现、分析、研究、解决音乐课程问题的过程,同时也是教师专业化成长的重要途径。早期儿童经验音乐课程评价需要充分发挥教师作为评价主体的作用,以教师自评为主,园长、其他教师和专家参与评价,组成一个平等互助的学习共同体,一起改进音乐课程方案,促进早期儿童的音乐发展。

对早期儿童来说,作为音乐课程评价中最重要的评价"对象"、音乐课程评价的最终目的所在,其作为评价的主体,一方面体现在他们也参与对自己音乐学习活动目标与过程的设计,以及对音乐学习目标是否实现的评估与反省;另一方面则体现在他们通过对音乐课程方案实施过程的音乐行为反应和发展变化来"发表"对音乐课程的看法。他们的音乐行为反应与发展变化是经验音乐课程评价的重要信息与证据,是经验音乐课程方案成功与否的核心指标。

三、为什么评?——早期儿童经验音乐课程评价的目的

早期儿童经验音乐课程评价的目的是为了研究音乐课程,旨在提高

音乐课程的质量从而保证早期儿童音乐经验的获得,为早期儿童人格的和谐全面发展提供一分力量。带着课程研究的目的,在早期儿童经验音乐课程的评价过程中,评价者需要不断地发现问题,即提出"为什么",并尝试做出解释。这种评价过程即是研究过程的结果。换言之,评价者在发现问题、寻找答案和解决问题的过程中,不断加深对音乐课程问题的认识,积累了新的音乐课程经验,形成了新的音乐课程思想。

四、怎么评?——早期儿童经验音乐课程评价的方法

在我国整个教育界,对课程评价领域的研究是比较弱的,我国目前还处于课程评价的对象只限于学生的学习结果的状态。而早期儿童课程评价又落后于中小学课程评价,所以到了早期儿童音乐课程评价这个领域,实事求是地说还没有专门研究的人。我国已经启动对早期儿童的全面发展的评价,但只是起步阶段。针对早期儿童的全面发展评价,在西方发达国家普遍使用三种评价方法:第一,等级量表评价,指用数字或等级的形式来评定早期儿童。一般它只限于对特殊的技能、具体的知识的测定,为进一步的描述性、分析性评价打下基础。第二,表现性评价,是表现性目标评价的简称,指在真实情景中,根据早期儿童在完成实际任务时的表现而进行的评价。第三,档案夹评价,指根据课程目标,有意识地将各种有关早期儿童表现的作品及其他证据、信息收集起来,并通过对档案夹制作过程和记录结果的分析与解释,反映早期儿童在学习、发展过程中的优势和不足,反映早期儿童在达到目的过程中付出的努力与取得的进步。

对作为表演艺术的音乐来说,通过等级量表的方式去测定早期儿童的音乐技能与知识的话,很容易与音乐表演艺术的本质相违,钻到与音乐艺术隔离的僵化的知识技能的牛角尖中,所以我们尽量不用这种评价方式。对早期儿童音乐经验的评定,我们可以使用表现性与档案夹这两种评价方式。

1.表现性评价

表现性评价可以有两种评价方式。

(1)在课堂情境中进行表现性评价。

如果对表现性目标已经理解了的话,就比较容易理解这种形式的表现性评价。当一个教师能够针对早期儿童经验音乐课程的总目标(本章表5-1)为每一个具体的音乐教育活动写出表现性目标时,那么这个教师在实施音乐教育活动时就一定会展开表现性目标的评价,否则他就无法实现他所制定的表现性目标。以《问候舞》的打击乐制作活动为例。(乐谱与动作制作方式见第四章第三节)

当早期儿童通过几次音乐活动,对这个《问候舞》的动作比较熟练后,可以进入这个舞曲的打击乐制作活动。我们为这个活动制定的表现性目标是"第一,根据《问候舞》动作的提示,请早期儿童用拍手的方式表达第一段小跑步找朋友的音乐节奏型、第二段互相拍手与拍背的节奏型。第二,从活动室的打击乐器中挑选适合演奏第一段节奏型与第二段节奏型的乐器,全班早期儿童进行合奏尝试,确定最和谐好听的一种合奏方式"。这两条目标把早期儿童要完成的任务与完成任务所需要的情境都已经交代,当教师能够制定出这样的表现性目标时,实施这个目标的过程即教学过程就是去进行评价的过程。在这个教学过程中,教师需要密切关注早期儿童是否能够把身体动作表达的节奏型用拍手与打击乐器的方式重新表达出来,早期儿童的表达是否抓住了这个舞曲节奏型的特征?教师在教学过程中会通过肯定早期儿童的表达与提出建议的方式对早期儿童的音乐表现做出评价。所以,对能够很好地制定表现性目标的教师来说,实施表现性目标的音乐教育活动过程就是进行表现性评价的过程。

(2)非课堂情境中的表现性评价。

表现性评价也可以像等级量表评价一样先进行专门设计,然后进行评价。这种情况下是为了专门确认早期儿童是否具有一种音乐能力而进行的,它与课堂情境中的表现性评价的不同只是出发点。课堂情境中的表现性评价是音乐教育活动的正常展开,是必须做的事,非课堂情境中的表现性评价可能是为了某一次专门的评价研究,或需要对早期儿童的发展结果有一个总的描述与分析等特殊任务而进行的。但是,无论是课堂情境中还是非课堂情境中的表现性评价,它的设计与实施的要求是一样的。一般来说,早期儿童音乐表现性评价的设计分以下几个步骤。

第一步,确定表现性任务。表现性评价是在完成表现性任务的过程中进行的,表现性任务完成的过程就是表现性评价展开的过程,也是早期儿童得到发展的过程。在音乐教育范围内,表现性任务一般与制作方式对应,制作方式不是完成一种身体动作制作,就是完成演唱或打击乐演奏制作。

　　第二步,设计表现性任务的情境。音乐表演是需要情境支撑的,不能要早期儿童完成一个表演任务却没有任何表演情境。在比较真实的情境中,早期儿童去完成表现性的任务时就比较自然、比较放松,是能力的真实反映。

　　第三步,确定评价标准。演唱、演奏、身体动作的评价标准有所不同,对不同年龄的早期儿童的评价标准也不能一概而论,总的评价标准就是早期儿童分年龄音乐核心经验发展的标准,针对不同任务不同早期儿童会有些变化。

　　下面,我们还是以《问候舞》为例来说明表现性评价设计的这三个步骤。在非课堂情境中使用《问候舞》来评价早期儿童,我们假设是评价早期儿童对节奏型的理解能力,也就是说用不同的制作方式表现同一节奏型,是早期儿童对节奏型理解的一种表现。

　　第一步,确定表现性任务。表现性的任务是早期儿童对《问候舞》中的两段音乐的节奏型能用打击乐器表达出来。

　　第二步,确定表现性任务的情境。如果没有情境设置这一环节,直接给早期儿童打击乐器,再让早期儿童听一遍音乐,然后对早期儿童说把这个音乐的节奏敲出来,那么这就是所谓的量化的测量。这种测量不涉及音乐能力的实质,早期儿童在这种情况下也一定会在打击乐器上敲出一些声音,这些声音你能说绝对不是或就是这个舞曲的节奏型吗? 谁说一个乐句的节奏型绝对不能简练或繁复? 事实上,为了让早期儿童用打击乐器表现这个舞曲的节奏型,为了真实地了解早期儿童是否真的对节奏型有所了解,我们必须做很多铺垫。首先,我们要让早期儿童以教师为榜样学习这个舞曲的动作,然后让早期儿童在愉快的气氛中来跳这个《问候舞》。对教师来说,在这个《问候舞》的动作中已经把两段音乐的典型节奏型放入动作中;对早期儿童来说,在愉快的跳舞气氛中学会了用动作去合音乐的本领,而且把这些动作做得非常轻松自如。到了这个时候,我们才把表现性的任务提出来,即"现在我们不是跳舞了,而是用打击乐器把我们跳过的动作用声音表达出来,谁知道怎么敲比较好?"让早期儿童活动的整个过程没有出现"节奏型"这个概念,教师只是说把跳舞的动作用打击乐器的声音表达出来,但是教师心中明白这是在检验早期儿童对节奏型的理解程度。

第三步,确定评价标准。针对这个曲子节奏型迁移的具体任务,其评价标准是:

◎弱起拍能等待。

◎第二段能明确模仿拍手与拍背的节奏型。

◎第一段所打击的节奏与第二段不一样。

◎整个打击过程合拍。

◎音量适中。

◎自信,不东张西望、东摸西挠。

◎打击乐器的动作比较放松,不僵硬。

◎表情自然。

2.档案夹评价

档案夹评价类型很多,在早期儿童音乐课程中比较适合使用的有两种,下面我们就着重介绍这两种档案夹评价。

(1)展示型档案夹评价。

这种档案夹评价的目标是与他人共享自己的作品,培养早期儿童自我反思与自我选择作品的能力。

这种档案夹由三部分构成:第一部分,由早期儿童自主选择出最好的或最喜欢的作品。第二部分,由家长或老师用文字记录每件入选作品被选的理由,或用录音方式记录。第三部分,早期儿童自己或他人欣赏档案夹作品后的建议与感想。

这种档案夹评价的特点:这是一种激励性的终极性评价,用以展示早期儿童在某一学期或学年在音乐学习领域所取得的成果。如果是平时的作品,需要教师经常录音与录像,并把录音与录像让早期儿童倾听与观看,然后早期儿童自己选择觉得好的作品。当然,也可以是早期儿童参加文艺演出时的录音与录像,或展示自己特长的录音与录像。

(2)评选型档案夹评价。

这种档案夹评价的目标:为早期儿童范围内或街区范围内的大型活动选拔作品或评选作品而进行的评价。

这种档案夹评价由两部分构成:第一部分,预先公布能被录用的作品的标准或要求。第二部分,收录符合标准或要求的作品。

这种档案夹评价的特点:这是一种水平性或选拔性的评价。

早期儿童音乐课程的档案夹评价有优势也有劣势,优势是:

◎能够提供丰富多样的评价材料,了解早期儿童的学习过程、学习方法与结果。

◎能够使早期儿童体验自身的成长与进步。

◎关注早期儿童的个性差异。

◎促进早期儿童的自我评价、自我反思能力。

劣势是:

◎工作量大,早期儿童教师负担重。

◎如果教师没有真正理解这种评价的内涵,没有真正从心底接受这种评价,就容易走形式、走过场。

◎会出现教师过分注意资料积累,却忽视早期儿童的发展这种本末倒置的现象。

从我国早期儿童教育领域师幼比例还处于1:20左右的现状来看,实施档案夹评价具有比较大的困难。有的教师尝试性地偶尔使用一下,也未尝不可。

第六章 早期儿童经验音乐课程的编制原理(二)
——早期儿童经验音乐教学原理

本章是早期儿童经验音乐课程的实施部分,但是不考察具体实施过程而是考察课程实施过程中需要辨析清晰的几个问题。第一节讨论了早期儿童音乐学习中所需的技能问题,对技能的内涵进行了厘定;第二节讨论了早期儿童音乐学习中所需的经验铺垫问题,对经验铺垫的理论基础与铺垫方式进行了阐述;第三节阐述了歌曲教学的音乐经验目标与作品选择、教学方法选择的一致性问题;第四节介绍了早期儿童的器乐曲教学的准备以及器乐曲教学的一般步骤;第五节介绍了早期儿童舞曲类型以及舞曲教学的一般步骤。

第一节 早期儿童音乐学习所需的技能

大约十年前笔者听了中央音乐学院杨鸿年教授的一个讲座,讲座期间他顺带地讲了20世纪80年代初他带几位美国专家到上海某一小学去听一节音乐课的"趣事":这节小学音乐课的教学内容是音乐专业大学生上的乐理知识,课堂上教师与学生展现了他们对三和弦、七和弦知识的熟练掌握程度。例如教师报出G大调三级上的和弦,学生立即能准确地在黑板的五线谱上找到位置。学生在乐谱上与口头回答上对和弦的熟练程度令专家们佩服得五体投地。一下课专家们就抓住一些学生到钢琴旁,请他们用耳朵辨别和弦。专家们很想知道把深奥的乐理知识学得如此精彩的孩子们的实际音乐能力。不幸的是,学生对专家们的这种举动表现出极度的陌生,他们不明白他们上课时对确定和弦位置的智力训练与这架钢琴上发出的声音有什么关系。毋庸置疑,学生实际音乐能力的匮乏令专家们大跌眼镜。

我们深信这样的音乐课已经远离我们,但是近二十年来,"不教知识技能教什么"的叩问成了许多音乐教师的心声。在只确定不能教知识技能,却确定不了音乐表现与再现的是什么的时候,音乐教师肯定会陷入迷茫。公开场合谈音乐知识技能"色变",似乎谁谈谁落伍,唯恐躲之不及,但私下除了教知识技能外似乎又无新的内容的图景在目前的音乐教育界是存在的。我们认为,只要是艺术教育就离不开谈技能、教技能、学技能,问题在于如何谈、如何教、如何学。

本节主要讨论早期儿童音乐教学中需要早期儿童掌握的音乐技能,由于教学对象是早期儿童,所以其音乐技能的内涵与特征就不同于小学、中学、专业音乐教学。

一、早期儿童音乐技能的含义

无论是对音乐的再现特性还是表现特性的感知都是大脑之内的事,对感知到的音乐形式样式只有用"技能"表达出来才能为人所知,所以,在音乐教学中,学生对音乐事件的反应或者说学生对音乐再现特性与表现特性的反应就是指学生对音乐特性感知后能用"技能"表达出来。换言之,音乐技能是指学生对感知到的音乐再现性与表现性进行符合音乐形式特性的表达,即音乐能力。在早期儿童音乐教学中,这些音乐"技能"不是指传统的唱、奏、视谱等技艺,而是指他们通过身体动作、嗓音、打击乐器对音乐特性表达的合理度。儿童年龄越小,身体动作技能所占比例越大。对早期儿童音乐能力的评定依据的是早期儿童具有用技能去合理地表达音乐特性或内容的能力,绝不是具体的技艺水平。所以,对早期儿童来说,音乐技能是指用技能去表达音乐的能力,即音乐能力;而技能是指做身体动作、咽喉肌肉控制、打击乐器的肌肉动作等能力,它们本身与音乐可以毫无关系。

这里举一个例子来说明早期儿童往往把技能当作音乐技能的事实。笔者参加了几次幼儿园大、中、小班早期儿童音乐能力的评定活动。除在社会上或家里学习钢琴、戏曲、舞蹈等少数孩子外,在剩下的没有家庭与社

会音乐学习背景的孩子中,笔者个人评定的结果是大、中、小班早期儿童的音乐能力没有显著差异。当然,在单纯的敲击乐水平、舞蹈动作水平方面,大班孩子明显高于中班孩子,中班孩子又明显高于小班孩子。但是,一个大班孩子能轻松地把小铃的声音敲得又响又脆只代表他具有一定的肌肉性动作技能,而不是具有音乐动作技能。只有当他把这又响又脆的声音与音乐的速度、节拍、轻重等融为一体的时候,这种动作技能才成为音乐动作技能。遗憾的是,在这几次评定活动中,中、大班孩子并不太关注音乐本身,而更关注乐器是否敲击得规范、舞蹈动作是否有点花样。而小班孩子的动作技能反而本能地表现出与音乐的呼应,尽管小铃敲得没有声音或沉闷,舞蹈动作几乎就是身体的摇晃与手臂的摆动,但无声与闷声、身体摇晃与手臂摆动只要与音乐共呼吸,它们就是具有音乐性的。为什么幼儿园三年的音乐教学,发展的不是音乐技能而是与音乐分离的动作技能、敲击乐器技能(这些肌肉性技能不用教也会自然生长),这确实值得我们反思。用这个例子只是想强调早期儿童单纯的身体动作技能、嗓音技能、打击乐器技能、语言技能都还不是音乐技能,只有当这些技能合理地表达了音乐特性后(以音乐为依据后),才成为音乐技能。所以,早期儿童的音乐技能是指早期儿童能用身体动作、嗓音、打击乐器表达音乐的能力。

二、早期儿童音乐技能的类型与内涵

早期儿童音乐技能类型包括:身体动作音乐技能、嗓音表达音乐技能、打击乐器音乐技能、即兴音乐技能。显而易见,早期儿童音乐技能与早期儿童的音乐制作方式的外延是重叠的,早期儿童音乐制作水平即音乐技能。不过,音乐制作水平的高低标准不是用肌肉动作技艺的高低来定的,而是以对音乐性(形式性、再现性、表现性)表达的到位程度来定的。例如,能动作轻巧地合着音乐拍手的早期儿童比不顾音乐又劈腿又下腰的早期儿童的音乐动作技能水平要高得多。

(一)身体动作音乐技能

单纯的身体动作技能包括三类:第一,非移动性的身体动作,指身体在私人空间或固定位置上所做的动作。第二,移动性动作,指身体在公共空间到处移动,如步行与跑步,双脚跳与单脚跳,并步跳与蹦跳。第三,与物体一起做身体动作,指身体伴随物体做非移动或移动的动作。

这三类身体动作技能涵盖我们一般所指的舞蹈动作、律动、身体打击。在没有音乐或有音乐的情境中让早期儿童涉猎这三类身体动作是非常重要的,因为它们是进行音乐表达的手段。不同的音乐形象需要用不同的身体动作去配合,当早期儿童接触过所有身体动作类型时,为音乐找到合适的动作就显得比较容易。另外,同一音乐用由易到难的动作去表达时,早期儿童的音乐经验也会得到有序的累积。应该说,从单纯的身体动作技能到音乐动作技能是有一个转化过程的,把早期儿童的身体动作技能转化为音乐动作技能是我们早期儿童音乐教育的重要任务。我们经常会针对具体一类动作或一类动作中的一个动作去寻找音乐作品与游戏方式,目的是让孩子把动作技能与音乐合理地结合起来。例如,一首很简单的中速的音乐作品,我们会让早期儿童先坐下拍拍手、拍拍身体,唯一的要求是合拍。当拍手、拍身体的动作能合拍时,这种身体动作就成了音乐动作技能。随后,还是同一首曲子,但是,合拍动作技能的难度加大。这时,身体动作变成了走路,移动的动作比拍手的合拍要难多了。如果早期儿童也能自如合拍走路的话,我们再加大难度,让他们边走路边做手上的动作或转圈等,如果这时早期儿童还是能很自如地合拍的话,我们可以说早期儿童已经获得有关中速音乐的合拍经验。从这个意义上说,我们教师经常做的事是用孩子的动作能力去合音乐作品,即选择合适的音乐与活动方法,逐渐把早期儿童的动作技能转化成音乐动作技能。当孩子能自如地把三类身体动作技能与音乐的特性表达匹配起来时,我们说这孩子具有相当不错的音乐素养。对早期儿童来说,音乐动作技能是所有音乐技能中最重要的,在对音乐再现特性与表现特性的表达上,动作技能显现出无与伦比的优势。

(二)嗓音表达音乐技能

与音乐动作技能是以动作技能为前提一样,嗓音表达音乐技能以嗓音技能为前提。在音乐动作技能与动作技能的关系上,我国当前早期儿童音乐教育是过度重视动作技能而忽视音乐动作技能,或者说把动作技能与音乐动作技能混为一谈。相反,在嗓音表达音乐技能与嗓音技能的关系上,我国当前早期儿童音乐教育则完全不理会嗓音技能,却要求早期儿童在音乐歌唱时要有表现力。早期儿童嗓音技能是指早期儿童用头腔共鸣的能力，换言之，是早期儿童主动发出头声的能力。绝大多数早期儿童发声的自然状态就是头声，问题在于早期儿童无意识。所以，教师的任务是通过自己的榜样作用，让早期儿童主动地发出头声，意识到头声歌唱状态。在嗓音技能方面我们需要做大量的工作，如选择大量角色表演的故事，通过童声、男低声等的发声体验来体会清脆的童声是如何发出的，一旦发出这种声音又是如何稳定地保持的。又例如，通过让早期儿童模拟发出尖的声音来体验头声等。具有头声嗓音技能的歌唱是具有音乐表现性歌唱的物质前提，运用头声符合音乐特性地歌唱，就是嗓音表达音乐技能。

(三)打击乐器音乐技能

打击乐器音乐技能是音乐技能，它不同于打击乐器的敲打动作技能。单纯的打击乐器的敲打动作技能是指把注意力几乎全部集中于打击乐器的拿法与打击方法上，因而没有余下的心理能量用于音乐上。我国早期儿童目前的教学现状是教师太关注打击乐器的拿法与打击方法，认为早期儿童不按照教师教的方式拿与打击，就是不对的，且非要让早期儿童改过来不可。事实上，打击乐器更多的是早期儿童表达音色、节奏型、速度、曲式等音乐思维的一个工具，只要早期儿童把音乐形象表达出来了，怎么拿怎么打击是不重要的。符合音乐性地演奏才是音乐技能，打击的动作再漂亮再符合老师要求，只要与音乐相悖，它就只能是单纯的打击乐器的敲打动作技能，与音乐无关。

(四)即兴音乐技能

上述的三类音乐技能或能力：身体动作音乐技能、嗓音表达音乐技能、打击乐器音乐技能都可以在两种情境中完成。一种是通过模仿完成，主要是以教师为榜样，把动作技能或嗓音技能或打击乐敲打技能与音乐匹配起来；另一种是通过主动创造完成，即早期儿童自己把音乐与技能匹配起来。例如，听到一段音乐，早期儿童主动地用合适的身体动作去合音乐；又例如，把用动作表达过的一段音乐，早期儿童自主地再用打击乐器表达出来。在这些情况下，早期儿童表现出来的音乐技能或音乐能力就是音乐即兴技能，是早期儿童使用音乐思维或音乐经验获得的重要标志。在早期儿童的音乐教育活动中，音乐学习的最终目标就是让早期儿童进行音乐即兴，早期儿童即兴能力越强音乐经验越丰富。

三、技能的出场方式

我们反复强调早期儿童音乐学习所需要的技能与早期儿童音乐技能是存在巨大差别的，早期儿童的音乐技能即音乐制作能力（音乐能力），它在任何时候都能出场，因为它是我们音乐教育活动的目标。早期儿童音乐学习所需要的技能是音乐技能的工具、基础，音乐学习离不开它，但它永远是附带的，处在次要的位置。当把技能等同于音乐技能时，早期儿童的音乐教学就会演化成僵化的没有音乐的技能操作学习。这样的图景我们可能还是非常熟悉：

教师一、二、一、二地喊着口令，孩子们艰难地跟着教师学着高难度的舞蹈动作，一些男孩已经流露出放弃的心意但又怕被教师批评，只好痛苦勉强地支撑。

教师一件乐器一件乐器地介绍如何拿如何敲，然后请早期儿童分别拿一种乐器严格按照教师的要求敲击。

教师出示三张节奏谱，一张是铃鼓的节奏，一张是双响木的节奏，一张是小铃的节奏。教师先让铃鼓组敲击节奏，其他组早期儿童不能发出声音只能静静地观看，当铃鼓组出现拿法不对、打法不对时立即制止他们。然后依次轮到双响木与小铃组，场面一直是严肃与紧张的。

这些教学的主要问题就是把技能放在太重要的位置了。技能本来是为音乐服务的，而在这些教学中技能与音乐本末倒置了，好像这些技能比音乐重要得多，没有这些技能好像音乐教学就不能进行。这种教学的另外一个特点是在时间上把技能放在音乐之前，认为只要技能学扎实了音乐教学的任务就完成了，把音乐教学的核心目标放在技能上而不是早期儿童的音乐思维或音乐经验上。所以，这种教学比较容易偏离音乐，容易走向为技能而技能，使音乐教学不像音乐教学。

无论是身体动作技能、嗓音技能还是打击乐技能，一般有以下几种出场方式。

第一,游戏方式。以这种方式出场的技能在时间上可以与音乐分离,往往比音乐出场早。三种类型的身体动作技能或制作方式,无论在动作的空间、时间、层次意识上还是在轻重、快慢、合作等意识上都可以用日常生活中的零碎时间以游戏的方式来让早期儿童掌握。又如早期儿童嗓音技能的学习也可以通过大量的小游戏来完成,像扔沙包游戏、吹哨子游戏、折塑料线游戏等都是用于头声练习的,在这些游戏中早期儿童不会觉得是在学习发声。

第二,探究方式。在打击乐器的拿法与打法上,其实是不需要专门很呆板地教早期儿童的,我们可以通过对生活环境中各种声音的探究来让早期儿童在玩弄乐器的过程中学会拿法与敲击法。例如,让早期儿童听一段日常生活中常有的走路声、器皿敲击声、关门声等的录音,然后请早期儿童去尝试各种打击乐器的敲击法并找到发出录音中这些声音的方法。在探究过程中早期儿童有需要帮助的地方,教师就可以给予必要的帮助与指点。

第三,角色表演或剧情表演方式。无论是为了嗓音技能还是为了动作技能,都可以通过讲故事、角色扮演的方式来学习必要的技能,在故事情境中早期儿童有角色需要的动机,不会觉得是在被动地学习。

第四,圈舞、对舞方式。一些很有用的基本舞步可以反复地在舞曲中出现,一般一个舞曲只出现一到两个基本舞步,大量的时间是在重复。由于舞步重复率高,而圈舞与对舞又是参与性、互动性最强的音乐活动方式,所以为了能和谐地与别人共舞,早期儿童会积极主动、兴趣高涨地学习基本舞步,学习成为主动而非被动的事。

第二节 早期儿童音乐教学中的经验铺垫策略

音乐经验与其他艺术经验相比,离生活经验更远些,所以,当音乐与生活经验积累较少的早期儿童相遇时,并不被早期儿童特别青睐,音乐表现抽象的表达方式一般在早期儿童感受阈之外。用最直接的方式教早期儿童唱一首歌曲、跳一支舞蹈、演奏一段打击乐、欣赏一首乐曲也未尝不可,但久而久之教师与早期儿童都会觉得这样的音乐教学不好玩,从而得出音乐不过如此的错误结论。

事实上想让早期儿童被音乐吸引,音乐的出场往往是"犹抱琵琶半遮面""曲径通幽"的,即在早期儿童"见"着音乐之前需要一些意味深长的铺垫。铺垫是有效音乐教学需要的策略,能针对具体音乐教学情境恰当地运用铺垫手法是早期儿童音乐教师专业水平的一个重要指标。本节讨论音乐铺垫教学的理论基础以及在早期儿童音乐教学中运用铺垫手法的目的与方法。

一、音乐铺垫教学的理论基础

1.杜威的原始经验(original experience)与审美经验(aesthetic experience)概念

杜威的原始经验指粗糙的未经提炼过的经验,与此相对应的是经过反省提炼过的经验。他说,当这种经验是在一种未经控制的形式中给予我们时,它就是原始的;当这种经验是在一种比较有节制和有意义的形式中(这种形式可能是反省经验的方法和结果)给予我们时,它就是最后的。原始经验是反省提炼过的经验的来源,但反省提炼过的经验显然是更有结构、更有意义的经验。早期教育的意义就在于把早期儿童的原始经验进行提炼与精致。提炼早期儿童原始经验的结果会走向认知方式不同的两种经验:逻辑经验与审美经验。在这里我们只讲审美经验。

杜威的审美经验是指生活经验的精致化。对早期儿童音乐教育活动来说,其主要任务是把早期儿童的原始的生活经验提炼为精致化的音乐审美经验。杜威把审美经验界定为生活经验的精致化,填平了艺术与生活的鸿沟,使艺术不再成为远离生活的象牙塔。换言之,这种界定肯定了艺术与生活的区别仅在程度,而性质是一致的,这样,用生活经验为审美经验铺垫成为必然。早期儿童的生活经验积累很少,更不要说生活经验之精致化的审美经验,所以,早期儿童对直接呈现的音乐材料不起反应是正常的。杜威强调一切教学的起点都应该是早期儿童的已有经验,对早期儿童音乐教学来说,我们必须找到与音乐审美经验相连的生活经验,即把精致过的审美经验还原到早期儿童能理解的生活经验层面。一旦把音

经验的早期儿童音乐教育

乐审美经验还原到早期儿童能理解的生活经验层面,也就进入了早期儿童的感受阈范围,早期儿童的兴趣与本能就能被激发。携着早期儿童的兴趣与本能,我们才能让早期儿童获得精致化的音乐经验。在这里,回到早期儿童原始经验有两层意思:第一,把音乐经验还原成早期儿童的生活经验;第二,把成人生活经验还原成早期儿童的生活经验。无论是哪层意思上的经验还原,运用的手法都是铺垫。

2.教育心理学的学习理论观

教育心理学的学习理论认为学习者原有的经验是学习的基础,知识或信息的获得过程是学习者的新旧知识反复、双向交互的过程。只有针对学习者已有经验和兴趣的教学,才能激发学习者的学习积极性,学习才有可能是主动、有效、深入的。所以,早期儿童已有的知识是教学活动的起点,基于和利用早期儿童已有的知识是教学成功的重要策略。但是,早期儿童已有的知识是有限的,当早期儿童与教学内容的对话因已有知识不够而无法有效进行时,教师应努力激活早期儿童已有知识,为新旧知识的联通铺平道路;当早期儿童与教学内容的对话因缺乏生活经验的积累而无法有效进行时,教师需要在早期儿童现有水平和不可达到的水平之间搭上支架、创立最近发展区,为早期儿童学习新知识扫清障碍。无论是激活早期儿童的原有知识还是在现有水平与不可达到的水平之间创立最近发展区,运用的策略都是铺垫。

二、在早期儿童音乐教学中运用铺垫手法的目的(为了什么铺垫)

在早期儿童音乐教学中,运用铺垫手法指向两种目的:为音乐审美经验铺垫;为生活经验本身铺垫。这也是我们上面所讨论的关于杜威的回到早期儿童原始经验的两层意思。

(一)为音乐审美经验铺垫

音乐审美经验一般包括八个方面:节律、音色、力度、旋律、结构、风格、速度、织体。不同年龄儿童要获得的音乐审美经验的总的类别都是这八类,不同之处在于每一类中的具体经验随着年龄增加,其数量与深度都有所提高。针对早期儿童这个年龄阶段,一般要求获得的音乐审美具体经验有:(1)在节律方面包括稳定的节拍感、强拍与弱拍感、对节拍与节奏分离的感知与反应、休止符和节奏密与疏的情感表现、一拍一音与二音节奏型的感知与表现；(2)在音色方面包括对嗓音、打击乐器音色、生活中音色、自然界音色、机器音色等的感知与表现；(3)在力度方面包括用身体与嗓音对轻与重的表达；(4)在旋律方面包括对声音的高低、旋律的上行与下行、简单旋律轮廓线的感知与表现；(5)在结构方面包括对重复句、模仿句、喊答句与主副歌结构、三段体结构、回旋体结构、引子的感知与表现；(6)在风格方面包括对摇篮曲、进行曲、舞曲的感知与表现；(7)在速度方面包括对快速与慢速曲子的感知与表现，对匀速与变速曲子的感知与表现；(8)在织体方面包括对有伴奏与无伴奏、织体的厚与薄的感知与表现。在早期儿童音乐教学中，特别需要铺垫的有六种音乐经验：音色、力度、旋律、结构、风格、速度。

(二)为生活经验本身铺垫

有时歌曲与乐曲所描绘的事物是早期儿童不太熟悉的，换言之，歌曲与乐曲的内容离早期儿童的生活经验较远，属于成人生活经验范围，这种情况下也需要铺垫。这种铺垫被称为知识铺垫，知识铺垫不是音乐教学独有的，它是早期儿童所有类型的教育活动都可以采取的策略。

三、早期儿童音乐教学的铺垫方式(怎么铺垫)

铺垫的方式不胜枚举，总的思维方式有两种：一种是围绕目的进行铺垫；另一种是以综合为视角进行铺垫。下面我们具体阐述这两类铺垫方式。

(一)围绕目的进行铺垫

上面提到音乐教学的铺垫目的有二：为音乐审美经验铺垫与为生活经验本身铺垫，在为音乐审美经验铺垫中我们又提到六类音乐审美经验特别需要铺垫。下面我们分别讨论这六类音乐审美经验的铺垫方式，至于为生活经验本身铺垫的方式我们将一带而过。

1.音色

对生活音色、自然界音色、机器音色的倾听与探究，其教学功能之一是为器乐曲音色的欣赏进行铺垫，直接让早期儿童分辨乐器音色很容易陷入一种知识灌输教学，对早期儿童不太有效。对歌唱人声音色的理解，需要从理解头声开始。我们一般会选择角色音色对比强烈的戏剧性故事作为运用头声、理解头声的铺垫。例如,通过表演《三只小猪》中小猪与老狼的对话,来体会主要用头腔发音的小猪音色与主要用胸腔发音的老狼音色的不同,并着重学习小猪的头腔发音。

2. 力度

关于音乐中的轻重,我们一般先通过歌曲而不是器乐曲让早期儿童体验,另外,这类歌曲也不能直接呈现,否则早期儿童只会机械地按照教师的要求来唱轻与重,不能成为内发的表现。有轻重表现的歌曲的歌词本身一般要求具有情境性,是情境需要歌曲的轻重处理。所以,轻重铺垫的重点在于把歌词中所蕴含的情境性或故事性放大,要么把歌词编成故事,要么编成看图说话,让早期儿童进入故事性的情境中,让早期儿童用动作来表现这个故事中不得不表现的轻重。故事比较容易激发早期儿童的情感,当轻重表现成为故事中的核心内容后,再进入用歌唱的方式来表达这个故事。这时早期儿童再进入轻重歌唱不会那么外在,是带着为什么要唱得轻、为什么要唱得重的理由的。

3. 旋律

无论是最初的高低旋律体验还是上下行旋律与旋律轮廓体验,选择的歌曲一定要具有鲜明的旋律特征,同时便于铺垫。旋律铺垫的要义是在歌曲呈现之前,先对歌曲中所描述的具有高低特征的事物进行探索,例如探究影子的高低变化、探究袋鼠的高低跳跃特征等。

4. 结构

无论是歌曲的句子、段落结构还是乐曲的句子、段落结构,对早期儿童来说都是比较抽象的。对结构的铺垫最常用的是带有动作的情境表现,教师往往把乐曲用情节性的或非情节性的动作表达出来,早期儿童通过动作这个中介来理解音乐。

5. 风格与速度

风格与速度强调的是情境渲染,我们称之为情境铺垫。摇篮曲风格的曲子与营造妈妈抱宝宝的情境联系在一起;舞曲则总与早期儿童直接进入跳舞氛围有关。让早期儿童理解快速、慢速、变速,都需要让早期儿童身临其境。例如,让早期儿童体会变速,选用的曲子往往是《火车》之类的,从火车启动时的慢速到逐渐加快到正常匀速,再到减速到越来越慢到停止。对这种变速的理解,不在游戏情境中进行对早期儿童来说是不可思议的。

6.为生活经验本身铺垫

对早期儿童音乐教师来说,判断是否需要为生活经验本身进行知识铺垫应该是在所有类型的铺垫中最容易的,故不在这里赘述。

(二)以综合为视角进行铺垫

以综合为视角进行铺垫是指让音乐与其他形式的艺术活动综合,让音乐与非艺术学科的活动综合。依据是这些内容与音乐活动新内容紧密相连,同时这些内容为早期儿童所熟悉。这样的铺垫在回到早期儿童原始经验的同时也强调情境、气氛的营造。下面我们列举几种在早期儿童音乐教学中比较突出的以综合为视角而进行的铺垫。

1.借用语言教学方式的铺垫

在音乐出场之前,先讲故事或先看图说话。如下面《挠痒痒》这首歌曲,在学歌曲之前教师先编一个故事:毛毛虫在大树爷爷的身子里整整睡了一个冬天,现在春天到了,天气暖和了,它们全都睡醒了。毛毛虫们"哩哩哩哩"地唱着歌,全都爬到大树爷爷的身上,可怜的大树爷爷浑身被挠得痒痒的,忍不住"哈哈哈哈"地大笑。这个音乐活动就从教师与早期儿童戴着树与毛毛虫的头饰表演故事开始。注意故事中"哩哩哩哩"与"哈哈哈哈"的音量的戏剧性对比。故事铺垫结束后,这首歌曲还要进行共鸣体与音量关系的物理知识铺垫,只有进行了这些铺垫后,早期儿童在唱这首歌曲的轻重处理时才是真切的、理解的,这种理解后的表现才触及情感,才是真实的。

谱 6－1

挠 痒 痒

$1=D\ \dfrac{3}{4}$

佚 名词曲

(中等音量)   (轻)

<u>5 6</u> 5 4 | <u>3 5</u> 2 1 | <u>1 3</u> <u>5 3</u> <u>6 3</u> | 5 - - |

毛毛 虫 (呀) 爬出 来 了, 哩哩 哩哩 哩哩 哩,

(中等音量)   (重)

<u>5 6</u> 5 4 | <u>3 5</u> 2 1 | <u>1 3</u> <u>5 4</u> <u>3 1</u> | 1 - - ‖

大树 爷 爷 笑起 来 了, 哈哈 哈哈 哈哈 哈。

2. 借用科学探究方式的铺垫

在音乐出场之前,先进行科学探究活动。例如下面这首歌曲《影子》,可以从影子是如何产生的这一科学活动入手。教师先用实验的方式让早期儿童发现与理解由于光源被障碍物挡住从而产生影子这一原理,然后让早期儿童站在教室后面的白墙前,教师与早期儿童共同探索如何移动光源来让影子变高、变矮等。

谱 6-2

影 子

美国传统山歌
王 秀 萍 译词

$1=\flat B$ $\frac{4}{4}$

5 | i i i i | i - - 5 | 3 3 4 2 | 3 - - 5 |
我 有 时 长 得 高, 我 有 时 变 得 矮, 我

i 5 i 5 | i 5 3 - | 5 5 5 5 | i - - ‖
长 得 高,我 变 得 矮, 你 来 猜 一 猜。

3. 借用体育活动方式的铺垫

在早期儿童歌曲中,有一类回声歌曲。从歌唱的角度看,它具有早期儿童的歌唱负担减轻,在模仿教师的歌唱中歌唱的特点;从结构角度看,其结构特点就是重复;从轻重角度看,在早期儿童理解回声原理后,能遵守回声比原声要轻的规则。为了让早期儿童理解回声歌曲的特点,我们可以借用体育活动玩球的方式来铺垫:回声是因为声音被高大的障碍物挡住从而返回形成的,像在山谷特别容易产生回声,因为你的喊声被四周的高山挡住并弹回。所以,在墙上玩球,就好像声音不停地被墙挡回一样。《小朋友你好吗》是一首问好歌也是一首典型的回声歌曲。乐谱见第三章第一节。

通过在墙上玩球的活动,让早期儿童体会到球的来回运动,且把这种来回运动类比到歌唱状态。在唱回声歌曲时,早期儿童比较容易出现的问题是拖拍,通过观察球到墙上即刻弹回的现象,早期儿童能对为什么不能拖拍的音乐事实有一定的理解。另外,如果要求早期儿童唱出回声歌

曲的轻重的话,就需要对回声的物理原理进行知识铺垫,从而让早期儿童体会原声总比回声重的道理。

4.借用其他艺术形式进行铺垫

舞蹈、戏剧、视觉作品、诗歌都可作为音乐活动的铺垫工具。有韵味的儿歌、童谣是早期儿童节律活动(获得拍感、节奏感的活动)的前提。早期儿童的戏剧表演虽然不是那么正式,但是戏剧化的表演无处不在,只要带有情节与角色的动作表演,早期儿童都会赋予这种表演以戏剧性。对早期儿童来说,舞蹈概念是泛化的,甚至可以说用动作表现来替代舞蹈的说法可能更准确些。几乎包括歌曲与乐曲的所有音乐都是借助动作来让早期儿童理解的,也是借助动作让早期儿童喜欢音乐的。比较之下,还是从视觉作品入手进入音乐活动的相对少一些。鉴于此,下面就举以视觉作品作为铺垫进入音乐活动的一个例子。

一般用视觉作品为音乐活动铺垫时,突显的是视觉艺术与听觉艺术的共性部分。以安德烈·德兰的画《树》为例,这幅画主要用点与线的笔法完成:画中再现布满落叶与泥土的地面以及还在树上的树叶时使用点的笔法;再现树干、树枝、山脉时使用线的笔法。可以让早期儿童想象手上拿着画笔,把一块空间想象成画布,然后在上面用点与线作画;也可以让早期儿童真实地用点与线的笔法画头发、衣服、脸、鞋等。最后再欣赏以和弦进行为特征、并带有顿音演奏手法的曲子,像《吟游诗人》中的"吉诺诺它第一号"等片段。

综上所述,早期儿童音乐教学中铺垫的作用举足轻重,在强调铺垫重要性的同时,我们也要避免可能出现的一种偏差:在铺垫中迷失。铺垫是对音乐经验与早期儿童不熟悉经验的还原,它是进入精致化经验的手段,目的还是精致化经验。然而,我们有时会沉湎于铺垫状态,或低经验重复状态,不能走向对早期儿童经验的提炼之路,即不能由生活经验进入审美经验之路。

第三节 早期儿童歌曲教学的一般过程与目标

早期儿童喜欢音乐的内容主题胜于音乐,所以再现性音乐成为早儿童的音乐最爱。而再现性音乐中最重要的当然是歌曲，由于歌曲带有歌词，而歌词总是在描绘着什么事、什么人、什么景等，所以凡歌曲都是再现性音乐。所有音乐形式经验的出场几乎没有例外地从歌曲开始，因此歌曲教学在早期儿童音乐教育活动中占据重要比例。歌曲教学除比较容易唤醒早期儿童的感受系统或比较投合早期儿童音乐趣味外，它还承担让早期儿童获得音乐形式经验的重要职责，那么如何通过歌曲教学使早期儿童获得音乐经验而非止步于熟悉歌词呢？本节我们将探讨这个问题，探讨的过程是：先重述早期儿童歌曲学习的一般过程（它也是早期儿童歌曲学习的特征），然后探讨如何根据音乐经验目标选择歌曲与歌曲学习的方式。

一、重述早期儿童歌曲学习的一般过程

早期儿童掌握一首歌曲有一个渐进的过程：先要学会歌词，接着是节奏，然后才是旋律轮廓和音程。这个过程具体可以描述为以下四个阶段：

（1）掌握歌词阶段，能理解与歌词结构关系密切的乐句、乐段结构。节拍感、基本的速度感已经建立。

（2）掌握节奏阶段，能用打击乐奏出歌曲的节奏，歌唱时基本做到节奏、句读准确，但音高只是近似，音程尚不准确，也无调性的稳定感。

（3）大致掌握音高轮廓阶段，每一乐句的音高轮廓已能唱出，但乐句间、乐段重复之间仍缺乏调性的稳定感，每次转换都可能改变音程。

（4）初具调性感阶段，前面三个阶段的成绩得到巩固。虽然音程仍不甚准确，但已初具调性的稳定感；能从节奏中抽出节拍，已能理解并在一定程度上运用速度的变化表达不同的情感，如悲伤的表情用较慢的速度。

早期儿童歌曲学习的这一特征引发我们思考这样一些问题。第一，对早期儿童来说，在歌曲歌唱的最初阶段，歌词与曲调是不分的，早期儿童把歌词当作歌曲的全部，所以让早期儿童熟悉歌词成为歌曲教学的第一坎，但第一坎只是强调它是早期儿童歌曲学习无法跨越的一步，同时我们必须明确让早期儿童熟悉歌词只是歌曲学习的起步，还没有进入获得音乐经验核心内容的阶段。目前我国早期儿童的一些歌曲教学活动把熟悉歌词当作歌曲教学的核心内容与最终目标，使歌曲学习止步于早期儿

童进入音乐思维之前,使歌曲学习不能成为早期儿童获得音乐经验的主要的支撑力量。第二,当早期儿童还不能掌握歌曲的节奏之前,早期儿童的心理能量被歌词与节奏占领,早期儿童根本不可能把注意力集中到音高或调性上。当歌曲的节奏是弱起等对早期儿童来说有困难时,解决节奏难题成为歌曲教学的核心任务。一般来说,节奏难题是通过语言节奏与身体动作的铺垫来解决的。第三,只有解决了歌词、节奏问题后,早期儿童才能转为对音准或调性稳定性的关注,才能从嗓音上转为对情感表现的关注。所以,早期儿童歌曲学习的过程充满了需要解决的难题:歌词、节奏、情感表现、音准等,我们不能选择对早期儿童来说所有的难题都是新的、都是很难逾越的这样一首歌曲,所以选择合适的歌曲决定着歌曲教学的成败。选择歌曲的一般原则是:针对具体的班级,一首歌曲只包含一个难题,剩下的对早期儿童来说都是比较容易的。换言之,在早期儿童音乐歌曲教学中教师需要清晰的音乐经验目标指向,根据不同的目标指向选择不同性质的歌曲。如果一首歌曲歌词很难,即它的难题在歌词,而这首歌曲在其他音乐形式样式方面没有任何特点(包括没有民族风味),这样的歌曲也尽量不要选。

二、根据音乐经验目标选择歌曲与学习方式

下面我们就介绍如何根据音乐经验目标选择歌曲与学习方式。

(一)指向节奏经验目标的歌曲与学习方式

节奏经验又分为合拍、随二拍三拍进行身体摇摆、合弱起拍、节奏与节拍分离、辨别休止符、辨别先密后疏节奏型、辨别舒展紧凑节奏型等经验。(这部分具体内容可阅读第八章)

1.指向拍感的歌曲与学习方式

这类歌曲有《部位歌》《合拢放开》《头与肩膀》《小小熊》《十个小矮人》《赛船》《闪光的蜡烛》《我们一起拍手》等。一般来说,这类歌曲的歌词本身要么直接指向身体动作要么充满了身体动作提示,只要把歌曲的身体动作做到位,歌曲也就会唱了。不过,在这类歌曲中有时也会出现有一定记忆难度的歌词,这时教师需要用图片等直观教具提示歌词。如《赛船》这首歌曲,歌词稍有些拗口,教师在新教这首歌曲时最好为每一句歌词画

经验的早期儿童音乐教育

一张图用于提示,促进早期儿童记忆歌词。

学习这类歌曲是从早期儿童跟着教师做动作开始的。教师不停地歌唱并做合拍动作,早期儿童可以跟着唱也可以不跟着唱,但需要模仿教师严格地合拍。第一次歌唱活动结束,早期儿童只会跟着教师含糊地唱、不会连贯地歌唱是正常的,在第一次歌唱活动中教师甚至不用要求早期儿童主动歌唱。但是,像这样的歌曲,由于歌词与动作密切相连且简单,尽管教师不要求早期儿童在第一次活动中会唱,早期儿童往往也基本上会唱。

2.指向节奏型的歌曲与学习方式

在节奏型方面我们着重让早期儿童理解先密后疏节奏型、舒展节奏型、紧凑节奏型三种方式。第一种节奏型特别重要:一方面是因为它特别能表达人类爱的情感,从音乐表现性角度来看比较有意义;另一方面因为它是理解后两种节奏型的中介,所以我们着重在这里讨论。另外两种节奏型主要通过器乐曲来让早期儿童理解,所以这里不做讨论。

指向先密后疏节奏型的歌曲有《老狗》《你我他》等。这类歌曲的歌词通常比较深情,在选择这类歌曲时,歌词最好也不要有难度,也不要有太多的段落。这类歌曲需要早期儿童努力的是通过动作体验到音乐节奏的流动与延续。要想通过肌肉感体验到音乐节奏的流动与延续,那么传递这种肌肉感的动作势必是单一的。我们推荐的动作是:抱拳与伸展手臂。当歌曲的节奏流动不居时抱拳,当歌曲的节奏拖长或延续时把手臂逐渐打开。

学习这类歌曲就是从早期儿童跟着教师做抱拳与伸展手臂的动作开始的。教师不停地歌唱并做动作,早期儿童跟着教师歌唱,更主要的是跟着老师做抱拳与伸展手臂的动作。然后,教师用语言解释为什么要做这样的动作,怎么样才能做好,等等。

指向节奏经验目标的歌曲的最主要特征是歌词简单,简单到不需要教师的解释与铺垫,早期儿童就能理解。但是,即便这样,第一次歌唱活动也不需要早期儿童完整歌唱,再简单的歌曲的完整歌唱也可以留到第二次歌唱活动中进行。

(二)指向旋律经验目标的歌曲与学习方式

在旋律经验方面我们需要早期儿童能分辨大跨度的音高、能歌唱小跨度的音程、能分辨旋律型。(这部分具体内容可阅读第九章)

1.指向分辨大跨度音高目标的歌曲与学习方式

这类歌曲有《影子》《袋鼠》等,这类歌曲的特点是歌词主题一定是描绘一事或一物,这一事或一物在空间的高低状态上有强烈的对比效果。我们选择这类歌曲旨在通过歌词所描绘的事物的高低对比来引出歌曲旋律上的高低对比,使视觉上的空间高低与听觉上音的高低建立类比。

学习这类歌曲从早期儿童探究歌词所描绘的事物的空间状态开始,如《影子》就是让早期儿童探究影子,真正地与科学活动一样地来探究影子,捕捉影子的高低动态并用身体动作去表达。身体动作探究的内容就是歌词的内容,所以当探究基本完毕,教师唱起这首歌时,早期儿童已经对这首歌的内容主题很熟悉了,于是,理解与掌握歌词也就没有了问题。这类歌曲学习的最终任务是早期儿童能根据动作对歌曲中的最高音与最低音进行分辨。

2.指向歌唱小跨度音程目标的歌曲与学习方式

这类歌曲是指二音、三音、四音歌,像《跷跷板》《白头翁》《一只鸭一只鸡》等。早期儿童在歌曲学习上的一个重要特点是:听觉上是从分辨大跨度音程开始,嗓音控制上是从能唱准二度、三度音程开始。所以,我们的策略也是大跨度音程感知与小跨度音程歌唱同时进行。二度、三度、四度歌曲就是小音程歌曲,音乐目标是早期儿童在模仿的基础上唱准音调。

教学目标是为了让早期儿童唱准音调,但使用的教学方法不能直接指向歌唱的音准,而是让早期儿童做游戏或让早期儿童理解歌词等,这就是教育的张力要求。像学习《跷跷板》这首歌,就是从两个小朋友一组假想玩跷跷板开始,边玩跷跷板游戏边学歌曲。像《白头翁》这首歌的学习,就得从白头翁也是鸟类的常识学习开始,在理解了白头翁的鸟类特征后再学唱这首歌。在学习这类歌曲时教师可以使用柯达伊手势,因为一首歌曲只有两三个音,教师手势能给早期儿童明确的空间位置,在视觉的帮助下早期儿童很容易唱准简单的几个音。

3.指向旋律轮廓分辨目标的歌曲与学习方式

对指向旋律轮廓分辨目标的歌曲的选择一般会有两种情况：第一是情境味道很浓的歌曲，这样的歌曲适合做游戏、适合模拟情境进行表演；第二是故事性的歌曲，适合早期儿童对故事情节展开表演。像《问好歌》《邮差》等。这类歌曲的音乐目标是让早期儿童感知歌曲旋律的轮廓，但这个目标不可能直接实现。如果教师想单刀直入地去实现这个目标，那么教学一定会走向音乐技能的强行灌输。

所以学习这类歌曲的方法也是围绕着情境表演、故事表演、游戏展开的。像《问好歌》就是作为教师与早期儿童彼此问好的一首歌曲出场的，教师应关注的是早期儿童是否能把自己的名字流畅地填入歌曲中。像《邮差》这首歌则是让早期儿童进入歌词所表达的故事情节中进行表演，至于早期儿童是否会对旋律轮廓感兴趣是教学发展过程中教师再做决策的事。很可能在第一、二首有关旋律轮廓的歌曲教学中，教师根本不用提旋律轮廓，如果早期儿童的音乐经验还不能分辨旋律轮廓，也可以放弃这一目标，把歌曲学习停留于故事表演阶段。

如果早期儿童有感知旋律轮廓的可能，那么接下去教师可以使用简易手势的方法（用手心朝下的平面手掌表示空间音位），这种方法能明确地给出音的空间位置与旋律轮廓的视觉提示。

(三)指向力度与速度经验目标的歌曲与学习方式

力度与速度是歌曲情感表现的重要手段，力度与速度的变化会导致歌曲所表现情绪情感的变化。最终能让早期儿童投入对力度与速度进行表现的歌曲，一定是有故事情节的歌曲吸引早期儿童，歌词内容不具情节性就不能吸引早期儿童，也就不能唤起早期儿童对此歌曲进行表现的兴趣。早期儿童没有兴趣，教师强行命令让早期儿童表达力度与速度的情况也是有的，只是这种表达是外在的、空洞的，不能算是表现（表现是一种情绪情感的真诚流露）。（这部分具体内容可阅读第十一章与第十三章）

表达力度的歌曲一般都需要强烈的故事效果，而且故事中有力度对比的需要，如《大灰熊》《挠痒痒》等，所以这类歌曲的学习一定是从故事表演开始的，在故事表演中把角色所需要的强弱用身体动作或嗓音表达出来，然后再把这种强弱感迁移到歌唱活动中。为了这类歌曲的有效学习，教师需要为早期儿童准备很多道具(包括图片),这样才能引发早期儿童角色表演的欲望。

表达速度变化的歌曲一般都需要强烈的情境效果,如开火车、卡通的动作变化等,这些东西在生活中就是有速度变化的,所以能唤醒早期儿童生活中对这些事物表象的记忆,再把这些表象运用到歌唱活动中。这类歌曲的学习是与情境表演或动作表演紧密不可分的,在开火车的情境中、在模拟卡通形象的情境中边做动作边歌唱。

(四)指向结构经验目标的歌曲与学习方式

与歌曲教学有关的结构经验包括句子结构与主副歌段落结构。(具体内容可阅读第十四章)

1.指向句子结构经验目标的歌曲与学习方式

关于句子结构我们着重让早期儿童理解句子的重复与变化这两种组织方式,其中变化又主要限定于喊答句这种在歌唱形式上就有明显对比效果的歌曲。重复句的歌曲主要通过模仿来完成,所以相对比较简单。喊答句的歌曲往往是以领唱、齐唱方式进行的劳动歌曲或对唱歌曲,所以需要布置劳动情境或对唱情境来让早期儿童学习这类歌曲。喊答句的劳动歌曲与对歌还特别适合进行歌词创编。当早期儿童会唱原歌曲的歌词后,可以考虑让早期儿童进行歌词创编,不过,创编歌词的音乐目标在于早期儿童在即兴唱歌词时还能保持旋律的调性稳定。

2.指向歌曲段落结构经验目标的歌曲与学习方式

指向让早期儿童理解歌曲的音乐段落的主副歌歌曲,我们的选择标准是主副歌的音乐性质要有一定的对比性,而且比较适合用对比性的身体动作去表达。当早期儿童用不同的身体动作去表达音乐时,身体肌肉会提醒早期儿童这是不同的两段音乐。这类歌曲的歌词往往直接指向身体动作,所以歌词也是比较容易理解的。这类歌曲的学习方式主要是引导早期儿童把歌词内容合拍地用身体动作表达出来,并在做身体动作的过程中学习歌词。如果这类歌曲的副歌在后面,可以考虑先学副歌,因为副歌的旋律、歌词比较简单、容易上口,动作表演也相对容易,采用先易后难的学习顺序可能会有比较好的效果。

综上所述,我们选择的歌曲需要具有音乐形式样式的特点,感知与解释这些特点的过程就是获得音乐经验的过程。针对音乐形式经验目标我们可选择相应的歌曲,一般来说,歌曲的歌词是直白与简单的。如果歌词具有一定复杂度,那么这种歌曲最好是故事性的、情境性的,适合分角色、设置情境表演的。学习歌曲的方式有身体动作式(歌词包含动作动词的歌曲)、故事表演式(讲故事、看图说话、角色扮演等)、情境表演式(劳动情境、催眠情境、探究情境等)、歌词朗诵式(往往采用具有节奏难度的歌曲)等,这些学习方式既指向让早期儿童轻松掌握歌词,又指向让早期儿童获得音乐经验。

第四节　早期儿童器乐曲教学的准备与一般步骤

对音乐教师来说,器乐曲教学的一大半工夫在课外。当教师向早期儿童呈现一首器乐曲时,教师应该已经非常熟悉这首器乐曲,并找到了再现这首器乐曲内容的好办法。所以,在器乐曲教学进行前,教师首先需要对乐曲特性进行分析,并挖掘出乐曲的再现内容;然后才能进入课堂,实施具体的教学过程。

一、器乐曲教学的准备

对器乐曲教学的准备,即是对乐曲进行曲式分析与动作意象,这部分内容与第七章第一节中有关音乐作品动作意象的内容是重叠的,具体请阅读。在这里我们还是强调一下对器乐曲进行动作意象的三种方式(集体舞有专节阐述,故不列入其中):(1)依据作品原意进行情节性的动作意象;(2)离开作品原意,进入早期儿童能理解的生活情节的动作意象;(3)带有舞蹈意味的无情节的动作意象。早期儿童这三种再现内容的挖掘方式或动作意象方式都有一定的地位,不过第二种方式使用率最高。对新教师来说,可以先接触一些再现内容已经被挖掘出来的作品,因为能把别人已经挖掘出来的音乐作品以自己的方式进行成功的实施,也需要很好的音乐素养与教育素养。

二、器乐曲教学的一般步骤

从严格意义上说,无论是音乐教学中的器乐曲教学还是歌曲教学都是没有固定教学步骤的,步骤与方法来自每个音乐作品的特性,不同的作品特性需要不同的步骤与方法。但是,对于新教师来说,似乎需要一种相对比较固定的程序去辅助进入不熟悉的教学领域。鉴于此,贯穿于推进教学过程的魂灵是教师抛给早期儿童的"任务",正是逐渐推进的"任务"意识引领着早期儿童进行音乐学习。所以,我们所提供的器乐曲教学的一般步骤围绕教师抛出的"任务"展开。

(一)器乐曲教学的一般步骤

(1)用语言简要描述音乐作品的内容主题,提出第一次倾听音乐、观看动作所需要完成的任务。

(2)分段倾听与观看,每次倾听与观看前教师提出需要早期儿童关注与完成的任务。如果有重复段,教师应努力通过提问、布置任务等方式让早期儿童自己去发现;如果早期儿童已经有器乐曲学习方面的一定经验,重复段的动作可以由早期儿童自己来完成;如果早期儿童已经具有比较多的器乐曲学习方面的经验,所有的动作可以由早期儿童自己来完成。

(3)早期儿童完整地、合音乐地进行动作表演。

(二)实例

以《水族馆》为例,其曲式结构图(小写字母表示乐句)与动作说明[①]详见图6-1。

图6-1 《水族馆》结构图

A段a的动作:左手手腕逆时针方向做圆周动作,左手手臂伸向正前方,由平举到头顶,最后向左外侧慢慢放下。

A段b的动作:右手重复左手的动作。

A段c的动作:双手同时做手腕圆周转动动作,双手从正前方到头顶,再从身体两侧转动着到大腿两侧。

---

① [美]佩吉·莱曼,约翰·费尔阿本德.舞起来[M].南京:南京师范大学出版社,2009.

A段d的动作:双手同时做手腕圆周转动动作,双手从正前方到头顶,然后不转动直接慢慢地放下。

B段e的动作:左手举过头顶,由高到低做手腕左右波动动作。

B段f的动作:右手举过头顶,由高到低做手腕左右波动动作。

B段g、h的动作:重复B段e、f的动作。

C段i的动作:双手臂由左到右画圈三圈。

C段j的动作:双手臂由右到左画圈三圈。

D段k的动作:左右手轮流向外做弹指动作,两个慢的、四个快的。

D段l的动作:与D段k的动作相同。

B'段的e动作:同B段e的动作。

B'段的f动作:同B段f的动作。

B'段的m动作:左右手同时举过头顶,由高到低做手腕左右波动动作。

B'段的n动作:双手滚动,由低到高,到头顶后慢慢从两侧垂下。

(1)用语言简要描述音乐作品的内容主题,提出第一次倾听音乐、观看动作所需要完成的任务(如果需要可以倾听几次)。(在音乐活动前需要对班上早期儿童有关水族馆的经验进行事先了解与铺垫)

①教师问早期儿童在水族馆会看见一些什么?

②请小朋友随着音乐去水族馆,请小朋友注意他们在水族馆都看见了什么?(教师边放音乐边做动作)

③早期儿童会根据教师的动作来回答看见了什么。关于动作所表现的事物是没有唯一答案的,只要早期儿童回答得符合音乐特征都是对的。例如,关于A段的内容,早期儿童的回答可以有"鱼的尾巴在打转""水草""水母""章鱼"等多种;关于B段的内容,早期儿童的回答可以有"水草""海带""珊瑚"等;关于C段的内容,早期儿童的回答可以有"波浪""鱼群"等;关于D段的内容,在教师的提醒下早期儿童可以确认是"水泡泡",且有大的、有小的。

如果早期儿童回答不出来,或者不是很清楚时,可以再听一遍音乐,再看一次教师的动作表演。

④肯定早期儿童回答的每一个答案符合音乐形象。

（2）分段倾听与观看，每次倾听与观看前教师提出需要早期儿童关注与完成的任务。如果有重复段，教师努力通过提问、布置任务等方式让早期儿童自己去发现；如果早期儿童已经有器乐曲学习方面的一定经验，重复段的动作可以由早期儿童自己来完成；如果早期儿童已经具有比较多的器乐曲学习方面的经验，所有的动作可以都由早期儿童自己来完成。

①倾听与观看第一段，抛给早期儿童的观察任务是：教师的手腕打转是一个手打转还是两个手同时打转？当早期儿童明确了手腕打转的方式后，学习手腕打转，并跟着音乐做一遍动作。

②倾听与观看第二段，抛给早期儿童的观察任务是：教师的手腕是怎么摆动的，一个手摆动还是两个手一起摆动？当早期儿童明确了手腕摆动的方式后，学习手腕摆动并跟着音乐做一遍动作。

③倾听与观看第三段，抛给早期儿童的观察任务是：教师的手臂是怎么画圈的，一条手臂画还是两条手臂画？当早期儿童明确动作后，跟着音乐做动作。

④倾听与观看第四段，抛给早期儿童的观察任务是：大泡泡有几个，小泡泡有几个？

⑤倾听与观看第五段，抛给早期儿童的观察任务是：哪些动作是重复的，哪些动作是新的？

⑥再一次完整倾听与观看，抛给早期儿童的倾听与观察任务是：哪几段音乐是有重复的？哪几段音乐是没有重复的？如果听一遍不是很肯定，可以连续听直到肯定为止。

（3）早期儿童完整地、合音乐地进行动作表演。

①在教师的带领下，早期儿童完整地边听音乐边动作表演。

②教师只语言提示，请早期儿童自己边听音乐边进行动作表演。

第五节　早期儿童集体舞类型与一般教学步骤

集体舞诠释着音乐也愉悦着早期儿童的身心，它是将音乐性与娱乐性、社会性等音乐功能进行完美结合的典范。

经验的早期儿童音乐教育

一、早期儿童集体舞类型

早期儿童的集体舞大概分为以下四类[①]。

(一)邀请舞

邀请舞是一种找舞伴并与舞伴对舞的集体舞。它可以是没有队形的也可以是围成圈进行的;与舞伴之间的关系可以是始终固定的也可以是不断变换的。下面两个邀请舞的例子,在队形上都是自由的;在与舞伴的关系上,第一个是固定舞伴的,第二个是变换舞伴的。

谱 6-3

甜 橘 子

$1=G$ $\frac{2}{4}$

A段

（乐谱）

B段

（乐谱）

动作说明:

A 段前半段:(1)左右手轮流拍腿,× × × × —。

(2)拍手,× × × —。

(3)同(1)。

(4)与舞伴对拍手,节奏型同(2)。

[①] 胡辉.集体舞创编.南京师范大学讲座,2007 年 4 月.

从头重复一次。

A 段后半段：与舞伴挽臂做转圈动作，反方向一次。

B 段动作与 A 段相同。

谱 6-4

儿童波尔卡

$1=^{\flat}A$ $\frac{2}{4}$

A段

(7 76 | 54 32 | 1 1 | 1) 5̣ | 1 12 | 3 34 |

5 5 | 54 3 | 4 45 | 4 2 | 3 3 | 3 5̣ | 1 12 |

3 34 | 5 5 | 54 3 | 4 45 | 4 2 | 3 3 | 3 5 |

B段

1̇. 5 | 3. 1 | 1 0 7 0 | 7 5̣ | 7. 5 | 4. 2 |

2 0 1 0 | 1 5 | 1̇ 0 1̇ 0 | 1̇ 0 | 7 0 7 0 |

7 0 | 7. 6 | 54 32 | 1 0 1 0 | 1 5̣ ‖

动作说明：

A 段：由 a、a′两小段组成。

a 段：舞步与动作自选表演。

a′段：舞步与动作自选表演，但转一个方向。

B 段：由 b、c 两小段组成。

b 段：拍腿两拍，拍手两拍，对拍手四拍，然后重复。

c 段：先用一只手做再见动作，再用另一只手做再见动作，最后在原位自转圈，弯腰告别。

（二）单圈舞

单圈舞是全体围成一个圈，以圈为基本队形而进行的集体舞。全体舞蹈者可以朝顺时针方向也可以朝逆时针方向边行进边舞蹈;全体舞蹈者可以朝圈心也可以朝圈外边行进边舞蹈。单圈舞中的舞蹈者可以形成双舞伴关系,即左右两个舞者都可能成为自己的舞伴。

谱 6—5

彩 带

$1=B\ \frac{2}{4}$

中速

A段

6 1 3 | 6 1 3 | 2 6 | 6 — | 6 — | 5 4 3 6 |

3 — | 3 — | 3 4 5 | 3 4 5 | 6 5 4 3 | 2 6 |

1 — | 2 1 2 | 3 — | 3 — | 3 4 5 | 3 4 5 |

6 5 4 3 | 2 6 | 1 — | 2 1 7 | 6 — | 6 — ‖

B段

5. 4 3 | 2 6 | 1 1 7 6 | 5 — | 6 6 6 | 1 6 1 3 |

2 — | 2 — | 5. 4 3 | 2 6 | 1 1 7 6 |

5 — | 6 1 3 | 7 1 1 | 6 — | 6 — ‖

动作说明:

全体围成圈,手拉手。

A段:

第1—4小节、第9—12小节、第17—20小节,右脚起步逆时针方向走四步,特别关照第四步身体转向圈心,脚步调节,准备左脚的起步。

第5—8小节、第13—16小节、第21—24小节,左脚起步顺时针方向走四步,特别关照第四步身体转向圈心,脚步调节,准备右脚的起步。

B段：

第1—4小节、第9—12小节，右脚起步朝圆心走四步。

第5—8小节、第13—16小节，右脚起步退回原位。

（三）双圈舞

双圈舞是全体成员围成两个圈，以双圈为基本队形而进行的集体舞。如果里圈与外圈形成舞伴关系，具有呼应的动作，那么里圈与外圈要求人数相等；如果里圈与外圈不形成舞伴关系，那么里外圈人数可以自由安排。

谱6-6

德国波尔卡

1=F 2/4

美国南部山歌

A段

5 5 3 | 6 6 5 | 5 5 4 3 | 4 - | 7 7 6 | 7 7 6 |

5 1 7 6 | 5 3 4 5 | 5 5 3 | 6 6 5 | 5 5 4 3 |

4 - | 7 7 6 | 7 7 6 | 5 5 6 7 | 1 - ‖

B段

3 5 | 1 6 5 | 4 5 | 7 - | 4 5 | 7 6 5 |

3 5 | 1 7 6 5 | 3 5 | 1 6 5 | 4 5 |

7 - | 4 5 | 7 6 7 | 1 1 | 1 - ‖

C段

3 3 3 5 | 1 1 | 4 4 4 5 | 7 7 | 4 4 4 5 |

7 6 5 | 3 3 3 5 | 1 7 6 5 | 3 3 3 5 | 1 1 |

4 4 4 5 | 7 7 | 4 4 4 5 | 7 6 | 5 5 6 7 | 1 - ‖

动作说明:

A 段前半段:全体早期儿童拉手朝顺时针方向走。

A 段后半段:全体早期儿童拉手朝逆时针方向走。

B 段前半段:里圈左手搭前面舞伴的左肩,右手拉右边舞伴的手;外圈左手拉左边舞伴的手,右手侧平举。双圈共同朝顺时针方向走。

B 段后半段:反向同 B 段前半段。

C 段:里圈拍腿两下,拍手一下,拍左右侧一下。

在里圈舞伴的右边,外圈先左侧身八拍进里圈,再右侧身八拍出里圈。

(四)直列舞

直列舞是指以两个直列队为基本队形的集体舞。人数较多时,可能有几组直列队形同时进行舞蹈;两列队形中的舞者可以面对面也可以侧面而舞。

谱 6-7

杨基·都德尔

$1=\flat A \quad \frac{2}{4}$

A段

| 1 1 2 3 | 1 3 2 5 | 1 1 2 3 | 1   7 |

| 1 1 2 3 | 4 3 2 1 | 7 5 6 7 | 1 - |

B段

| 6· 7 6 5 | 6 7 1 | 5 6 5 | 3 4 5 |

| 6· 7 6 5 | 6 7 1 | 5 1 7 2 | 1   1 ‖

动作说明:

两列早期儿童与舞伴面对面站立,各自向前平伸手臂,以便保留双手臂的空间。

A 段:

第一句:面对面向前四步,退回四步。

第二句:两列都向前,右肩对右肩,右转身,舞伴互换位置。

B段:

第一句:同A段第一句。

第二句:两列都向前,右肩对右肩,右转身,回到自己原来的位置。

二、早期儿童集体舞教学的一般步骤

(一)集体舞教学的一般步骤与准备

如果一定要找出集体舞教学的某种程序的话,那么它可以分为三个阶段:第一阶段是基本舞步与手的动作的学习阶段;第二阶段是早期儿童边做动作边合音乐的尝试阶段;第三阶段是完整舞蹈阶段。

早期儿童集体舞教学与歌曲、器乐曲等教学最不同的地方是集体舞教学离不开方向:队形的方向、舞步的方向。因为集体舞不是自由做身体动作,有的集体舞必须全体早期儿童方向一致、动作一致才能进行下去,所以让早期儿童弄清楚方向是集体舞教学中的重要关注点。早期儿童的左右概念正在形成,但没有完全建立,这时强行让早期儿童记左右是无效的。一般我们会让早期儿童在手腕上戴花环或在鞋子上贴五角星作为对早期儿童的方向提示,这种办法还是比较有效的。

(二)实例

下面我们以单圈舞《彩带》为例,来说明早期儿童集体舞教学的一般步骤。

1.基本舞步与手的动作的学习阶段

这个集体舞的基本舞步是移步:朝右、朝左、朝上、朝下不断移步,在移步过程中保持身体的舒适状态与合音乐状态。教师事先让每个早期儿童在右手手腕上带上花环,然后请早期儿童排成纵队集体学习基本舞步。

(1)先请早期儿童朝手腕戴花环的方向走八步,注意身体是侧身的,身体是朝前走而不是横着走。请早期儿童练习,观察所有早期儿童的身体是自然的、放松的,没有横向别扭走路的。

(2)请早期儿童再朝手腕不带花环的方向走八步,注意转变方向前的身体调整,着重练习前面最后一拍身体动作的调整与后面动作的衔接。观察是否所有的早期儿童会做这种调整动作,从而使自己的身体放松、自然。

(3)两个方向合起来练习。

(4)改成走四步,继续观察早期儿童在方向转换时的动作调整。

(5)学习手臂上举的向上走动作,始终是手腕戴花环这个方向的脚起步。

(6)学习手臂放下的向后走动作,继续需强调的是手腕戴花环这个方向的脚起步。

2.早期儿童边做动作边合音乐的尝试阶段

(1)请早期儿童围成一个大圈,在圈中听老师的口令做动作。

(2)合音乐。教师在变换动作前发出动作变换的提示。

(3)观察早期儿童合音乐、保持队形、调整身体、使身体舒适等方面的情况,发现问题即时有针对性地示范与练习。

3.完整舞蹈阶段

完整合音乐,这时即使早期儿童有一些问题,教师也只是语言提示,让早期儿童沉浸于音乐之中,不要打断早期儿童的舞蹈乐趣。

第七章　早期儿童音乐教育的美学与教育性原理

本章考察两个问题：早期儿童音乐教育的美学原理与教育性原理。美学原理的考察是由于音乐作为艺术家族中的一员与其他家族成员具有的共性；教育性原理的考察旨在强调音乐教育本身不能独立存在，它不过是实现早期儿童个性全面发展的教育目标的一个手段而已，但是，手段的僵化与不丰满必然导致最终目标的丧失，手段与目的之间具有共存亡的张力关系。

第一节　早期儿童音乐教育的美学原理

针对早期儿童对音乐作品进行动作意象，其实质是把音乐作品中的音乐再现内容用动作类比出来，把音乐形式的抽象性转换成动作的具象性，从而使早期儿童通过动作"中介"最终理解音乐。对音乐作品中再现性的挖掘是早期儿童音乐教育不同于大龄儿童音乐教育、专业音乐教育的根本之处。因为我们的孩子爱这"一口"，所以我们乐此不疲地为他们做"这一道菜"。因为"意象"是所有艺术的共同特性，所以理解"意象"内涵是为音乐作品进行动作意象的第一步。

一、意象的内涵

音乐、绘画、戏剧、舞蹈、诗歌等之所以都被冠在艺术名下，是因为它们都有着艺术的共性——意象性。意象是由想象力形成的一种形象显现,经由感知、表象到意情统一。[①] 以我国改革开放初期在某国际儿童绘画比赛中获奖的作品《我上月亮荡秋千》为例。画面是这样的:在星星闪烁的天空中,一轮弯弯的上弦月上吊着一副秋千,秋千上荡着一位天真的小女孩。月亮上面还站着另一位小女孩,正等待着轮到她。这幅儿童画意象化的过程比较清晰:小作者先有荡秋千的感知经验,然后在脑中留有秋千的表象;在作画时先有立意,即有了在月亮上荡秋千的画题,再把立意表达出来就有了作品形象。而在一弯月亮上荡秋千,这一由想象力完成的形象就是意象,艺术作品让人无法抗拒,甚至失魂落魄地着迷的重要原因就在于它有这种出人意料(充满想象力)的意象。

诗歌在所有艺术中意象性是最突出的。以徐志摩《再别康桥》的第二段为例:

> 那河畔的金柳,
> 是夕阳中的新娘;
> 波光里的艳影,
> 在我的心头荡漾。

柳树是感知的原有形象,夕阳中的新娘是柳树的意象化;波光里的艳影是感知的原有形象,心头荡漾是河中波光的意象化。徐志摩是意象的高手,他的意象总是那么新颖别致又贴切到位。一般来说,如果把原有形象与意象都在诗中交代,这样的诗是比较容易读的。徐志摩的诗喜欢把两种形象都交代,加上其语言的优美,所以是人见人爱。有的诗只交代两种形象中的一种,要么只交代原有形象要么只交代意象,剩下的一种由读者自己去想象,这样的诗往往是比较晦涩。下面是明确交代原有形象,而意象渗透于字里行间靠读者自己去想象的一首诗:

> 尽岸之贝
> 澎湃袭来,赤裸了我的光洁,魂儿被卷;
> 浪花与前面的相拥,亲吻交欢。

---

① 林同华.美学心理学[M].杭州:浙江人民出版社,1987:211.

尽岸孤守,迷失了原有信念,思绪不再;
金色沙滩闪烁着温馨与平凡。
沐浴与滋润同在,壳与心儿徒然绽开;
拍岸的相亲相爱是舞台。

艺术教育是培养儿童感性思维的教育,它有着不同于培养逻辑思维教育的特性,这一特性就是思维的意象性。音乐的意象性相对诗歌要难一些,所以我们不妨通过儿歌等其他艺术类型来让早期儿童主动地启用意象思维,再逐渐把这种思维方式迁移到音乐中去。通过下面这类儿歌的编写活动,早期儿童比较容易找到意象思维的感觉:

妈妈用梳子,梳着我的头发;
我也用梳子,梳着妈妈的头发。
风是树的梳子,梳着树的头发;
船是海的梳子,梳着海的头发。

这首儿歌的原有形象是用梳子梳头发,意象是风梳树的头发,船梳海的头发。当早期儿童熟悉这首儿歌以后,请早期儿童把这首儿歌编得越长越好。在这里,儿歌编得是否合理的标准是原有形象与意象之间是否存在类比性,教师要鼓励抓住了意象特征的早期儿童的答案,忽视没有抓住意象特征的早期儿童的回答。是否抓住了意象特征是有明确标准的,但是意象性的答案是不确定的、不胜枚举的。下面是早期儿童为上面这首儿歌续编的新意象[①]:

飞机是天空的梳子,梳着天空的头发;
小鸟是天空的梳子,梳着天空的头发;
鞋子是大地的梳子,梳着大地的头发;
鲸鱼是大海的梳子,梳着大海的头发;
水管是草地的梳子,梳着草地的头发;
脚印是沙滩的梳子,梳着沙滩的头发……

---

① 续编儿歌由浙江省天台机关幼儿园葛桂珍老师提供。

二、对音乐作品进行动作意象的要义(如何用动作表现乐曲)

诗歌是所有艺术中意象性最明确的,因为诗歌可以做到把原有形象与意象同时交代,但是一旦只交代一种,诗歌的晦涩性也就形成。除诗歌外的其他艺术类型都只交代意象而不交代原有形象,所以它们所具有的晦涩性是不言而喻的。另外,意象与原有形象越接近就越容易被理解,像现实主义绘画、再现性音乐在绘画与音乐作品系列中相对比较容易理解,原因就在于此。然而,在所有艺术中音乐是最晦涩的,因为她只交代意象,而且意象是用音响交代的,不能像画、建筑一样直接呈现视觉形象,不能像舞蹈一样用动作呈现形象,也不能像诗歌一样用语言呈现形象,要想理解音乐,对音乐符号有感觉似乎是不可或缺的条件。所以,把意象晦涩的音乐直接呈现在早期儿童面前,要他们安静地倾听,这对他们来说是"残酷"无效的。把呈现给早期儿童的音乐作品进行意象处理是我们早期儿童音乐教师的职责。作曲者把其情感与思想通过乐音完成意象,而我们教师需要把作曲者的乐音作为原有形象,进行创造性地再次动作意象。下面讨论动作意象的原则与方式。

(一)动作意象的原则

1.把握音乐形式结构,事先画出句段图的原则

从意象的角度来说,对音乐结构的理解是理解音乐的灵魂。理解音乐结构的重要性就好比中小学生划分文章段落的重要性一样,一篇学生没有能力快速划分段落的文章,让学生理解是比较困难的。对列入音乐教学内容的乐曲,教师首先得把乐曲的结构分析清楚,接下去才有可能对其进行动作意象或动作诠释,否则教师的动作诠释会比较盲目、会出现一些不合理的地方,甚至会出现背离音乐的现象。下面是贝多芬的钢琴小曲《献给爱丽丝》与圣-桑《动物狂欢节》中《天鹅》的结构图,供教师们参考。

(1)《献给爱丽丝》为回旋曲,特别注意大写字母表示大段落,小写字母表示小段落,乐句不在这里表示(图7-1)。

```
|    A    |    B    |    A    |    C    |    A    ||
||:a:|  baba     ab     aba     ab     aba
```

图7-1 《献给爱丽丝》结构图

(2)《天鹅》为三段体,特别注意大写字母表示大段落,小写字母表示小段落,乐句不在这里表示(图7-2)。

$$
\begin{array}{c|c|c|}
A & B & A' \\
引子\ a\ a'\ b & c\ d & a\ b\ 尾声
\end{array}
$$

图7-2 《天鹅》结构图

动作意象旨在把乐曲的段落与句子用形象生动的动作表达出来,使音乐变得一目了然、简单易懂,所以,画出音乐段落与句子结构图是教师进行动作表达的一个重要依据。

2.动作诠释遵循音乐重复、对比等音乐形式组织手法的原则

当音乐结构图出来时,音乐中的段落与句子的重复也一目了然。在早期儿童学习音乐结构时,最先理解的音乐结构是重复,一方面识别乐曲中句子与段落的重复对早期儿童来说最为容易,另一方面重复确实是音乐结构识别中最重要的标示之一。更重要的是,早期儿童只有理解了音乐结构中的重复才能更好地理解音乐结构中的变化、模进、对比等其他手法。可以说,理解重复是理解音乐的第一道坎。所以,当教师用动作诠释音乐时,凡段落与句子的重复部分,动作的设计也尽量做到重复。早期儿童是通过动作来理解音乐的,当动作与音乐不匹配时,动作对理解音乐的中介功能也就消失,只剩下娱乐功能。教师用混乱的动作结构对音乐进行诠释,其结果自然是早期儿童对音乐结构有着混乱的感受。

与重复对应的是对比原则。三段体中的A、B段,回旋体中的A段与其他变化段一定会有对比效果,教师在进行动作诠释时要抓住对比的特征,使早期儿童一看动作就知道音乐的风格变了。说到底,动作诠释最怕的是该重复处不重复,该对比处却重复这样音乐与动作相悖离的现象。

3.动作与音乐句法与非句法形式吻合原则

音乐表现形式显示音乐意义体现在两个层面:第一是动力性质的层面(也称音乐形式的组织手法),具体表现为:重复、对比、变奏、发展、紧张、解决、统一、偏离、期待、变调、不确定、均衡、变形等。当人们内在化了这些动力性质的音乐形式时,艺术的意义也就被逐渐体会。第二是关系

性质的层面(也称音乐的句法与非句法形式),体现为横向的旋律变化、速度变化、节奏变化等与纵向的和声效果。

第二条原则我们主要讨论了与早期儿童教学紧密相关的重复与对比的动力性质,第三条原则则主要讨论除动力性质外的其他音乐表现形式。与早期儿童动作意象相关的这些音乐表现形式有旋律的上下行、旋律的高与低、节奏的密与疏、速度的快与慢等。当动作诠释了音乐的重复与变化结构之后,还要考虑是否符合这些音乐表现形式。例如,《动物狂欢节》中的《大鸟笼》这首曲子,旋律在高音处快速飘浮,并不断地上扬。显然,这是一首高音旋律上行、快速的曲子,鉴于此,我们匹配的动作也需要具有上扬、飘浮、颤动等特征。又如,《动物狂欢节》中《大象圆舞曲》这首曲子,以低音和声、慢速为特征,所以我们的动作也要相应地以低矮、稍嫌呆板为特征。

4.动作简单原则

教师比较喜欢让早期儿童学习繁复的动作,当用动作诠释音乐时也往往喜欢使用繁复的动作,试图用难度较高的动作来吸引早期儿童的注意力。例如,教师比较喜欢进行舞蹈活动,让早期儿童学许多动作难度很高的舞蹈表演。事实上,早期儿童音乐教学是以理解音乐为目标,动作只是作为理解音乐的中介、手段,动作越简单越好,应使早期儿童留有较多的心理能量来关注音乐本身。如果意象化的动作成了早期儿童学习的负担,那么教师对音乐的动作诠释不但不能成为早期儿童理解音乐的桥梁,反而成了早期儿童理解音乐的障碍。

(二)动作意象的方式

1.依据作品原意进行动作意象(有一定情节性)

在早期儿童音乐教学中,这类作品较少,主要集中在《动物狂欢节》《图画展览会》等这些儿童味较足的组曲范围。像《图画展览会》中《水族馆》这首曲子,就可以用这种方式进行动作意象。A段表示鱼在水中游,鱼儿先是尾巴打圈然后轻盈游出,这样的动作在A段反复;B段表示水中的水草由高到低地漂浮;C段表示大波浪的翻腾;D段表示水泡泡的出现与消失;E段或B′段又是水草。这个曲子的核心音乐形式模型是节奏型。A段是琶音奏出的先密后疏的节奏型,通过手腕转圈动作把这种节奏型表达得细腻而优雅;B 段是清脆的从高到低的完全密集节奏型,用由高到低手腕波动动作表示;C 段与 B 段相比,无论是琶音还是旋律轮廓都变大变松了;D 段是清脆的短音。这些节奏型可通过身体动作来表达并激发早期儿童的注意能量。这首曲子的结构分析图及动作意象说明详见本书第六章第四节。

2.离开作品原意,进入早期儿童能理解的生活情境的动作意象(有一定情节性)

专门为早期儿童作曲的曲子太少,早期儿童音乐教学中的好多曲子需要教师从非儿童曲子中去挑选与改编。当为这类曲子进行动作意象时,就不可能完全按照作品原意走了,我们需要把它们意象成早期儿童能理解的动作与情境。像《瑞典狂想曲》这首 ABA′曲式的曲子,我们挖掘的再现内容:A 段表现农民扛着劳动工具上田头,接着浇水、松土,然后回家的情境;B 段表现禾苗茁壮成长,并与同伴嬉戏、玩耍的情境;A′段又表现农民扛着劳动工具上田头、浇水、松土,然后回家的情境。

图 7-3 是《瑞典狂想曲》的曲式结构图,大写字母表示大段落,小写字母表示小段落。

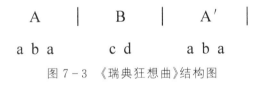

图 7-3 《瑞典狂想曲》结构图

以下是《瑞典狂想曲》的动作说明[①]。

A 段为农民表演的动作。

A 段 a 的动作:扛着劳动工具朝田头走去。

A 段 b 的动作:前半段双手侧高举做浇水动作;后半段做铲土、盖土动作。

B 段为禾苗表演的动作。

B 段 c 的动作:前半段做禾苗破土成长,然后伸伸腰呼吸空气等动

---

① 南京游府西街幼儿园郑珊珊老师的创意。

作;后半段两个伙伴挽手臂转圈玩耍。

B段d的动作:两个伙伴继续做转圈等自由动作。

A′段动作重复A段。

3.带有舞蹈意味的动作意象

这类动作意象的思维要点不是进入早期儿童的生活、游戏情境,而是把曲子的音乐表现性用相对简单的动作表达出来。这类曲子比较典型的是约翰·费尔阿本德与佩吉·莱曼的创作。我们还是以上面有过结构图的两个曲子为例。

(1)《献给爱丽丝》的动作说明[1]。

A大段的a小段动作:交替双手拍大腿,然后两手掌相对,一只手掌与另一只手掌摩擦后伸向斜上方,换方向摩擦手掌,另一只手掌伸向斜上方,再回到第一只手掌。

A大段的b小段动作:双手做划水动作四个,动作的空间位置一个比一个高。

B大段的a小段动作:双掌相合,掌心相对,在身体正前方画横放的阿拉伯数字8。

B大段的b小段动作:双手置头顶,做弹琴动作,从头顶到腹部,做两次。然后举起一只手放下,再举另一只手放下。

C大段的a小段动作:双手做推车动作,一个动作比一个动作幅度大,做四个;然后双手交替做抱娃娃动作,抱四次。从推车动作到抱娃娃动作,再重复一次。

C大段的b小段动作:双手打滚从小腹位置滚到头顶,再从头顶滚到小腹。

(2)《天鹅》的动作说明[2]。

引子的动作:慢慢抬起一只手,横在胸前。

A大段的a小段动作:将横在胸前的手做起手腕压手腕的动作,起落七次,最后在身体侧面举起放下。用另一只手重复这些动作。

A大段的b小段动作:一只手臂从胸前横过向上,由侧面向下画一个

---

[1] [美]佩吉·莱曼,[美]约翰·费尔阿本德.舞起来[M].南京:南京师范大学出版社,2009.
[2] [美]佩吉·莱曼,[美]约翰·费尔阿本德.舞起来[M].南京:南京师范大学出版社,2009.

大圈,掌心向下;另一只手跟上,并置于第一只手的手背上;向上摆双臂并打开,然后交叉在胸前;向上向外打开双臂,放下。

B大段的c小段动作:将一只手臂在前方打开,向侧面放下;另一只手臂重复这个动作;换第一只手臂向上打开,同时在原地转一圈。

B大段的d小段动作:换一只手臂重复B大段c小段的动作。

尾声的动作:做拍翅膀的动作,身体下蹲,慢慢将双手靠近地面。然后跪下低头,手臂伸向头顶前方,一只手置于另一只的手背上。

这种动作意象设计在动作上并不是很难(这两首相对算难的),但与音乐丝丝入扣。早期儿童可以像学舞蹈一样地学这些动作,早期儿童一旦掌握了动作,就会百做不厌、百听不厌,比较容易在不知不觉中、在身体愉悦中感悟音乐。

4.集体舞(圈舞、队列舞)也是动作意象的一种方式

集体舞的音乐形式往往有比较多的重复也常常有对比,因此特别适合动作意象。教师在为集体舞配动作时,往往比较在意节奏、速度、风格,而有点轻视重复与对比的音乐手法。如果我们在编集体舞时也能遵循动作意象的四个原则的话,那么集体舞除了能保留其热闹欢快的气氛外,还能增加其令人难舍的艺术味——意象。

下面以《陀螺舞》与《邀请舞》为例。

(1)《陀螺舞》的曲谱与动作说明①。

谱 7-1

陀 螺 舞

$\underline{6\ 6}\ \dot{7}\ |\ \underline{1\ 1}\ \dot{7}\ |\ \underline{3\ 3}\ \underline{3\ 2\ 1\ 7}\ |\ \underline{1\ 1}\ \dot{7}\ |\ \underline{6\ 6}\ \dot{7}\ |\ \underline{1\ 1}\ 2\ |$

$\underline{3\ 3}\ \underline{3\ 3}\ |\ \underline{6\ 6}\ 6\ |\ \underline{2\ 2}\ 2 \cdot 4\ |\ \underline{3\ 3}\ \underline{1\ 6}\ |\ \underline{6\ 6}\ \underline{3\ 5}\ |$

$\underline{6\ 7}\ \underline{1\ 6}\ |\ \underline{2\ 2}\ 2 \cdot 4\ |\ \underline{3\ 3}\ \underline{1\ 6}\ |\ \underline{6\ 6}\ \underline{3\ 5}\ |\ \underline{6\ 6}\ 6\ \|$

---

① 许卓娅.集体舞创编.南京师范大学培训,2007年4月.(文中动作做了简化)

基本队列:双圆圈,逆时针方向。

1—2小节:左右左踏步,身体同时往左转;右左右踏步,身体同时往右转。

3—4小节:左脚起朝左踏步自转360度。

5—6小节:右左右踏步,身体同时往右转;左右左踏步,身体同时往左转。

7—8小节:右脚起朝右踏步自转360度。

9—10小节:舞伴两人手拉手转圈。

11—12小节:反方向,动作同9—10小节。

13—14小节:动作同9—10小节。

15—16小节:里圈舞伴把外圈舞伴推向前列,完成舞伴的交换。

(2)《邀请舞》的曲谱与动作说明[①]。

谱7-2

邀 请 舞

(1 1 1 1 | 7̲1̲ 2̲7̲ 1 - | 3 - 3 - | 5 7̲ 1 -)|

1 1 1 1 | 7̲1̲ 2̲7̲ 1 - | 3 3 3 3 | 2̲3̲ 4̲2̲ 3 - |

5̲5̲ 5̲1̲̇ 7 - | 4̲4̲ 4̲6̲ 5 - | 3̲3̲ 3̲5̲ 4 4 | 5 4 3 - |

5̲5̲ 5̲1̲̇ 7 - | 4̲4̲ 4̲6̲ 5 - | 3̲3̲ 3̲5̲ 4 4 | 5 7̲ 1 - ‖

基本队列:单圈,圈内几个早期儿童做邀请者,圈中做被邀请者。1—4小节,只是邀请者的动作,后面是邀请者与被邀请者对跳,没被邀请到的早期儿童拍手。

1—4小节:邀请者双手叉腰,跳四个踵趾步找到舞伴。

5—6小节:邀请与被邀请者互做邀请动作两次。

7—8小节:拥抱互拍后背。

[①] 许卓娅.集体舞创编.南京师范大学培训,2007年4月.(文中动作做了简化)

9—10小节:邀请与被邀请者互做邀请动作两次。

11—12小节:拉手换位,挥手再见。

第二节 早期儿童音乐教育的教育性原理

音乐活动的终极目标或教育目标是培养人,培养能与自我、社会、自然和谐的人。与自我和谐的人表现为具有主体性(主动性、积极性与创造性),与社会和谐的人表现为具有合作性、亲社会性,与自然和谐的人表现为爱自然、爱生命。音乐活动的音乐目标是让早期儿童的音乐经验得到生长,换言之,经过我们三年的早期儿童音乐教育,早期儿童对音乐中的句式与非句式样式的再现与表现特性能越来越敏感。在音乐活动中音乐目标与教育目标不是有你没我的对立关系,而是照镜子般的你我共存关系,是张力关系。教育目标是价值目标,是我们最终需要的;音乐目标是规限目标,是音乐教学与其他教学的不同之处,是其他教学不可替代的。在张力结构中价值目标优先,但是,只要忽视了规限目标,价值目标的优先也就不存在。优先性与规限性同时实现,才是张力的意义、教育的真谛。从音乐教育的活动形态上看,音乐目标是显性的,是贯穿整个音乐活动的逻辑线,而教育目标是隐性的,渗透在音乐活动的每个细节,音乐教育的本质是教育目标与音乐目标的和合,即同时实现。

一、音乐性与自我的和合

音乐性与自我的和合主要体现在音乐教育活动中早期儿童主体性的发挥,主体性指主动性与创造性。在发挥早期儿童主体性上,早期儿童音乐教育活动的偏差是有的。例如,器乐曲的出场基本上是让早期儿童听音乐后进行动作情节性的创编,理由是能充分发挥早期儿童的主动性与创造性。但是,身体动作的创编是以音乐性为前提的,当早期儿童在对音乐特性不理解的前提下进行身体动作创编,其结果是比较容易偏离音乐的。所以,许多器乐曲的教学说起来是音乐教学,实际上去掉音乐用故事性语言替代也完全可以,因为早期儿童的身体动作创编并没有以音乐为背景。这种偏离音乐性的创造性是虚假的,因为音乐创造性是以音乐句式与非句式形态为原型的想象,而非没有根据地随便做动作,这种无根据地做动作助长了早期儿童的臆想而非想象。又例如,为了显示要发挥早期儿童的创造性,在一个教育活动中堆积大量的学习任务,具体表现为:①既学新歌曲又创编歌词又分角色表演;②刚学完新律动就进入既独立创编造型又合作创编造型阶段;③既要学方言又要学音调,又要创编新歌词,又要创编游戏等。在一个教育活动中,任务驳杂、新经验堆积很容易使早期儿童陷入顾此失彼、难以统筹的混乱境地,这种状况是谈不上什么创造性的。对早期儿童来说,在音乐活动中创造性的发挥需要两个必要条件:一是需要足够的经验铺垫,二是需要清晰的任务意识。上面第一种偏差是在早期儿童没有任何音乐经验积累的情况下,让早期儿童进行空洞的创造;第二种偏差是为创造而创造,把音乐创造当作形式走过场,不知音乐创编的本质是为了什么。所以,在音乐教育活动中发挥早期儿童主体性是以早期儿童行为的有目的、有方向为前提的,同时这种行为与音乐经验生长有关,行为的目的、方向与对音乐形式样式的辨别有关。

二、音乐性与社会性的和合

在所有日常早期儿童教育活动中,我们都会关注早期儿童与他人对话、合作的态度,在音乐教育活动中也不例外。但是,这并不意味着每一个音乐活动一定要有合作、一定要有与别人的互动。在一个具体音乐活动中,合作性的体现是渗透在音乐性中的,如果音乐特性的展开与合作性无关,那么这一音乐活动就没法体现合作性,强行表现合作性就会显得很牵强。然而,在早期儿童音乐教育活动中,社会性特征是非常明显的,歌唱中的领唱、对唱、齐唱、合唱,演奏中的合奏,舞蹈中圈舞、队列舞、邀请舞,即兴中的协商合作,等等,都有着社会性要求。在这些活动中培养早期儿童善于倾听别人意见、善于提供自己的智慧、善于关照别人等社会性品质是音乐教育的重要任务。以单圈舞《彩带》为例(具体谱例及动作说明见第六章第五节),可以说明如何做到音乐性与合作性的双实现。

这个集体舞的音乐性目标:第一,在中速音乐中能自如地走路合拍;第二,第四拍身体与脚步的调节要有预期,表现为身体动作轻盈、舒展,在自如与轻松中完成圈中方向的转换。

这个集体舞的社会性目标：无论在顺时针与逆时针还是在圈心圈外的方向转换中，始终保持良好的圆圈队形，使自己成为与整体和谐的一员。

这个集体舞的音乐活动只有在音乐性目标与社会性目标都实现的前提下，才能谈得上让早期儿童沉浸于跳集体舞的愉悦氛围中。

在集体音乐教育活动中比较容易出现音乐性与教育性双失的情况。例如，机械地训练早期儿童学会一个高难度的舞蹈表演、训练早期儿童识图谱、让早期儿童严格按照图谱演奏打击乐、训练早期儿童敲击节奏等活动，对早期儿童来说很难得到愉悦感，在早期儿童不愉悦的情况下，发挥早期儿童主体性就不复存在，而扼杀主体性的活动是违背教育的根本精神的。进行这样教学的教师其用心也是良苦，他们一定认为这样才是真正的音乐教学，唯这样早期儿童才能学到音乐知识与技能。然而，教育的真谛恰恰在于张力：为了音乐性目标的达到，不能只考虑音乐性，必须找到能发挥早期儿童主体性的教学方法，早期儿童主体性发挥了，音乐性目标的达到才是真正的达到；反之，当丢失了音乐性目标，一味地强调让早期儿童"积极主动"起来时，这种所谓的积极主动由于没有内核也会变得无意义。

第二编　早期儿童经验音乐教育实践

以音乐制作经验为价值目标、以音乐形式经验为规限目标,早期儿童音乐经验的获得是音乐制作经验与音乐形式经验的完美结合。音乐经验获得的三个条件是早期儿童音乐教育实践篇展开的原理,这三个条件是:在听音乐的同时让早期儿童"见"到音乐的再现内容;用一种制作方式让早期儿童去感知与其音乐经验相符的音乐形式模型;用其他类型的制作方式让早期儿童去解释他们对音乐形式模型的理解。

第二编的框架结构是音乐形式经验为章名的主体,每章实施一种音乐形式经验并以年龄课程目标的方式呈现这些音乐经验所要达到的具体目标。这些具体目标就是分节的依据,一个具体目标为一节。然后,根据这些具体目标选择音乐材料,并对这些音乐材料的制作方式提出设计建议,无论是选择的音乐材料本身还是提供的制作方式建议,它们的目标都指向早期儿童音乐经验的获得。

第二编的基本观点是:每种具体音乐经验的获得都是一个累积过程,早期儿童对每种具体音乐经验内容的第一次接触又是至关重要的。早期儿童第一次接触音乐经验内容是通过与负载这种音乐经验内容的音乐作品"见面"、制作相关音乐作品来完成的。音乐作品对音乐经验的作用就像飞机场对飞机的作用,飞机离开飞机场也能飞行,但飞机场是飞机飞行的起点与归宿。所以,对教师来说,选择怎样的音乐作品、用什么方式让音乐作品与早期儿童"见面"、如何让早期儿童制作音乐作品,这些问题是让早期儿童第一次接触一种音乐经验内容时必须重点解决的,否则音乐经验由于没有起点而无法累积更不知归宿。本编对每种具体音乐经验第一次出场时所负载的音乐作品、音乐作品出场方式、音乐作品制作方式等用实例的方式展示了实施过程,旨在:第一,强调早期儿童第一次接触一种音乐经验的重要性;第二,强调合适的音乐作品的选择、再现性出场方式的确定、各种制作方式的交叠是早期儿童音乐经验获得的条件。

第八章 早期儿童音乐经验(一):节奏

本章主要论述如何在音乐教育实践中让早期儿童获得节奏经验,而节奏经验又分为节拍与节奏型的经验。关于节拍方面,我们需要早期儿童获得合拍感,包括合重拍、合弱起拍、合二拍三拍不同韵律感的拍子;关于节奏型方面,我们需要早期儿童能通过制作活动分辨节奏与节拍的不同,辨认休止符的存在,分辨先密后疏、紧凑、舒展等对情感表现意义重大的几种节奏型。节奏经验的年龄目标见表8-1。

表8-1 节奏经验年龄目标

	3—4岁	4—6岁
稳定的节拍	①用不移动动作合拍 ②用移动动作合拍 ③按二拍韵律进行身体摇摆	①用不移动与移动动作合强拍 ②按二拍、三拍韵律对 $\frac{6}{8}$ 拍、$\frac{3}{4}$ 拍进行身体摇摆 ③用不移动与移动动作合弱拍 ④合速度与拍子交替的音乐
疏密节奏型	①语言节奏的朗诵与身体打击 ②音乐节奏的身体打击 ③节奏与节拍的分离	①休止符 ②与拍子重音重叠节奏型 ③与拍子重音交叉节奏型 ④先密后疏节奏型 ⑤紧凑与舒展节奏型

第一节 稳定的节拍

就像创造力一样,韵律感或节拍感是人类生而就有的。生命本身就是一种节律体,人类的心脏、脉搏、呼吸、代谢每分每秒都在成就着韵律。所以,孩子的韵律感根本不需要培养,因为他们天生就有。我们只要提供适宜的环境,激活孩子天然的韵律感受性就行了。但是,像创造力一样,韵律感是很容易被淹没的。就像孩子天然的创造力被压抑、僵化、强制的那些不合理常规所扼杀一样,孩子天然的韵律感也容易被教师的韵律无意识所抹杀。这里教师的"韵律无意识"指教师对童谣、歌曲、游戏中所蕴含的鲜活、跃然的韵律特性不敏感,表现为自己对这些韵律作品的表演也缺乏韵律感,更别提关注孩子的韵律表现细节。这样,孩子的韵律感就会在没有明确韵律要求的童谣朗诵中、歌曲演唱中、游戏表演中流失。

"稳定的节拍"这一节中的所有音乐教育活动并不需要教师采用什么别出心裁、新奇无比的方法。早期儿童学习稳定的节拍的最好方法是有一个充满拍感的榜样,所以教师对什么是拍感的理解并在举手投足中充满拍感是早期儿童具有稳定拍感的前提。可以这么说,在小班阶段教师教早期儿童歌唱、合拍的过程,不是早期儿童歌唱、合拍做动作的过程,而是教师不停地在早期儿童面前示范歌唱、示范做动作的过程。

本节音乐经验获得机制的应用方法:

(1)早期儿童通过模仿教师身体动作的制作方式来感知拍子。

(2)用同样的身体制作方式在不同的音乐作品中表达对拍子的理解。

(3)对同一音乐作品通过打击乐制作方式来表达对拍子的理解。

一、用不移动与移动动作合拍

音乐材料类型一:常规游戏、童谣(小班)

1.常规游戏"请你照我这样做"

这是小班早期儿童教师喜欢采用的常规游戏,作为从一个日常教育活动转向另一个日常教育活动时的游戏化的常规管理。

对教师的要求:

(1)教师语言与动作的速度需要符合小班早期儿童的要求,教师应配合早期儿童需要的速度。

(2)教师每做一个动作都要严格合拍,动作应做得轻巧、有韵律感。

音乐制作活动提示:

这是单纯的感知阶段,在语言节奏中感知节拍只要两个条件:第一,教师的示范准确并一以贯之;第二,教师的评价准确并一以贯之。

2.童谣

小手小手拍拍

小手小手拍拍，我的小手伸出来，

小手小手拍拍，我的小手举出来，

小手小手拍拍，我的小手藏起来，

小手小手拍拍，我的小手摸摸脚。

小脚小脚踏踏，我的小脚踢起来，

小脚小脚踏踏，我的小脚跪起来，

小脚小脚踏踏，我的小脚跳起来，

小脚小脚踏踏，我的小脚踏起来。

边念童谣边翻翻手、动动脚是小班早期儿童百做不厌的事，所以小班早期儿童特别迷恋这样的童谣。可以找出十首这样的童谣让刚入园的小班早期儿童来学习。

对教师的要求：

(1)适合早期儿童的本能速度。

(2)句中打着重号的动词是做动作的地方，教师动作要轻巧、严格合拍。

音乐制作活动提示：

对刚入园不久的早期儿童来说，他们对拍子的学习只有感知就足够了。早期儿童的感知水平来自教师的准确示范与准确评价。

音乐材料类型二：动作模仿歌曲（小班）

谱 8－1

我能照你做

1=G 4/4　　　　　　　　　　　选自银伯德幼儿园教材

3	6 6 5 3 5 7 6	6 6·	5· 5 6· 3
1.我	挥 动 双 手 在 空 中，	我 能	照 你 做，我
我	拍 起 手 来 有 节 奏，	我 能	照 你 做，我
2.我	把 那 脑 袋 使 劲 晃，	我 能	照 你 做，我
我	用 那 双 手 拍 头 顶，	我 能	照 你 做，我
3.我	扭 动 身 体 像 蛇 游，	我 能	照 你 做，我
我	蹲 下 站 起 来 回 做，	我 能	照 你 做，我

```
| 6 6  5 3  2 3  6    | 6 6·          | 5· 5  6·  ‖
  放下  双手  摸膝  盖，   我  能       照 你  做。
  抓那  肚子  哈哈  笑，   我  能       照 你  做。
  摇那  身体  来回  转，   我  能       照 你  做。
  踏那  脚板  哐哐  哐，   我  能       照 你  做。
  还能  抱紧  我自  己，   我  能       照 你  做。
  还能  单脚  跳跳  跳，   我  能       照 你  做。
```

对教师的要求：

重拍出动作，教师的动作要轻巧、严格合拍。

音乐制作活动提示：

通过教师示范，早期儿童模仿的方式，让早期儿童感知拍子。

音乐材料类型三：不移动动作与歌词对应的歌曲（小班）

谱 8-2

部 位 歌

英国童谣
佚 名填词

1=D 2/4

```
5· 6  5 4 | 3 4  5 | 2 3  4 | 3 4  5 |
头 发 肩膀 膝盖 脚  膝盖 脚   膝盖 脚，

5· 6  5 4 | 3 4  5 | 2 2  5 5 | 3 3  1 ‖
头 发 肩膀 膝盖 脚   眼睛 耳朵  鼻子 嘴。
```

谱 8-3

合 拢 放 开

佚 名词曲

1=C 2/4

```
5 5  1 1 | 5 5  1 1 | 3·2 1 3 | 2 - | 5 5  2 2 | 5 5  2 2 |
合拢 放开  合拢 放开   小手 拍拍 拍，     合拢 放开  合拢 放开

4·3 2 4 | 3 - | 1 1  2 2 | 3 3  4 4 | 3·4 5 2 |
小手 放腿 上。     爬呀， 爬呀， 爬呀， 爬呀， 爬到 头顶

3 - | 2·1 7 1 | 2 3  4 2 | 5·5 6 7 | 1 - ‖
上，    这是 眼睛  这是 鼻子  这是 小嘴 巴。
```

这类歌曲与动手动脚的童谣在趣味上是一致的,早期儿童喜欢这类歌曲。在歌唱这类歌曲时合拍地做动作,对早期儿童来说是乐趣无穷的事,合拍的学习显得不知不觉。

对教师的要求:

(1)动作要轻巧、严格合拍。

(2)做动作、歌唱时要适合早期儿童的速度,避免过快。

音乐制作活动提示:

(1)早期儿童通过身体动作模仿感知拍子。

(2)身体动作自如后让早期儿童随便拿一件打击乐器,把拍身体的动作用敲打打击乐器的方式表达出来。这是重拍感的迁移,教师应关注早期儿童的打击动作是否放松。

音乐材料类型四:移动动作与歌词对应的歌曲(中班)

谱 8-4

小 小 熊

1=C 2/4

日本儿童歌曲
王 秀 萍 译词

```
4 5 6 | 5 5 4 | 5 5 4 4 | 5  0 | 4 5 6 |
小小熊    小小熊, 请你转个圈,        小小熊

5 5 4 | 5 5 4 4 | 5  0 | 4 5 6 | 5 5 4 |
小小熊,  现在你触地。    小小熊    小小熊,

4 5 5 4 | 5 5 5 0 | 4 5 6 | 5 5 4 | 5 5 4 4 | 5 - ‖
用一只掌  跳跳跳,   小小熊   小小熊, "Sa-yo-na-ra"。
```

做移动动作合拍要比做不移动动作合拍困难,教师对歌词中的动作怎么做、出动作与哪一拍去合等问题的考虑正确与否决定着这类歌曲教学的成败。

对教师的要求:

(1)确定如何做动作、确定动作如何去合拍子。如果是小班,在四句旋律中每一句的前半句用来做小熊走路的动作,后半句做歌词中动词的

动作。如果是中班,可以在加着重号的字上做动作并合拍,如果第一句这样做动作难度太大,第一句可以在"转"字上做动作并合拍。

(2)教师把这些动作要做得轻巧并严格合拍。

音乐制作活动提示:

合拍由不移动动作到移动动作难度明显加大,让早期儿童尝试着来做这首歌曲的动作,教师对合拍的要求不能降低,但可以降低动作的要求。早期儿童往往用简单的动作可以合拍,但当动作难度加大时拍子就合不上了,教师观察后需要判断早期儿童的不合拍属于什么性质。

音乐材料类型五:移动动作与歌词对应的游戏(中班)

谱 8-5

十个小矮人

美 国 儿 童 歌 曲
汪爱丽、何芸译词

$1=F$ $\frac{4}{4}$

(1̇ 7 6 5 4 3 2 1) | 1 1 1 1 | 3 5 5 1 |
　　　　　　　　　　　　一 个 两 个 三 个 小 矮 人,

2 2 2 2 | 7̣ 2 2 7̣ 5̣· | 1 1 1 1 |
四 个 五 个 六 个 小 矮 人, 七 个 八 个

3 5 5 3 | 1 2 2 5̇ 5̇· | 1 - - - ‖
九 个 小 矮 人, 十 个 小 矮 人。

做音乐游戏时教师会因为是否需要早期儿童严格遵守游戏规则而困惑。如果可以不遵守音乐游戏的规则,那么音乐游戏就不是真正的"音乐"游戏,游戏的音乐趣味也会大打折扣;如果一定要求遵守音乐游戏规则,一般来说早期儿童很难做到。事实上,所谓的音乐游戏规则一般就是要求合拍地进行游戏,音乐游戏与其他类型游戏的区别也在于此。如果从小班开始教师就没有什么合拍意识,那么到了中、大班做音乐游戏的成功率是很低的。早期儿童在平时就没有合拍意识,怎么可能在游戏中会有合拍意识呢。事实上,游戏往往令早期儿童情绪激昂,在情绪激昂的气氛中没有合拍意识的早期儿童对音乐是不在意的,早期儿童在意的只是玩的内容。

"十个小矮人"的游戏步骤:

第一遍音乐:

(1)全班早期儿童围成一个大圈,请一个早期儿童进圈内点小矮人。

(2)前奏后早期儿童集体唱歌曲,点小矮人的小朋友在第一个数字的拍点上拍一下被点到的小朋友的头,被点到的小朋友下蹲表示是小矮人。

第二遍音乐:

(1)前奏时被点到的十个小矮人迅速进入内圈,外圈小朋友整理一下队形。

(2)第1、3、5、7小节,里圈小朋友蹲着朝逆时针方向走,外圈小朋友双脚起踵、双手高举朝顺时针方向走。

(3)第2、4、6、8小节,里圈小朋友双脚起踵、双手高举朝逆时针方向走,外圈小朋友蹲着朝顺时针方向走。

对教师的要求:

(1)从小班开始就要有让早期儿童合拍的强烈意识,拍感是早期儿童音乐感的基石,音乐游戏是在合音乐节拍中的游戏。所以,玩音乐游戏需要拍感经验的积累。

(2)示范动作准确合拍。

音乐制作活动提示:

(1)身体动作制作:游戏过程就是身体动作制作的感知过程。

(2)打击乐制作:根据数字敲击打击乐器,对重拍感由四肢徒手动作迁移到敲击打击乐器的动作。另外,变化每一段的打击乐器种类。

二、按二拍韵律进行身体摇摆

音乐材料类型一:轻快 $\frac{2}{4}$ 拍的身体摇摆(小、中班)

谱 8-6

火 车 开 了

匈牙利儿童歌曲
吴　　静译词

$1=C$ $\frac{2}{4}$

| **1 1** **3 1** | **5 5** **6 5** | **4 3** **2** | **1** **-** | **1 1** **3 1** |
| 咔嚓 咔嚓 | 咔嚓 咔嚓 | 火车 开 | 了, | 咔嚓 咔嚓 |

```
5 5 6 5 | 4 3 2 | 1 - | 4 5 6 | 6 - |
咔嚓咔嚓 火车开 了,    火车司 机,

1 7 6 | 5 - | 1 5 3 1 | 5 5 6 5 | 4 3 2 | 1 - ‖
开着火 车,   咔嚓咔嚓 咔嚓咔嚓 火车开 了。
```

另如学堂乐歌《赛船》,乐谱见第三章第一节。这类歌曲在各个版本的早期儿童音乐教材中都可以大量收集,这类歌曲最大的特点在于歌词表达了一种可以用简单重复动作来表达的情境。像《火车开了》这首歌曲,可以用开火车一个动作来完整表达歌曲所再现的开火车的情境;《赛船》则可用一个划船的动作来再现赛船的情形。通过一个简单的代表一种运动情形的动作来再现生活中的运动情境,是小班、中班早期儿童很愿意玩的"游戏"。更重要的是,用动作再现运动情境需要身体的摇摆频率,而这种摇摆频率与我们需要早期儿童体验的拍子感觉吻合。这两首歌曲是典型的适合二拍子身体摇摆的歌曲,无论在开火车还是在摇船的身体摇摆中,都可让早期儿童体验二拍子的韵律。

音乐制作活动提示:

(1)用身体动作制作作为感知。

(2)用打击乐演奏方式把身体摇摆的拍感表达出来。

音乐材料类型二:抒情 $\frac{6}{8}$ 拍、$\frac{2}{4}$ 拍的身体摇摆(中、大班)

谱 8-7

秋

1=D $\frac{6}{8}$ 佚 名词曲

```
3 5 5. | 5 3 2 1. | 3 5 5 6 5 | 1 6 5. | 3 5 5 6 5 |
草儿黄 树叶飘,   飘在地上 睡个觉, 小蟋蟀曜

6 5 0 6 5 0 | 1 5 4 3 2 | 3. 3 0 | 1 5 4 3 2 | 1. 1 0 ‖
曜曜  曜曜,   秋天来到 了,       秋天来到 了。
```

谱 8-8

树　叶

$1=D$　$\frac{2}{4}$

日　本　歌　曲
罗传开译配

| 3　2.1 | 3　5　5 | 6.6　1　6 | 4　6　5 | 3　1　3 | 5.5　3　1 |

1. 落　下　来　落下来，片片树叶　落下来，没　有　风　没有风吹，
2. 飞　起　来　飞起来，片片树叶　飞起来，乘　着　风　乘着秋风，

| 2.2　3　1 | 2　5　5 | 1　5　5　3 | 1　5　5　4 | 3　2.1 | 1　- ‖ |

树叶自己　落下来，一片一片　片片树叶　飘　落　下　来。
落叶乘风　飞起来，一片一片　片片树叶　飞　扬　起　来。

这类歌曲可以根据歌词的内容进行抒情的二拍子身体摇摆，需要强调的是 $\frac{6}{8}$ 拍也要当作二拍子做身体摇摆。

音乐制作活动提示：

（1）让早期儿童拿着落叶或柔软道具当作落叶进行身体摇摆。

（2）每一拍挥一次手，左右手各挥一次，两拍正好身体左右摇摆一轮，即每两拍身体摇摆一轮。$\frac{6}{8}$ 拍中的 3 拍可当作 $\frac{2}{4}$ 拍中的 1 拍摇摆，让早期儿童体验到 $\frac{6}{8}$ 拍的拍感与 $\frac{2}{4}$ 拍是一样的。

（3）用打击乐器把身体摇摆的频率演奏出来。

三、按三拍韵律进行身体摇摆

音乐材料类型一：用脚步与身体摇摆表达三拍的乐曲（中、大班）

谱 8-9

三　步　舞　曲

$1=F$　$\frac{3}{4}$

德国民间舞曲

5　3　3	5　3　3	3　2　3	4　-　-
5　2　2	5　2　2	2　1　2	3　-　-
5　3　3	5　3　3	3　2　3	4　-　-

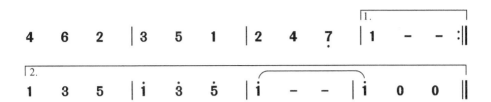

动作要求:

(1)两个小朋友面对面站立。

(2)每句的第一小节:做左右左交替步,身体与双手随着左脚侧身左边近90度。

(3)每句的第二小节:做右左右交替步,身体与双手随着右脚侧身右边近90度。

(4)每句的第三小节:两个小朋友双手高举并拉在一起,身体朝左边摇摆。

(5)每句的第四小节:两个小朋友双手高举并拉在一起,身体朝右边摇摆。

对教师的要求:

(1)明确这些动作的目的是早期儿童体验 $\frac{3}{4}$ 拍的身体摇摆感,等到早期儿童熟悉这种摇摆以后,可以变换手或脚的动作,但身体摇摆的感觉不能变。

(2)教师的动作要轻松自如、严格合拍。

音乐制作活动提示:

(1)通过交替步动作表达,体验 $\frac{3}{4}$ 拍的身体摇摆。

(2)把交替步的拍子频率用打击乐器演奏出来。

音乐材料类型二:用手臂动作表达三拍子的乐曲(中班、大班)

谱 8－10

蝴 蝶

$1={}^bB$ $\frac{3}{4}$

马革顺、盛璐德 曲

这类曲子特别多,关于小鸟的、蝴蝶的都可以。

动作要求:

(1)脚步做碎步,双臂平举,手腕带动手臂做飞的动作。

(2)一小节做一个飞的动作,第一拍是压手腕然后把手臂伸出去。注意:不要先提手腕飞,先提手腕把三拍子的韵律破坏了。

音乐制作活动提示:

(1)通过做以上飞的动作来感知 $\frac{3}{4}$ 拍的手臂摇摆。

(2)把手臂摇摆的频率用打击乐器演奏出来。

四、用不移动与移动动作合弱起拍

中国孩子对弱起的歌曲进行动作合拍与歌唱合拍都感到有难度,而合拍地歌唱弱起歌曲又以能对弱起歌曲进行身体动作合拍为基础。拍感的形成与发展是以身体动作的合拍与嗓音歌唱的合拍双重标准来衡量的。

音乐材料类型一: 用不移动动作合弱拍的歌曲(小班)

谱 8-11

头 与 肩 膀

祖鲁儿童游戏
王 秀 萍 译词

$1=C \ \frac{2}{4}$

0 1	1 1 3	5	5 5	1	7 6	5	5 3
那	头 和 那	肩	膀,那	胸	和 那	肚	皮,那

5 5 4 3	2	2 2	4 4 3 2	1	1 0 ‖
膝 盖 和 那	脚	趾,那	膝 盖 和 那	脚	趾。

这类弱起拍歌曲对小班早期儿童是有难度的,主要特点是每句的唱与做动作有时间差,应先唱后在重拍上做动作,但是,这类歌曲的歌唱与做动作是早期儿童体验弱起拍的开始。

音乐材料类型二: 用移动动作合弱拍的歌曲(中班、大班)

歌曲《假如感到幸福》,曲谱见第三章第二节。

动作说明：

(1)全体早期儿童围成圈。

(2)第一句到第三句：每一句的弱起拍原地停留不做任何动作；第一小节开始逆时针走路，把第一个重拍动作做得夸张；句末的两拍休止停止步子，做歌词所要求的拍手、跺脚等动作。

(3)第四句：由于第三句结尾没有休止符，所以弱起拍延续上一句的走步；后面的重拍也不用把动作做得夸张；句末的两拍休止动作与前三句相同。

音乐材料类型三：用指挥式的动作合弱拍的歌曲(中班、大班)

这类歌曲在早期儿童阶段是属于最难的歌曲，如果没有动作配合，早期儿童几乎没有办法歌唱，不过即便有动作配合，这类歌曲的合拍歌唱对早期儿童来说也是比较难的，因为动作本身的合拍就比较难。以京剧《戏说脸谱》选段为例，乐谱见第四章第三节。

动作说明：

(1)在打着重号的这些字(蓝、盗、红、花、白、黑、啊)的前面做一个压手腕的动作，在动作表演形式上像京剧表演中的亮相，在动作内在含义上取指挥中的弱起指挥动作。

(2)在最后"喳"的拖腔中，唱第二个"喳"时每拍用右手竖一个手指头，表达拖五拍，"啊"之前的半拍压手腕，为唱"啊"打拍。

对教师的要求：

(1)凡是后半拍弱起的歌唱都以重拍的压手腕带动，教师的示范要准确，早期儿童是靠模仿教师的动作与歌唱来掌握这种类型歌曲的动作与歌唱感觉的。

(2)如果教师自己唱这类歌曲、做这类歌曲的动作感觉吃力时，可把这类歌曲作为早期儿童欣赏的曲目，通过看可视画面与听录音来欣赏。

第二节 节奏型

我们所说的节奏总是以节奏模型(节奏型)的方式出现，因为音乐思维是从音乐句型(旋律型与节奏型)开始的，对四分音符、八分音符等以时值量出现的单一节奏的计算，不是音乐学习的内容。但是，对什么是节奏的肌肉表达还是需要早期儿童掌握的,所以在学习节奏型之前还是要进行关于节奏的学习。

本节音乐经验获得机制的应用方法:

(1)早期儿童通过模仿老师的身体动作制作方式来感知节奏型。

(2)用同样的身体制作方式在不同的音乐作品中表达对节奏的理解。

(3)对同一音乐作品通过打击乐器制作方式来表达对节奏的理解。

一、语言节奏的朗诵

语言节奏的朗诵既是拍感培养的入门材料,也是理解音乐中的节奏组成成分的入门材料,同时它陪伴早期儿童节奏感发展的所有阶段。

音乐材料类型一:童谣游戏(小、中、大班)

小老鼠上灯台

小老鼠,上灯台,

偷油吃,下不来,

喵喵喵,猫来了,

叽里咕噜叽里咕噜滚下来。

这样既朗朗上口又能做游戏的童谣在早期儿童游戏教材中也是能找到一些的,这样的游戏材料肯定是多多益善。

游戏方法:

两个早期儿童面对面坐,第一个早期儿童一只手握拳大拇指上翘,第二个早期儿童用一只手握住第一个早期儿童上翘的大拇指;第一个早期儿童用另一只手去握第二个早期儿童的大拇指,第二个早期儿童再用另一只手去握第一个早期儿童的大拇指。以此类推,彼此不断地握双方的大拇指,边握大拇指边念童谣。

音乐材料类型二:童谣配乐(小、中、大班)

倾 盆 雨

水滴在街道,水滴在屋顶,

湿了庄稼和草坪;

水冲了街道,水冲了屋顶,

淹了庄稼和草坪。

我的猫

这是我的猫，

偷偷走出了房；

这是我的猫，

快快上树梢；

这是我的猫，

不能下来了；

这是我的猫，

这可咋办好。

这是我的猫，

在树上猫猫叫，

挠头下不了。

如果把童谣配上合适的音乐，在教师的榜样示范下早期儿童不仅体验合拍还体验合前奏、间奏，这样的童谣朗诵与歌唱一样让人陶醉。

二、节奏与节拍的分离

音乐材料类型一：童谣与常规游戏（小、中班）

1.童谣

雨落在草地上

雨落在草地上，

雨落在树上，

雨落在房顶上，

就不落在我身上。

音乐制作活动建议：

(1)出示画着草、树、房顶、人的节拍图，请早期儿童边看图边跟着教师朗诵这首童谣。

(2)请早期儿童边跟着教师按节拍拍手边朗诵。（小班对这一材料的第一次活动内容到此结束）

(3)请早期儿童跟着教师边走路边朗诵童谣。

（4）请早期儿童自由地拿打击乐器，把刚才拍手的声音与走路的声音打出来。再请早期儿童边朗诵边演奏拍手与走路的声音。（中班这一材料的第一次活动内容到此结束）

（5）巩固以上环节的内容后，问早期儿童：谁能把这首童谣的每个字都用手拍出来？（留足时间让早期儿童尝试）

（6）请早期儿童跟着榜样或教师拍节奏。然后边拍节奏边朗诵。注意：节拍与节奏的名称并不向早期儿童交代，告诉早期儿童的只是把念的字拍出来（节奏）与把走路的声音拍出来（节拍）。

（7）请早期儿童用打击乐器演奏节奏。

2. 常规游戏

我的飞机开始飞

我的飞机开始飞，

飞到哪里去，

飞到 ХХ（或Х ХХ）那里去。

教师们特别喜欢采用常规的语言游戏，因为这些游戏在早期儿童的日常生活、教学中使用频率很高，如果在生活的细微中早期儿童也处于充满节奏韵律的环境，那么我们的孩子就不会没有节奏感。

音乐制作活动提示：

与童谣《雨落在草地上》相同，系列地使用拍手、走路、打击乐器等制作方式。

音乐材料类型二：一字一音并具活泼风格的歌曲（小、中班）

谱 8-12

小 青 蛙

1=D 2/4

欧美传统儿歌

5 5 5 5	6 6 6	1 6 1 6	5 5 5
我 是 一 只	小 青 蛙，	呱 呱 呱 呱	呱 呱 呱，
5 5 5 5	6 6 6	6 5 6 5	1 1 1
我 是 一 只	小 青 蛙，	呱 呱 呱 呱	呱 呱 呱。

音乐制作活动提示：

与童谣《雨落在草地上》相同，系列地使用拍手、走路、打击乐器等制作方式。

三、休止符

音乐材料类型一： 适用休止符感知的歌曲（中、大班）

谱 8-13

闪光的蜡烛

1=D 2/4

匈牙利传统儿童歌曲
王 秀 萍译词

```
5 5  5 6 | 5  0  | 5 5  5 6 | 5  0  |
蜡 烛  的 光   芒，      黑 夜  中 闪   光，

5 5  5 6 | 5 4  3 2 | 3 3  2 2 | 1  0  ‖
长 长  蜡 烛  越 来  越 短， 最 后  说 晚   安。
```

动作说明：

(1) 1—2 小节：第一拍右手用手掌拍左肩，第二拍左手用手掌拍右肩，第三拍双臂打开高举。

(2) 3—4、5—6、7—8 小节：重复第 1—2 小节的动作。

活动过程建议：（此活动在早期儿童会唱歌曲会做动作以后进行）

(1) 集体围成圈边做动作边唱这首歌。

(2) 请个别学生到圈内单独做动作，反复几次。

(3) 对学生唱歌状态提出要求。（主要目的是使学生的声音不往下掉）

(4) 不做动作，围圈边走边唱这首歌。

(5) 边走边唱边拍节奏。

(6) 教师提问：是否有只有脚踏，不唱又不拍的时候？学生回答：有。

(7) 在不唱又不拍，只有脚踏的这个时候，用手叉腰。

(8) 教师提问：①叉腰时，脚踏了几次？（一次）②这首歌曲一共叉腰几次？（三次）

(9) 请早期儿童边走路边拍手，当叉腰时嘴念 su。

音乐材料类型二:运动与休止交替的乐曲

1. 探究休止符的规律(中、大班)

音乐可选择本书附赠音乐①中休止符音响材料(1)

2. 探究休止之处

音乐可选择本书附赠音乐中休止符音响材料(2)

3. 探究休止的段落

音乐可选择本书附赠音乐中休止符音响材料(3)

音乐制作活动提示:

(1)要求早期儿童跟着音乐走路,音乐休止时走路也停止。(开始时早期儿童的动作是盲目无序的)

(2)要求早期儿童认真听音乐,去发现音乐休止的规律。(用语言的方式与早期儿童讨论这种规律)

(3)对休止规律有一定认识后,才听音乐走路,这时要做到走路的开始与停止是有预期的、有序的。

音乐材料类型三:很有休止符表现力的乐曲

谱 8-14

小老鼠与老猫

1=C 6/8   选自外国集体舞音乐

————————

① 附赠音乐可通过扫描后封二维码获得。

乐曲特性分析：

这个曲子的 A 段音乐通过第二小节的重音与休止把小老鼠鬼鬼祟祟的形象刻画得非常鲜明，很适合在 $\frac{6}{8}$ 拍的二拍身体摇摆中把小老鼠的走路形象表现出来。这个曲子的 B 段音乐则充满拉力弹性，刻画着老猫在身体左右摇摆中匿声走路的形象。

韵律活动设计：

(1)在语言节奏中学习小老鼠走路的身体摇摆。"<u>小老鼠</u>　<u>出洞来</u>　左　<u>看</u>　<u>看</u>**0**，<u>小老鼠</u>　<u>出洞来</u>　右　<u>看</u>　<u>看</u>**0**。"念着这个语言节奏，脚步始终是左三拍右三拍，头部在"看看"两个字处左右各看一次。两句语言节奏动作一样。

难点：每句念第二个看字时，不仅头转动，还要脚步跟上。换言之，无论头怎么动，节奏怎么变化，脚下三拍一步的韵律始终不变。

(2)当念着语言节奏，早期儿童左右摇摆、身体动作很协调后，可以合 A 段音乐。

(3)做 B 段音乐猫的走路动作时，三拍一步左右交替的脚上韵律与 A 段一样，变化之处是手做猫爪，身体上下起伏时要有猫走路的弹性与轻匿。

四、节奏的身体打击乐（中、大班）

这一章里有各种各样的拍打身体的方式，这些都可以说是身体打击，把儿童的身体打击演绎成身体打击乐是奥尔夫教学法的特色之一。下面我们首先介绍几个适合早期儿童进行身体打击的乐谱，这种乐谱很简单，教师是比较容易掌握的，不过，我们还是不主张让早期儿童去识身体打击乐谱。

谱 8-15

捻指	左	0 0 0 0 | 0 0 0 0 | 0 0 0 0 | X 0 0 0 ‖
	右	0 0 0 0 | 0 0 0 0 | 0 0 0 0 | 0 X 0 0 ‖
拍	手	X X X X | X X X X 0 0 0 0 | 0 0 0 0 | 0 0 X 0 ‖
双手拍腿		0 0 0 0 | 0 0 0 0 | X X X X X X | 0 0 0 0 ‖

经验的早期儿童音乐教育

谱 8-16

```
拍手  | 0   0   | 0   0   | 0   0 X | 0   0 ||
拍右  | X0X0 X | X0X0 X | X0X0 X 0 | 0   0 ||
腿左  | 0X0X 0 | 0X0X 0 | 0X0X 0  | 0   0 ||
跺脚  | 0   0   | 0   0   | 0   0   | X   0 ||
```

谱 8-15、8-16 两例身体打击句子可以让早期儿童模仿着学习。早期儿童对手、脚、腿配合进行的身体打击比较熟练后,可以进入根据语言节奏进行身体打击乐的创编。下面是一条语言节奏的例子。

春 雨

沥沥沥沥 沙啦 啦,
春雨春雨 快快 下,
沥沥沥沥 沙啦 啦,
小树小苗 喝饱 啦。

音乐制作活动提示:
(1)朗诵这首儿歌。
(2)单独拍手、拍腿来进行身体打击。
(3)根据儿歌节奏,每个早期儿童创编自己的身体打击乐。
(4)集体合作身体打击乐,出现合奏效果。

五、与拍子重音重叠节奏型(重拍起节奏型)

音乐材料类型一:一字一音歌曲(小、中班)

谱 8-17

我们一起拍手

1=D 4/4

西方传统儿童歌曲

1 1 5 4 3 | 1 1 2 1 5 5 | 1 1 5 4 3 | 3 3 2 2 1 1 |
拍拍 拍拍手, 我们一起拍手, 拍拍 拍拍手, 我们一起拍手。

‖: 5 6 7 6 5 4 3 | 5 6 7 6 5 5 | 5 6 7 6 5 4 3 | 3 3 2 2 1 1 :‖
啦啦 啦啦 啦啦啦 啦啦 啦啦 啦 啦啦 啦啦 啦啦啦 啦啦 啦啦 啦。

音乐制作活动提示:(以下活动的进行是在早期儿童会唱歌曲并会按字拍手以后)

(1)请早期儿童边歌唱边走路。

(2)请早期儿童把走路的声音用手拍出来。

(3)分两组边歌唱边拍手:一组拍词,另一组拍走路的声音。

(4)用打击乐器来分别演奏拍词与拍走路声音的节奏型;分组合奏。

(5)请早期儿童边歌唱边走边按词拍手。(这一环节只针对中班早期儿童)

音乐材料类型二:适合提炼重拍节奏型的器乐曲

谱 8-18

《金蛇狂舞》对话段音乐

1=G $\frac{2}{4}$ $\frac{3}{4}$

聂 曲曲

| 5. 6 5 6 | 5 4 5 | 1. 2 1 2 | 5 6 1 | 5. 6 5 6 |

| 1 6 5 | 1. 2 1 2 | 5 6 1 | 5 6 5 4 5 | 1 2 5 6 1 |

| 5 6 5 | 1 2 1 | 5 6 5 | 1 2 1 | 5 5 1 1 |

| 5 5 1 1 | 5 5 1 1 | 5 5 1 1 | 5 5 1 5 | 1 5 1 5 |

| 1 1 | 1 1 | 1. 1 1 1 | 1 1 1 | 0 1 1 | 1 - ‖

打击乐制作活动提示:

这段曲子适合提炼的节奏型有:

1—8 小节:× × × × | × × × |

9—10 小节:× × × × × |

11—12 小节:× × × |

13—26 小节:× × | × × |

让早期儿童提炼乐曲节奏型的几种方法:

(1)提炼出节拍,用打击乐演奏出来。

(2)提炼出音符简化后的节奏型,即除掉附点、切分等难的音符,只留下四分、八分、二分等简单音符,并组成节奏型。

(3)基本上也是提炼节拍,但在延续音上又保留了节奏。

(4)完全根据重拍提炼节奏型。

六、与拍子重音交叉节奏型(弱拍起节奏型)

音乐材料类型一:适合提炼弱拍起节奏型的歌曲(中、大班)

如美国传统民歌《假如感到幸福》,乐谱见第三章第二节。

音乐制作活动提示:(此活动进行在歌曲与动作表现完成之后)

(1)请早期儿童结合已经做过的走圈动作的感觉给这首歌曲配上打击乐伴奏,关注前两句停一拍才演奏。

(2)请早期儿童把这首歌的词用手拍出来,注意拍手动作的轻巧。

(3)把上面拍手的节奏用打击乐器演奏出来。

(4)分组演奏:一组用打击乐器打出这首歌的词;另一组用打击乐器演奏走圈动作时走路的声音。

(5)合奏。

音乐材料类型二:适合配后半拍伴奏的乐曲(中、大班)

音乐制作活动提示:

(1)倾听音响中打击乐伴奏是怎样进行的。

(2)模仿音响中的打击乐伴奏,为乐曲伴奏。

音乐可选择后半拍伴奏音响。

七、先密后疏的节奏型

音乐材料类型一:早期儿童歌曲(中、大班)

如美国南部山歌《老狗》。乐谱见第二章第一节。

音乐材料类型二:成人歌曲(中、大班)

如腾格尔词曲的《天堂》。乐谱见第二章第一节。

这类歌曲不需要早期儿童歌唱,但需要早期儿童听着音乐用动作来表达句子的密疏。

八、紧凑与舒展的节奏型

音乐可选择紧凑节奏型音乐片段,舒展节奏型音乐片段。

音乐制作活动提示:

(1)用握手与双手展开的动作来表达节奏的紧与松。

(2)让早期儿童用语言来表达音都是紧的音乐与音都是很松的音乐听起来有什么不同(音很紧的音乐听起来让人也想跟着跳起来动起来,音很松的音乐听起来让人觉得很平静)。

(3)让孩子给紧凑与舒展的音乐分别配上合适的图片(图片由教师提供)。

第九章　早期儿童音乐经验（二）：旋律

本章探讨如何在音乐教育实践中让早期儿童获得旋律经验，旋律经验由对声音高与低的感知与表达、对上行与下行旋律轮廓线的感知与表达、对级进与跳进旋律的感知与表达构成。关于声音高低的感知与表达，可用身体动作与嗓音歌唱两种制作方式；关于旋律轮廓线的感知与表达，可采用身体动作、歌唱、打击乐等制作方式。旋律经验的年龄目标见表9-1。

表 9-1　旋律经验年龄目标

	3—4岁	4—6岁
声音的 高与低	①分辨八度跨度以上的声音高低 ②分辨八度跨度的声音高低	①继续分辨八度跨度声音的高与低 ②分辨八度内跨度较大的高低声音 ③分辨五度、三度、二度跨度较小的高低声音
旋律的 上行与下行		①分辨级进的上行与下行旋律轮廓 ②分辨上行与下行旋律轮廓
旋律的 级进与跳进		①分辨级进旋律轮廓 ②分辨跳进旋律轮廓

第一节　声音的高与低

音乐思维以乐句为基本单位，但是对乐句轮廓线的理解是以对单个声音的高低理解为前提的。对只具有具体形象思维的早期儿童来说，理解声音的高低很难,因为单个声音高低的形象是单纯的听觉形象,听觉形象在早期儿童生活经验中的积累还比较少,他们还很不习惯建立单个音的听觉表象。一方面早期儿童对声音高低的辨别需要用音与音之间大的跨度来提醒,另一方面早期儿童的歌唱却是从二度、三度开始的,早期儿童最容易模仿与喜欢唱的音程是二度、三度、四度、五度,所以我们必须把早期儿童分辨音的知觉特点与歌唱音的制作特点分别处理,针对不同特点采用不同的方法。

本节音乐经验获得机制的应用方法:

(1)早期儿童通过对空间高低的探究来感知声音的高低。

(2)早期儿童通过教师手势的提示来理解声音的上与下。

(3)用嗓音模拟生活环境中的高低声音。

音乐材料类型一: 能让早期儿童分辨并模仿带有声音的生活音响材料(小、中班)

"声音蒙太奇"音响。音乐可选择本书附赠音乐中的音色音响材料。

活动建议:

(1)听录音"声音蒙太奇",每听到一种声音教师暂停并请早期儿童做以下活动。

①分辨是什么发出的声音。

②分辨每种声音是高的还是低的。(高的声音:鸟叫、自行车铃声、猫叫、茶壶叫;低的声音:垃圾车声、牛叫、狗叫;从高到低的声音:消防车鸣笛)

③把这些声音分类,如动物叫声、交通工具的声音、家庭用具的声音。

(2)身体活动。

①再听一次,要求早期儿童听到高的声音时站起来,听到低的声音时蹲下去。

②把"声音蒙太奇"中的声音顺序打乱,听一种声音后停下来,请早期儿童用嗓音或打击乐器模拟这种声音。

经验的早期儿童音乐教育

音乐材料类型二：内容含有视觉高低形象的歌曲、儿歌（小、中、大班）

1.歌曲

谱9-1

影 子

美国传统山歌
王秀萍译词

$1=^{b}B$ $\frac{4}{4}$

```
5 | 1̇ 1̇ 1̇ 1̇ | 1̇ - - 5 | 3 3 4 2 | 3 - - 5 |
  我 有 时 长 得 高， 我 有 时 变 得 矮， 我

1̇ 5 1̇ 5 | 1̇ 5 3 - | 5 5 5 5 | 1̇ - - ‖
长 得 高， 我 变 得 矮， 你 来 猜 一 猜。
```

活动建议：

(1)进行"影子"的科学探究活动。把活动室的窗帘拉下，教师准备几个大电力的手电筒，并与早期儿童一起探究影子的产生原理。当光线被物体挡住时会产生影子，请早期儿童挡住手电筒的光线，然后在墙上留下影子。当光线的角度变换时，影子的大小也变化。分别请几位早期儿童拿着手电筒尝试怎样变化手电筒的角度才能让影子变高变矮。请不拿手电筒的早期儿童随着自己影子的变高身体也尽可能向上伸展，随着自己影子的变矮身体也尽可能向下蜷缩。

(2)当早期儿童玩得起劲的时候，教师放歌曲《影子》的录音或清唱，使歌曲中的影子变高变矮与实验中真实的影子高矮相吻合。

(3)不用手电筒，请早期儿童根据教师所唱歌曲的歌词内容来伸展与蜷缩身体。

(第一次活动到此结束)

(4)请早期儿童根据教师所唱的旋律来伸展与蜷缩身体。

(5)请早期儿童根据高音a与低音d两个音来做身体的伸展与蜷缩动作。

(6)请早期儿童根据钢琴上的两个音来做身体的伸展与蜷缩动作。

2.儿歌

我的影子

我的影子与我形影不离,
他呀从头到脚长得与我一样,
嘿,连想的事儿也与我一样,
你瞧,当我跳进小床睡觉时,
他跳得比我还快。

最有趣的还是他变化的个儿,
不是像我们小朋友慢慢地长,
他呀,有时候长得比气球还高,
有时候缩得根本找不到他。

活动提示:

请早期儿童把儿歌内容用动作表达出来。

音乐材料类型三:能用高低身体动作表达音的高低

播放爵士号音乐片段,请早期儿童想象自己吹着爵士号。当录音中的爵士号声音特别高时,鼓励早期儿童可以把号朝向天花板来表示;当录音中的爵士号声音特别低时,可以把号朝向地板来表示。

音乐材料类型四:二音、三音歌曲(小、中、大班)

使用音乐材料类型一、二、三的目的是让早期儿童感知我们歌唱中的音是有高低之分的,通过身体动作的空间表达来表示音与音之间也有这种"空间"距离。音乐材料类型四的目的则是为了让早期儿童用嗓音准确地歌唱这些音的"空间"距离,因为早期儿童的嗓音比较能够唱准二、三度音,所以所有的材料都是围绕短音程展开的。

1.二音歌

谱 9-2

跷 跷 板

匈牙利儿童歌曲

$1=F \dfrac{2}{4}$

| 5 5 3 | 5 5 3 | 5 3 5 3 | 5 5 3 ‖
跷跷板　上下摆,　跷到天上　落下来。

经验的早期儿童音乐教育

活动提示:

(1)游戏:两个早期儿童面对面站立,互相拉手,一边歌唱一边做下蹲起立的交替动作,表示在坐跷跷板。

(2)跟着教师手势的唱谱活动:教师使用柯达伊的手势唱谱,请早期儿童模仿、跟着手势独立歌唱。(活动时间不要太长,控制在几分钟内)

谱 9-3

咕咕,你在哪

匈牙利儿童歌曲

$1=G$ $\frac{2}{4}$

5	3	5 5 3	5	3	5 5 3 ‖
(齐)咕	咕	你在 哪?	(独)咕	咕	你在 哪?

游戏活动设计:

全体早期儿童坐成圈,一个早期儿童蒙上眼睛蹲在圈中。全体早期儿童唱第一句后,教师指定一个早期儿童独唱第二句,请圈中早期儿童猜独唱的早期儿童是谁。被猜中的早期儿童蒙上眼睛蹲进圈中,猜中的早期儿童代替教师选择新的独唱者。

谱 9-4

雨、雨,别下了

匈牙利儿童歌曲

$1=F$ $\frac{2}{4}$

5	3	5 5 3	5 5 3 3	5 5 3
雨	雨	别 下 了,	过 了 几 天	再 下 吧。

5 5 3 3	5 5 3	5	3	5 5 3 ‖
现 在(小 明)	想 去 玩,	雨	雨	别 下 了。

即兴活动设计:

早期儿童坐成圈,轮流歌唱,唱到"小明"的地方,歌唱自己的名字。

2.三音歌

谱 9-5

白头翁

1=C 2/4

中国传统儿歌

5 3 3	5 3 3	5 5 3 5	5 6 6
白 头 翁，	白 头 翁，	小 鸟 里 的	老 公 公，

5 6 6	5 3 3	5 5 3 5	6 5	3 - ‖
老 公 公	老 公 公	专 吃 坏 蛋	毛 毛	虫。

谱 9-6

一只鸭一只鹅

1=F 2/4

湖北儿歌
杨丽梅曲

5 3 6	5 5 3 5	5 3 6	5 5 3 5
一 只 鸭	一 只 鹅，	呷 呷 呷	哦 哦 哦，

3 3 5 3	6 6 6 5	3 3 5 3	6 6	5 - ‖
你 拍 翅 膀	我 摇 头，	好 像 弟 弟	和 哥	哥。

单音辨别活动提示：

在二音歌跟着手势歌唱的基础上，继续三音歌的看手势歌唱。

二音歌、三音歌歌唱期间可以进行的小游戏：

教师制作花布球一只，在音乐活动的开始环节，利用 2 分钟左右的时间进行音准歌唱游戏。教师先唱 **5** 音，然后一边把花布球扔给一个早期儿童，一边做 **3** 或 **6** 的手势，请接到球的早期儿童根据老师的手势唱该音。唱完后，早期儿童把球还给教师，教师开始下一次的扔球。

第二节　旋律的轮廓线

能意识到旋律上行与下行的运动状态，有益于理解音乐的情绪情感表现,也容易形成旋律听觉表象,从而促进音准概念的形成。

本节音乐经验获得机制的应用方法:

(1)用身体动作的制作方式来感知旋律的轮廓线。

(2)通过嗓音模拟生活环境中的高的声音的方式,让早期儿童意识到头腔共鸣。

(3)头声歌唱。

音乐材料类型一:含有上行与下行旋律的歌曲

谱9-7

花 蝴 蝶

1=D 4/4　　　　　　　　　　　　　　Patti Zeitlin 词曲
　　　　　　　　　　　　　　　　　　王　秀　萍 译词

```
1 2 3 4 | 5 4 3 2 | 1 2 3 4 | 5 - - - |
爬 爬 爬 爬  小 毛 虫 啊, 爬 爬 爬 爬 爬,

4 6 4 2 | 3 5 3 1 | 2 4 2 7 | 1 3 5 - |
你 可 知 道  再 过 几 天  你 就 变 成  花 蝴 蝶,

4 6 4 2 | 3 5 3 1 | 2 4 2 7 | 1 1 1 - ‖
你 可 知 道  再 过 几 天  你 就 变 成  花 蝴 蝶。
```

谱9-8

问　好　歌

1=D 4/4　　　　　　　　　　　　　　西方传统儿歌

```
3 5 3 5. 3 | 5 5 4 2. 0 | 2 4 2 4. 2 | 4 4 3 1. 0 |
你好吗,你 叫 什么名字?  你好吗,你 叫 什么名字?

3 5 3 5. 3 | 5 5 4 2. 0 | 5. 4 3 2 | 1 - 1 - ‖
你好吗,你 叫 什么名字?  请 问 你 的  名　字。
```

即兴活动提示:

当早期儿童填自己的名字来唱这首歌曲时,也就进入歌词即兴的活动中,这时教师的关注点是早期儿童能否保持旋律的稳定。

谱 9-9

一只小黄狗

1=D 4/4

中国传统儿童歌曲

| 1 1 1 2 3 - | 3 3 3 4 5 - | 6 6 5 4 3 - | 5 5 2 3 1 - ‖

一只 小黄 狗,　　蹲在 大门 口,　　两眼 骨溜 溜,　　想吃 肉骨 头。

音乐材料类型二:旋律轮廓比较清晰的歌曲

谱 9-10

蓝　鸟

1=D 4/4

美国传统儿童歌曲

| 5 3 5 3 | 5 6 5 3 | 4 2 4 2 | 4 5 4 2 |

1. 蓝鸟 蓝鸟,　穿过 窗户,　蓝鸟 蓝鸟,　穿过 窗户,
2. 带上 女孩,　拍她 肩膀,　带上 女孩,　拍她 肩膀,
3. 带上 男孩,　拍他 肩膀,　带上 男孩,　拍他 肩膀,

| 5 3 5 3 | 5 6 5 3 | 1 - 6 5 3 1 | 2 - 1 0 ‖

蓝鸟 蓝鸟,　穿过 窗户,
带 上 女孩,　拍她 肩膀,　}哦,　带上 我的 朋　友。
带 上 男孩,　拍他 肩膀,

游戏活动设计:

第一段,小朋友围成圈,举起双手,当作窗户。一个小朋友做蓝鸟,飞舞双臂穿过窗户。

第二段,第一句中的蓝鸟拍一个女生小朋友的肩膀,表示带上她;第二句开始女生小朋友搭在蓝鸟的肩上。

第三段,第一句中的蓝鸟拍一个男生小朋友的肩膀,表示带上他;第二句开始男生小朋友搭在蓝鸟的肩上。

谱 9-11

小 小 蜗 牛

西班牙儿童歌曲
王　秀　萍译词

1=D 3/4

3 4 5 6 | 5 **2 3 4** 5 | 3 **1 2** 3 4 | 2 **7 1** 2 3 | 1 ‖
小小蜗牛　爬，偷偷伸出　头，看见太阳　升，美丽早晨　到。

音乐制作活动提示：

歌唱本节音乐材料类型一、二中的歌曲时，教师需要用手把旋律的进行线路表达出来，使早期儿童对旋律的上行、下行或其他方式有一种视觉与听觉的对应，便于早期儿童理解旋律进行的方向。

音乐材料类型三：专门让早期儿童分辨旋律上行与下行的音乐片段

1.用于分辨上行与下行旋律轮廓的音乐片段

音乐可选择本书附赠音乐中的旋律音响材料。

音乐活动提示：

听音乐片段，如果认为是上行的举上楼梯的卡片，如果认为是下行的举下楼梯的卡片。

2.用身体动作表达旋律轮廓的上下行

音乐可选择本书附赠音乐中的旋律音响材料。

音乐活动提示：

听到上行的旋律做上升的身体动作，听到下行的旋律做往下的身体动作。

第三节　旋律的级进与跳进

本节音乐经验获得机制的应用方法：

(1)身体动作与角色表演仍然是重要的音乐制作方式。

(2)头声歌唱。

音乐材料类型一：级进的歌曲

谱 9-12

伦 敦 桥

1=D 2/4　　　　　　　　　　　　　　　　　美国传统儿童歌曲

5 5　5 4	3 4　5	2 3　4	3 4　5
伦 敦 桥 要	倒 塌 了，	倒 塌 了，	倒 塌 了，

5 5　5 4	3 4　5	2　5 5	3 1.
伦 敦 桥 要	倒 塌 了，	亲　爱 的	朋 友。

游戏活动设计：

两位早期儿童手拉手、高高举起手臂搭成桥，其余早期儿童手牵手、唱着歌，一拍一步过桥。如果全体早期儿童步伐整齐，桥就塌；如果早期儿童步伐不整齐，桥就不塌。对桥塌与不塌的判断，由教师与早期儿童共同做出。

音乐材料类型二：跳进的歌曲

谱 9-13

邮 差

1=♭A 3/4　　　　　　　　　　　　　　　　　德国儿歌

3 － 5	1 － 3	5 5 5	1 3 5
1.邮　　差 邮	差	为 什 么	还 不 来，
2.邮　　差 邮	差	有 没 有	我 的 信，

3 － 5	1 － 3	5 5 5	1 － 0
邮　　差 邮	差	他 在 哪	里？
邮　　差 邮	差	快 点 看	看。

5 5 5	1 3 5	5 5 5	1 3 5
他 匆 忙	跑 过 来，	他 匆 忙	跑 过 来。
为 什 么	慢 腾 腾，	为 什 么	慢 腾 腾？

3 － 5	1 － 3	5 5 5	1 － 0
你　　看 你	看	这 就 是	他。
对　　啦 对	啦	这 是 我	的。

表演活动提示：

教师准备邮差的包，包内装有一些信件。请一名早期儿童表演邮差，一名早期儿童表演等信的人，表演者边歌唱边表演。

音乐歌唱活动提示：

歌唱本节音乐材料类型一、二中的歌曲时，教师需要用手把旋律的进行线路表达出来，使早期儿童对旋律的上行、下行或其他方式有一种视觉与听觉的对应，便于早期儿童理解旋律进行的方向。

第十章　早期儿童音乐经验(三)：音色

本章探讨如何在音乐教育实践中让早期儿童获得音色经验,音色经验包括日常音色、打击乐器音色、人声、器乐音色等内容。日常音色又包括生活环境中的声音、动物声音、机器声音等,对这些声音的敏感性来自通过乐器与嗓音对它们的主动探究;对打击乐器音色的感知主要通过早期儿童主动地演奏这些乐器来完成;对人声的感知与表达主要通过语言故事的角色对话与故事性歌曲的歌唱来完成;对器乐音色的感知依赖教师与早期儿童共同对器乐曲中再现性内容的挖掘,只要再现性内容能鲜明表现其内容,乐器音色也就能被感知。音乐经验的年龄目标见表 10-1。

表 10-1　音色经验年龄目标

	3—4 岁	4—6 岁
日常音色	①探索生活环境中的音色 ②探索自然现象中的音色 ③探索各种动物的音色 ④探索机器的音色	①进一步探索生活中的音色 ②进一步探索自然现象中的音色 ③进一步探索各种动物的音色 ④进一步探索机器的音色
打击乐器音色	①玩木质打击乐 ②玩塑料质地打击乐 ③玩铁质打击乐 ④玩有固定音高的打击乐	②分辨木质打击乐音色 ③分辨塑料质地打击乐音色 ④分辨铁质打击乐音色 ⑤分辨特殊音色打击乐音色
人声	①分辨说、唱、悄悄话与喊叫	②分辨童声与成人声 ③用嗓音模仿童声与成人声
乐器音色		①中国乐器音色 ②西洋乐器音色

第一节　日常音色

我们生活的环境随时随地都在发出声音,在大多数情况下我们对这些声音是熟"视"无"睹"的。引导早期儿童对周围环境中所发出的声音产生敏感性会极大地促进音乐经验的生长,因为对周围声音的敏感与对音乐的敏感,两者的思维品质是一样的。

本节音乐经验获得机制的应用方法:

(1)运用嗓音、打击乐器、自制乐器来探究日常音色。

(2)演唱与打击乐制作相结合。

一、生活环境中的音色

音乐材料类型一:生活中声音的音响材料

音乐可选择本书附赠音乐中音色音响材料(3):生活中的声音。

活动提示:

(1)请早期儿童辨别音响中是什么声音?

(2)请早期儿童用嗓音或选择合适的打击乐器模仿这种声音。

音乐材料类型二:歌曲

谱10-1

谁 有 硬 币

Angela Diller 词
Kate Stearns Page 曲
王　秀　萍　译词

1=D 2/4

```
1  12 | 3  1 | 1  12 | 3  1 | 3  34 | 5  - |
谁  有那 硬  币? 我  有那 硬  币。谁  有钥 匙?

3  34 | 5  - | 5  67 | i  5 | 5  67 |
我  有钥 匙。     谁  有那 笔  套? 我  有那

i  5 | 33 22 | 1  - | 33 22 | 1  - ‖
笔  套。 请让我们 看,     请让我们 看。
```

游戏活动设计：

游戏一：

(1)请早期儿童坐成圈,双手伸前面做捧水状。选一个早期儿童做"猜者",坐在圈中央闭上眼睛。老师分别在一个早期儿童手上放上硬币,一个早期儿童手上放上钥匙,一个早期儿童手上放上笔套,然后全体早期儿童把双手合起来。

(2)全体早期儿童唱问句,有硬币、钥匙、笔套的早期儿童分别唱答句,全体早期儿童唱最后一句,然后请圈中早期儿童猜出分别是谁拿着硬币、钥匙、笔套。

(3)游戏重复进行。

游戏二：

(1)当早期儿童做游戏比较自如后,教师请全班早期儿童成为"猜者"。全班早期儿童闭上眼睛,教师选三个拿东西的早期儿童到教室的各个角落。

(2)教师唱问的部分,三个小朋友分别唱答的部分,请全班早期儿童来分辨:谁有什么东西,在教室的什么位置。

演奏活动设计：

(1)请全体早期儿童边念歌词边即兴创作身势。

(2)请全体早期儿童边唱歌曲边做自己创作的身势。

(3)教师指定三个独唱的早期儿童,被指定的早期儿童各拿一件打击乐器。齐唱部分全体早期儿童边唱边做身势,独唱的早期儿童不唱,只在打击乐器上打出节奏型。

(4)请齐唱部分早期儿童不唱,只做身势,独唱早期儿童只演奏节奏型。

朗诵与歌唱结合游戏设计：

请全体早期儿童在合唱部分不唱只是念歌词,但被指定独唱的早期儿童照常独唱。

二、自然环境中的音色

音乐材料类型一：自然中声音的音响材料

倾听音响组合。

音乐可选择本书附赠音乐中音色音响材料(4)。

音乐材料类型二：歌曲

谱 10-2

下 雨 了

波多黎各民间歌曲
王 秀 萍 译词

1=D 2/4

| 3 5 3 | 5 5 3 | 2 3 2 3 | 4 5 3 | 2 3 2 3 | 4 5 3 |
下雨 了，倾盆 雨，隔壁女孩 在打 嚏，树上小鸟 在唧 唧，

| 2 3 2 3 | 4 5 3 | 2 6. | 6 5. | 5 4 3 4 | 2 1 0 ‖
多情风儿 在哭 泣，是对 是错， 天下着倾 盆雨。

音乐材料类型三：背景音乐

活动建议：出示五张图片，倾听五个音乐片段，请早期儿童为图片与音乐配对。

音乐可选择本书附赠音乐中音色音响材料(5)：自然界中漫步，看见幽静的自然景观。

音色音响材料(6)：也是幽静的自然景观。

音色音响材料(7)：倾盆大雨来临。

音色音响材料(8)：下雪。

音色音响材料(9)：孩子们的花园(速度比成人的要快一些)。

三、各种动物的音色

音乐材料类型一：各种动物叫声的音响材料

音乐可选择本书附赠音乐中音色音响材料(10)：动物的叫声。

音乐材料类型二：歌曲

谱 10-3

咕 咕 哩

Cristina Ulloa 词曲
王 秀 萍 译词

1=F 2/4

| 3 3 | 5 - | 3 2 1 | 2 1 | 3 3 | 5 - |
我醒 来， 晴朗的早晨， 有 小 鸟

```
6 5 3 | 5 - | 3 3 | 5. 5 | 3 2 1 | 2 1 1 |
停在床头，     我问  她  呀，你正 在 做什么？

1 1 | 2 2 | 1 - | 3 3 | 5 - | 3 2 1 |
这是她回答：     咕 咕  哩     咕咕 咕

2 1 | 3 3 | 5 - | 6 5 3 | 5 - | 3 3 |
咕咕，咕咕哩     咕咕 咕 咕，    咕咕

5 - | 3 2 1 | 2 1 | 3 3 | 2 2 | 1 - ‖
哩    咕咕 咕 咕咕，咕咕 咕咕 哩。
```

谱 10-4

森 林 合 唱

1=G 4/4

Bill Shontz 词曲
王 秀 萍 译词

Refrain

```
5 6 1 1 3 2 | 2 1 6 5 6 | 5 6 1 1 3 2 | 2 1 6 2 - |
夜晚已经降临 在那森林，所有动物开始 了歌唱。

5 6 1 1 3 2 | 2 1 6 5 6 | 5 6 1 3 2 1 6 | 5 6 1 - |
每个动物都喜 欢来合唱，唱着优美的旋律 一整夜。

5. 3 3 2 1 | 2 1 6 1 | 5. 3 3 2 1 | 2 6 2 - |
我们 合唱 在那森林， 充满 快乐 与欢笑。

5. 3 3 2 1 | 2 1 6 1 | 5 6 1 3 2 1 6 | 5 6 1 - ‖ Fine
庆祝 夜晚 降临森林，放开歌喉歌唱到 天发光。
```

Verse   （牛蛙与猫头鹰的声音）

```
‖: 5 6 1 1 1   1 3 | 2 1 5 6 | 0 0 0 0 |
   现在大牛蛙 开始 发出 歌声，
   你能听到猫 头鹰 的 叫声吗？
```

（大鹰与潜鸟的声音）

```
5 6 1 1 1   1 3 | 2 6 2 - | 0 0 0 0 |
停在橡树的 上面是 大鹰，
快点倾听远 处的 潜鸟声，
```

(蟋蟀与野狗的声音)

```
5 6 1 1 1  1 3 | 2  1  5·  6· | 0 0 0 0 |
我 们 听 到 蟋  蟀 妹   的    歌  声,
再 来 听 听 孤  独 的   野    狗  哼  唱,

5 6 1 3 2 1 6· | 5·  6·  1  - | 0 0 0 0 ‖
唱 着 优 美 的 旋 律       一    整  夜。           D.C.
唱 着 动 听 的 旋 律       一    整  夜。
```

四、机器的音色

音乐材料类型：机器声音的音响材料

音乐可选择本书附赠音乐中音色音响材料(11)：机器的声音。

我们周围有许多帮我们干活的机器,像洗衣机、吊车、垃圾车等。请小朋友说说他们感兴趣的并会发出声音的机器,然后请早期儿童听"机器的声音"(飞机、洗衣机、火车、机器钻头、吸尘器、垃圾车等)。

第二节 打击乐器音色

音色这一章的关键词是探究,无论是日常音色还是人声、乐器声的教学切忌——对应地辨认,尤其是打击乐器的音色更不是为了辨认,能辨认这是小铃的声音、这是双响木的声音又怎么样呢？我们要的是让早期儿童明白打击这种乐器而非那种乐器的理由,是让早期儿童面对需要解决的音色问题时能进行思考、判断并做出决定。

本节音乐经验获得机制的应用方法：

(1)用打击乐器模拟日常生活音色。

(2)探索录音中的打击乐声音是如何发出来的,并实践尝试。

(3)即兴创作打击乐器作品的演奏。

音乐材料类型一：打击乐器音色的音响材料

音乐可选择本书附赠音乐中音色音响材料(12)：打击乐器。

活动提示：

(1)录音中出现一种乐器的声音后,请早期儿童判断这是什么乐器发出的,可以多次尝试。

(2)按照录音顺序把这些打击乐器的声音用活动室中的打击乐器表达出来。

音乐材料类型二：自制音色音响材料

音乐可选择本书附赠音乐中音色音响材料(13)：自制录音。

活动提示：

教师根据班级所拥有的打击乐器种类录制日常生活中的一些声音，如走路声、开门声、滴水声等，请早期儿童使用合适的打击乐器、简易用品工具、嗓音进行声音模拟。

音乐材料类型三：即兴创作打击乐音色作品

回旋曲式在即兴打击乐创作中很有用，所以我们应通过不断的实践让早期儿童熟悉回旋曲的形式。例如，我们可让全体早期儿童学习一小段打击乐合奏，并将之作为回旋曲式中的回旋段 A 段，其他变化段 B、C、D 等则由小组或个别早期儿童即兴演奏，最后结束在回旋段。整个过程需要教师的指导与指挥。

关于各种打击乐器的音色展示，我们也可以通过回旋曲式来让早期儿童单独展示与即兴创作。例如把对"音乐材料类型二"中教师自制录音的模拟作为合奏乐段，然后请每种乐器展示其音色作为变化段，这种回旋即兴的方式能使早期儿童的学习处于比较主动的状态。

第三节 人 声

在所有音色中，人声是早期儿童最难理解的，因为早期儿童对音乐的理解是借助肌肉感完成的，而咽喉肌肉感是最难形成的。所以，早期儿童很难理解男低音、男中音与花腔女高音等的歌唱状态，他们对这些声音困惑不解。我们希望早期儿童对男低音、男中音与花腔女高音等歌唱状态有所理解，并不是为了他们能一一对应地辨别，而是为了他们能意识到头腔共鸣的肌肉感，因为能头声歌唱对早期儿童音乐经验的获得具有重要意义。

本节音乐经验获得机制的应用方法：

(1)用嗓音模拟日常生活音色。

(2)绘声绘色地表演故事中的角色,尤其是需要头声的角色。

(3)努力进行头声歌唱。

音乐材料类型一:说、唱、悄悄话与喊叫的音响材料

音乐可选择本书附赠音乐中音色音响材料(14):说、唱、悄悄话与喊叫。

活动提示:

(1)倾听录音,讨论这些是什么声音。

(2)尝试发出这些声音,要求能让其他早期儿童清晰地分辨出这些声音。

音乐材料类型二:故事

金发姑娘与三只熊

叙述:

在树林中的小屋里,住着熊爸爸、熊妈妈与熊宝宝。一天,一家三口出去散步,来了一位金发姑娘。她敲了敲门,发现没人,就又吃又闹又睡。很快一家三口回来了。

熊爸爸:(低的声音)

"是谁吃了我的稀饭?"熊爸爸说。

熊妈妈:(中等的声音)

"是谁睡了我的床?"熊妈妈说。

熊宝宝:(高的声音)

"哎呀,妈妈,有人已经摔破了我的椅子。"熊宝宝大声喊着。

叙述:

金发姑娘醒了,她推开三只熊逃了出去。

熊爸爸:(低的声音)

"再见,再见!"熊爸爸说。

熊妈妈:(中等的声音)

"再见,再见!"熊妈妈说。

熊宝宝:(高的声音)

"噢,妈妈!"熊宝宝说。

叙述：

这就是三只熊的故事。

三只小猪

三只小猪长大了，开始自己造房子独立生活了。

第一只小猪贪方便，用稻草造了他的房子。

第二只小猪的房子比稻草房坚固一些，它是用木条造的。

第三只小猪花了很多时间，用砖头造了他的房子。

一天晚上，那只最喜欢吃胖乎乎小猪的大灰狼来了。他看到第一只小猪在他的稻草房里。他喊道：

"小猪，小猪，让我进去。要不然我吹气把你的房子吹倒。"

第一只小猪说："我不怕你。"

但是，那只大灰狼真的吹倒了稻草房，吃掉了第一只小猪。

然后，大灰狼来到了木条房前，他喊道：

"小猪，小猪，让我进去。要不然我吹气把你的房子吹倒。"

第二只小猪说："我不怕你。"

但是，那只大灰狼真的又吹倒了木条房，吃掉了第二只小猪。

最后，那只大灰狼来到了砖头房前，他大声喊道：

"小猪，小猪，让我进去。要不然我吹气把你的房子吹倒。"

第三只小猪说："我不怕你。"

这一次，那大灰狼吹啊吹，却怎么也吹不倒砖头房。

对教师的要求：

对这类故事进行角色表演不在于动作而在于音色，教师对头腔共鸣与胸腔共鸣声音的榜样作用对早期儿童学习头声共鸣作用巨大。这样的故事需要对比强烈的声音，尤其是第一个故事中的"小熊"的声音，第二个故事中的"小猪"的声音，要求教师充分使用头声并让早期儿童模仿。

经验的早期儿童音乐教育

音乐材料类型三:歌曲

谱 10-5

三 只 小 猪

美国传统儿童歌曲
王 秀 萍译词

1=C 3/4

```
1  | 3. 3 3 | 4. 4 4 | 5 - 5 5 | 3 - 3 | 4 3 2 |
1.猪 妈 妈 有  三  只 小   猪   宝 贝 猪, 三  只  小 猪
2.一 天 这 三  只  猪 宝   贝   商 量 了, 商  量  结 果

5 7. 2 | 1 - - | 1 0 1 | 6 6 6 | 1̇ 7 6 |
有  猪  妈 妈。        猪 妈 妈 喊 宝 贝 们
是  这  样 的:        从 今 往 后 他 们 喊

5 0 5 | 3 3 4 | 5 5 5 | 5 5 5 | 1̇ 0 0 | 0 0 ‖
"圭   圭 圭," 宝 贝 喊 猪 妈 妈 "微 微 微"。
"圭   圭 圭," 不 再 幼 稚 地 喊 "微 微 微"。
```

歌唱提示:

"圭、圭、圭"处用胸腔共鸣,对早期儿童要求不用太高;"微、微、微"处的头声要求早期儿童在教师的示范下尽量模仿做到。

音乐材料类型四:用于辨别的音响

音乐可选择本书附赠音乐中音色音响材料(15):各种人声分辨。

活动提示:

(1)准备熊爸爸、熊妈妈、小熊三张卡片,请早期儿童根据对声音的判断决定举哪张卡片。

(2)倾听本书附赠音乐中音色音响材料(15)的三个音乐片段,请早期儿童举卡片。(片段一,随时换卡片,并模仿;片段二,判断是谁发出的声音;片段三,判断是谁发出的声音。)

第四节 乐器音色

我们并不会因为学习乐器音色而学习器乐曲,相反,是在学习器乐曲的再现内容过程中带出了乐器的音色学习。所以,对乐器音色的掌握是

在理解再现性器乐曲的过程中涉及的一部分内容而已。

本节音乐经验获得机制的应用方法:

(1)通过模仿教师身体动作制作方式来感知器乐曲的再现特性,并知道此器乐曲的演奏乐器。

(2)即兴创编身体动作来表达器乐曲的再现特性。

一、中国乐器音色

音乐材料类型一:中国乐器的音响材料

音乐可选择本书附赠音乐中音色音响材料(16):中国乐器。

活动提示:

这一活动的目标可以是中国乐器的知识,即了解中国乐器有哪些,它们都长什么样,它们会发出什么样的声音。

音乐材料类型二:乐曲

谱10-6

梨园小儿郎

陈国礼 词
蓝　夫 曲

$1=D\ \frac{2}{4}$

活泼地

A段

(6.5 3 5 | 6 - | 35 6 7 6 | 5 - | 3 i | 6.i 6 5 |

4 3 2 5 | 1. 2 3 | 1 1 0 2 3 | 1 1 0 6 7 | 5 5 0 6 7 |
　　　　　(白)一,　二,　三,　　　四,　五,　　六,

5 5 0 6 7 | 5 6 i 7 6 7 6 5 | 3 5 6 i 5.3 | 2 3 5 i 6 5 3 2 | 1 5 1 0)|
七,

1 5 5 | 1 5 5 | i i i 5 5 | 6 6 5 |(i i i 5 5 |
(唱)你七岁　我八岁,　我们是梨园　新一辈。

6 6 6 6 5)| 1 5 5 | 1 5 5 | 3.i 6 5 | 3 2 1 |
　　　　　　早早起　早早睡,　练功场上　不怕累。

(3 i i 6 5 | 3 4 3 2 1 0)| 6.5 3 5 | 6 5 6 |(6.5 3 5 |
　　　　　　　　　　　　　有人问我　苦不苦,

经验的早期儿童音乐教育

我只道本领 强中强，

我 们 是 梨园 小儿 郎，

我们是梨园 小(呀么)小儿 郎，

B段二胡

小 儿 郎。

你七岁 我八 岁，

我们是梨园 新一辈。 早早起

早早睡， 练功场上 不怕累。

有人问我 苦不苦， 我只道本领

```
i 6 5 | (i. 2 i 2 | i 6 5) | 2 - | 2. i 6 i |
强 中 强,              我   们 是 梨 园
```
```
2 i 2 | (2. i 6 i | 2 i 2) | i i 6 | 5 6 i |
小 儿 郎,             我 们 是 梨 园
```
```
6 6 5 6 3 | 5 0 0 | 2 0 0 | 6 0 0 | i 0 0 ‖
小(呀么)小儿 郎,    小       儿    郎。
```

音乐特性介绍：

A 段以歌唱的方式表现梨园小男子汉从小立志练本领的阳刚之气；B 段则是通过二胡独奏的方式表现了梨园中女性的柔和气息。

身体动作制作活动提示：

(1) A 段用顺风旗、提襟、双扬掌等动作来表演。

(2) B 段开始教师表演，用充满阴柔之气的杨式舞剑的简单动作合乐。如果早期儿童有兴趣学，教师可以以棒当剑让早期儿童学几个最简单的动作合乐。

二、西洋乐器音色

音乐材料类型一：西洋乐器的音响材料

音乐可选择本书附赠音乐中音色音响材料(17)：西洋乐器。

活动提示：

教师可以把这一活动的目标定为西洋乐器知识的学习，即了解西洋乐器有哪些，它们都长什么样，它们会发出什么样的声音。

音乐材料类型二：凸显西洋乐器音色的儿童乐曲《彼得与狼》(片段)

活动提示：

根据音乐剧情，把《彼得与狼》(片段，包括：片段一：长笛音色表现的小鸟的形象，片段二：黑管音色表现的猫的形象，片段三：圆号音色表现的狼的形象，片段四：三种形象的完整呈现)进行角色扮演，具体方法参照《瑞典狂想曲》动作意象方式。(阅读第七章第一节的内容)

音乐材料类型三:乐器独奏曲

1.《未出壳小鸡的舞蹈》(具体结构图及身体动作设计见第二章)

音乐制作活动提示:

(1)通过模仿教师的身体动作制作,感知此曲的音乐再现特性。

(2)对B段音乐进行即兴的打击乐演奏,要求根据身体动作的提示进行演奏。

2.《献给爱丽丝》(具体结构图及身体动作设计见第七章)

音乐制作活动提示:

(1)通过模仿教师的身体动作制作,感知此曲的音乐再现特性。

(2)当身体动作自如后进入对回旋曲式的理解,A段始终是集体表演,B段与C段分组或请个别早期儿童表演。

(3)这种身体动作制作方式不适合在集体教学中进行,一般是在自由活动时间,老师带领有兴趣的孩子边听音乐边做动作。

3.《天鹅》(具体结构图及身体动作设计见第七章)

活动提示:

(1)通过模仿教师的身体动作制作,感知此曲的音乐再现特性。

(2)提问:这首乐曲有几种乐器演奏?它们是什么乐器?

4.《梁祝》"楼台会"片段

活动提示:

(1)创设两个好朋友对话的情境。

(2)倾听这段音乐是否有对话?是哪两种乐器在对话?

(3)这是快乐的对话还是悲伤的对话?像不像人们在哽咽时的语调?

第十一章 早期儿童音乐经验(四):速度

本章探讨如何在音乐教育实践中让早期儿童获得速度经验,在让早期儿童获得速度经验的系统活动中我们可以选择这样一些音乐材料:中速的歌曲、乐曲、音乐游戏;快速与慢速的歌曲、乐曲、音乐游戏;可在三种速度样式中进行二拍、三拍身体摇摆的歌曲与乐曲;三种速度样式不断转换的歌曲与乐曲。这些音乐材料都以再现的方式呈现,以早期儿童模仿制作与即兴制作的方式感知与表达。速度经验年龄目标见表11-1。

表11-1 速度经验年龄目标

	3—4岁	4—6岁
快与慢	①用不移动与移动动作合中速音乐 ②用不移动动作合快速音乐 ③用不移动动作合慢速音乐	①用移动动作合快速音乐 ②用移动动作合慢速音乐 ③在快速中完成二拍与三拍的身体摇摆 ④在慢速中完成二拍与三拍的身体摇摆 ⑤用移动动作合快慢速交替音乐
渐快与渐慢		①用各种制作方式表达渐快 ②用各种制作方式表达渐慢 ③用各种制作方式表达渐快与渐慢的交替

第一节 快与慢

速度感不仅影响节奏感、旋律感,还影响着对音乐表现性的理解,速度的快慢表达着人类不同的情绪和情感状态,所以有人喜欢把速度作为音乐情感表现的重要形式因素。从音乐表现性角度来看,中速的音乐比较容易与优美、柔和联系在一起,不同程度的快速乐曲则容易与欢快、活

经验的早期儿童音乐教育

跃、激动、诙谐联系在一起,慢速则往往表现庄严、悲伤或安静、平和。对于需要在运动中学习音乐的早期儿童来说,速度经验的获得与运动分不开,所以用肌肉去合速度成为速度体验的主要内容。从这个角度来说,速度经验是合拍经验的深化,是在不同速度背景下的合拍。

本节音乐经验获得机制的应用方法:

(1)通过身体肌肉感来理解速度的各种变化,累积有关音乐速度的经验。

(2)通过歌唱、身体动作制作方式体会速度的变化。

一、用移动与不移动动作合中速音乐

音乐材料类型一:中速的乐曲

谱 11-1

传 球

1=D 2/4　　　　　　　　　　　　　　　　　　　袁善琦 编曲

(6 0 3 0 | 5 0 3 0 | 6 3 5 3 | 6 3 5 3 | 3 53 2 32 |

1 0 1 0) | 5　6 1̇ | 3̇ 3̇2̇ 1̇ | 6 56 7 6 | 5　- |

5 56 1̇ 2̇ | 6 5 5 3 | 6 4 3 2 | 3　- | 5　6 1̇ | 3̇ 3̇2̇ 1̇ |

6 56 7 6 | 5　- | 5 56 1̇ 2̇ | 6 5 5 3 | 5 6 3̇ 2̇ | 1̇　- |

3̇ 3̇2̇ 1̇ | 6 3̇ 2̇ 1̇ | 1̇.6 1̇ 5 | 3̇ 3̇2̇ 3̇ | 6 65 6 | 1̇ 35 6 |

3.6 5 6 | 7.6 5 6 | 5.6 1̇ 2̇ | 6 5 5 3 | 3̇ 6 3̇ 2̇ | 1̇ 0 1̇ 0 ‖

游戏设计:

教师制作一只布球,早期儿童围成圈坐下,传球时请早期儿童重拍接球,轻拍传球。

音乐材料类型二：适合走路合拍做游戏的歌曲

1.《伦敦桥》(曲谱与游戏活动设计见第九章第三节)
2.《十个小矮人》(曲谱与游戏步骤见第八章第一节)

二、用移动与不移动动作合快速、慢速音乐

音乐材料类型一：快速的乐曲

谱 11-2

小兔子音乐

1=G 2/4　　　　　　　　　　　　　　　李晋媛 曲

$$\underline{1\ 0}\ \underline{5\ 0}\ |\ \underline{\dot{1}\ 0}\ \underline{5\ 0}\ |\ \underline{4\ 3\ 2\ 3}\ \underline{4\ 6}\ |\ 5\ 5\ 5\ |$$

$$\underline{\dot{1}\ 0}\ \underline{5\ 0}\ |\ \underline{\dot{1}\ 0}\ \underline{5\ 0}\ |\ \underline{4\ 3\ 2\ 3}\ \underline{4\ 3\ 2\ 5}\ |\ \dot{1}\ 0\ \dot{1}\ 0\ \|$$

活动提示：

请早期儿童戴上小兔子的头饰，合着音乐做小兔子跳的动作。

音乐材料类型二：慢速的乐曲

谱 11-3

大象的音乐

1=C 4/4　　　　　　　　　　　　　　　张能斌 曲

$$1\ 3\ \underline{\dot{5}}\ -\ |\ 1\ 3\ \underline{\dot{5}\cdot\dot{5}}\ |\ \underline{4\ 3}\ \underline{2\ 1}\ \underline{7\ 1}\ \underline{7\ 1}\ |\ \underline{2\ 1}\ \underline{7\ 1}\ 5\ -\ |$$

$$1\ 3\ \underline{\dot{5}}\ -\ |\ 1\ 3\ \underline{\dot{5}\cdot\dot{5}}\ |\ \underline{4\ 3}\ \underline{2\ 1}\ \underline{7\ 1}\ \underline{2\ 7}\ |\ 1\ 1\ 1\ -\ \|$$

活动提示：

请早期儿童根据音乐表演大象走路动作。

三、用移动与不移动动作合速度交替的音乐

音乐材料类型一：歌曲

谱 11－4

赛 船 号 子

德 国 民 歌
沈心工 配词

1=F 2/4

5 3 3	4 2 2	1 2 3 4	5 5 5	5 3 3
小小 船，	小小 船，	你们一起	赛一赛，	船身小，
× ×	× ×	× ×	× ×	× ×
嗨 哟	嗨 哟	嗨 哟	嗨 哟	嗨 哟

4 2 2	1 3 5 5	3 －	2 2 2 2	2 3 4
胆量 好，	不怕浪头	高。	用力用力	齐用力，
× ×	× ×	× ×	× ×	× ×
嗨 哟	嗨 哟	嗨 哟	嗨 哟	嗨 哟

3 3 3 3	3 4 5	5 3 3	4 2 2	1 3 5 5	1 － ‖
追过 前面	得第一，	追追追，	追追追，	比赛得胜	利。
× ×	× ×	× ×	× ×	× ×	× ×
嗨 哟	嗨 哟	嗨 哟	嗨 哟	嗨 哟	嗨 哟

活动过程提示：

（1）第一遍用中速，第二遍用快速，先由教师领唱歌曲，全体早期儿童喊"嗨哟"，身体做马步，双手做划船状，根据速度的变化左右摇摆身体。

（2）请早期儿童来领唱并掌握速度。

音乐材料类型二：乐曲

1.游戏:小兔与狐狸捉迷藏

谱 11-5

小兔与狐狸捉迷藏

黎锦晖 词

1=D 2/4

A段

(4 3 2 1 | 7 1 2 3 | 1·　0 | 1·　0) | 1 0 3 0 |

1 0 3 0 | 1 0 3 0 | 4 3 2 1 | 7 0 2 0 | 7 0 2 0 |

7 0 2 0 | 3 2 1 7 | 1 0 3 0 | 1 0 3 0 | 1　3 |

5　— | 4 3 2 1 | 7 1 2 3 | 1·　0 | 1·　0 ‖

B段

i 7 6 | 5　4 | 3　4 | 5　— | i 7 6 | 5　4 |

3　5 | 2　— | 4 3 2 1 | 7 1 2 3 | 1·　0 | 1·　0 ‖

游戏过程设计:

(1)A 段:小兔子们随着音乐跳向活动室的各个角落,当音乐结束时小兔在原地不动,表示已经藏好。

(2)B 段:狐狸出来找小兔子,它们左右摇摆、东张西望地寻找着。扮演狐狸的小朋友尽量随着 B 段音乐合拍地从活动室的一头走到另一头。

(3)A 段音乐与 B 段音乐循环进行,游戏表演也循环进行。

2.故事表演"小熊一家"

谱 11-6

熊 的 音 乐

卓 夫曲

1=C 2/4

5 5 345 | 4 3 2 | 4 4 234 | 3 2 1 | 6 4 6 | 5 3 5 |

5432 13 | 5　— | 6 4 6 | 5 3 5 | 5432 13 | 1　— ‖

表演活动设计：

(1)教师请小朋友学三个动作：小跑步双手高举；走路双手平举；很慢地走路，同时双手放胸前下垂。

(2)教师说道："熊爸爸、熊妈妈还有小熊一家三口出去散步，看是谁出来了。"教师做上面三个动作，请早期儿童辨认。当早期儿童的动作与角色对应后，教师口头指挥"小熊出来了，熊爸爸出来了，熊妈妈出来了"，请早期儿童表演。

(3)教师说："现在老师弹音乐，请小朋友听听小熊一家谁出来了。"教师把上面熊的音乐用三个音区、三种速度弹奏。小熊：高音区快速；熊妈妈：中音区中速；熊爸爸：低音区慢速。教师在演奏时鼓励早期儿童用动作表演。

四、快中慢速度的二、三拍韵律

音乐材料类型一：歌曲

谱 11-7

闪光的萤火虫

普拉特 词
瓦特霍尔 曲

$1=\flat A$ $\frac{3}{4}$

```
3 - 4 | 3 - 1 | 1 - 6 | 1 - - | 3 - 4 |
萤    火 虫   夜 里   闪  光，      像    那

3 - 1 | 1 - 6 | 2 - - | 2 - 3 | 5 - - |
星    星 眨   眼  睛。       在    空  中

7 - 6 | 5 - - | 3 - 4 | 3 - 1 | 1 - 6 | 1 - - ‖
到    处 飞，  飞  来   飞 去   绿  星   星。
```

三拍身体摇摆动作设计：

(1)1—8小节：脚步是一小节左右左，另一小节右左右的交替向前；双臂两侧平举，第一拍提手腕，第三拍压手腕，一小节一个完整动作；身体随着脚的动作定方向，左右左时朝左边方向，右左右时朝右边方向。

(2)9—16小节:脚在原地不动,只做屈膝的摇摆;双臂动作与身体方向与1—8小节相同。9—16小节与1—8小节不一样的地方是三拍一次的身体摇摆不依赖脚步动作,而是凭对音乐的直接关注。

音乐材料类型二:律动曲

谱11-8

小鱼游音乐

$1=F$ $\frac{6}{8}$　　　　　　　　　　　　　　　佚　名曲

$\underline{3\ 5\ 6}\ \underline{5\ 3\ 1}\ |\ \underline{2\ 3\ 1}\ \dot 5 \cdot\ |\ \underline{6\ 7\ 1}\ \underline{2\ 3\ 1}\ |\ \underline{2\ 2\ 3}\ 2 \cdot\ |$

$\underline{3\ 5\ 6}\ \underline{5\ 3\ 1}\ |\ \underline{2\ 3\ 1}\ \dot 6 \cdot\ |\ \underline{5\ 6\ 5}\ \underline{3\ 5\ 3}\ |\ \underline{2\ 1\ 6}\ 1 \cdot\ \|$

韵律动作设计:

早期儿童随着音乐做小鱼游的动作。脚碎步,一手放在身前,一手放在身后,手心相对。每三拍压一次手腕,每小节压两次。四小节后身前与身后的手对换一下,表示改变游的方向。

谱11-9

蝴蝶飞的音乐

$1={}^\flat E$ $\frac{6}{8}$　　　　　　　　　　　　　　　佚　名曲

$5\ \underline{3}\ 5\ \underline{3}\ |\ \underline{4\ 3\ 2}\ 3 \cdot\ |\ 5\ \underline{3}\ 5\ \underline{3}\ |\ \underline{4\ 3\ 4}\ 2 \cdot\ |$

$\underline{5\ 5\ 5}\ \underline{6\ 6\ 6}\ |\ \underline{6\ 4\ 6\ 5}\ 3\ |\ \underline{2\ 2\ 2}\ \underline{4\ 3\ 2}\ |\ \underline{2\ 1\ 2}\ 1 \cdot\ \|$

韵律动作设计:

早期儿童随着音乐做蝴蝶飞的动作。脚碎步,双手举到头顶,每小节的前三拍压手腕,让双手腕在头顶相碰,每小节的后三拍反向压手腕,手臂落至身体两侧与肩膀平。

音乐材料类型三:很有休止符表现力的乐曲

乐曲《小老鼠与老猫》(具体乐谱、乐曲分析及韵律活动设计见第八章第二节)。

经验的早期儿童音乐教育

音乐材料类型四：舞曲

谱 11-10

<h3 style="text-align:center">火 车 舞</h3>

1=C 3/4　　　　　　　　　　　　　　　　　　瑞士民间舞曲

$\dot{1}\ 5.\ 6\ 5.\ 4\ |\ 3.\ 4\ 5\ \dot{1}\ |\ 7\ \dot{1}\ \dot{2}\ \dot{1}\ 7\ |\ \dot{1}.\ \dot{2}\ \dot{3}.\ \dot{1}\ 5\ |$

$\dot{1}\ 5.\ 6\ 5.\ 4\ |\ 3.\ 4\ 5\ \dot{1}\ |\ 7\ \dot{1}\ \dot{2}\ \dot{1}\ 7\ |\ \dot{1}\ \dot{1}\ 0\ \|$　Fine

$\dot{1}\ \dot{3}\ \widetilde{\dot{2}}\ -\ |\ \dot{1}\ \dot{3}\ \widetilde{\dot{2}}\ -\ |\ \dot{1}\ \dot{3}\ \dot{2}\ \dot{2}\ \dot{1}\ |\ 7\ 6\ 5\ -\ \|$　D.C.

邀请舞动作设计：

(1) 请几位早期儿童做邀请者在圈内，其余早期儿童围成一个大圈拍 X | X X 节奏型。

(2) 1—2 小节：邀请者脚步为左右左与右左右交替进行，手握方向盘表示开火车，身体随着脚步三拍一摇摆。3—4、5—6、7—8 小节与 1—2 小节相同，第 8 小节后找到一个朋友。

(3) 9—10 小节：两位朋友相对做两个邀请动作。

(4) 11—12 小节：两位小朋友各举左手相握，朝逆时针方向走左右左、右左右的步子换位置。

(5) 邀请舞循环。

第二节　渐快与渐慢

对渐快与渐慢的感知与表达是以匀速为基础的，所以在让早期儿童感受渐快与渐慢的音乐之前，在所有的音乐制作活动中尤其在歌唱活动中要随时创造时机让早期儿童意识到匀速。

本节音乐经验获得机制的应用方法：

(1) 通过身体肌肉感来理解速度的细微变化，累积有关音乐速度的经验。

(2)通过打击乐器与身体打击的演奏,体会速度的细微变化。

音乐材料类型一:歌曲

谱11-11

卡通的歌

1=C 2/4　　　　　　　　　　　　选自《大篷车》节目主题歌

```
5 6 5 1 | 5 6 5 3 | 5 6 5 1 1 | 5 5 6 5 3 |
卡通的墙， 卡通的瓦， 卡通的房子 是那大南瓜。

5 6 5 1 | 5 6 5 3 | 5 6 5 3 3 | 1 2 3 2 1 :||
卡通的车， 卡通的马， 卡通的弟弟 是那布娃娃。
```

音乐特性分析:

每一遍音乐的重复都会有前奏,每一段音乐的变快都会在前奏部分预示。所以,教师引导早期儿童认真听前奏,早期儿童就能比较自如地把握音乐速度的一段段递进了。

身体制作活动提示:

(1)学习简单的卡通动作,根据歌词内容进行表演。

(2)通过听前奏准备好动作的越来越快。

谱11-12

火 车

1=F 2/4　　　　　　　　　　　　　　　津巴布韦民歌

```
1 | 3 - | 2. 3 | 4 3 3 2 | 2 1 0 | 1 5 1 6 5 |
火 车 　 开 了 马上就要 开了。 轰隆 隆 隆 隆，

1 1 2 | 3 2 | 1 5 1 6 5 | 1 1 2 | 3 2 0 ||
轰隆 隆 隆 隆， 轰隆 隆 隆 隆， 轰隆 隆 隆 隆。
```

歌唱活动建议:

(1)请早期儿童一拍拍手一次为歌曲伴奏。教师要求早期儿童用稳

定的拍子为歌曲伴奏。

(2)提问:当你打着拍子的时候,你感觉这音乐怎么啦?(越来越快)

(3)鼓励早期儿童边拍手边歌唱,在这个过程中体会渐快。

打击乐伴奏建议:

(1)请早期儿童用一拍一次节奏型为第一段音乐配上打击乐伴奏,注意弱起半拍的等待。

(2)请早期儿童用以下节奏型为第二段音乐配上打击乐演奏,注意渐快。

(3) ✘　　✘✘ | ✘　✘ ‖

音乐材料类型二:器乐曲

1.维拉罗伯斯的《乡间小火车》(节选)

活动建议:

(1)邀请早期儿童用嗓音来表达火车发出的各种各样的声音。

(2)倾听《乡间小火车》音乐,请早期儿童边听音乐边手拍大腿、嘴念"咔嚓""轰隆"等象声词。

(3)教师引导早期儿童说出"咔嚓""轰隆"以外的象声词,如叮咯咚咯、吐特吐特、锵咯锵咯等。

(4)教师引导早期儿童继续边拍大腿边听音乐,并指挥音乐三部分的不同速度:第一部分,火车慢慢启动,并逐渐加快;第二部分,火车随着咔嚓咔嚓稳定节拍的出现,穿越美丽的乡村;第三部分,火车快速翻越山岭,然后逐渐远去。

(5)在教师的指挥下,早期儿童手拍大腿、嘴念象声词为音乐伴奏。

2.格里格的《山王的宫殿》(欣赏)[①]

此曲共九段音乐,每段音乐的音乐材料相同,变化的只是音色、速度与力度。每大段由重复的两小段组成,每大段在音色上都有一些变化,在力度与速度上则是递进式的,到了后三大段,无论是力度还是速度都到了紧张怪异的程度,最后在快速、很强的力度中结束。

活动建议:

(1)由《鸡妈妈与狐狸》的故事导入。故事内容:狐狸每天偷偷地跟在

---

① 南京市第一幼儿园周宁娜老师等原创。

鸡妈妈后面想抓到鸡妈妈,鸡妈妈知道后与同伴一起想出很多办法,想让狐狸吃些苦头。这一天,鸡妈妈先在家里化妆打扮(前奏部分即第一大段),打扮完后出门。狐狸偷偷地跟在后面,它先东张西望,后来被钯狠狠地砸了一下(第二大段音乐);狐狸不顾疼痛继续跟着鸡妈妈,它先东张西望,后来狠狠地被撞入水池中(第三大段音乐);狐狸不顾浑身湿透继续跟着鸡妈妈,它先东张西望,后来被一袋面粉埋了(第四大段音乐);狐狸不顾满脸面粉继续跟着鸡妈妈,它先东张西望,后来又被埋进了稻草堆里(第五大段音乐);狐狸不顾浑身发痒继续跟着鸡妈妈,它先东张西望,后来发现鸡妈妈钻进了狭窄的篱笆(第六大段音乐);它挤篱笆(第七大段音乐);挤完篱笆直接掉进河里(第八段音乐);狐狸从河里上岸后发现鸡妈妈跑回家,就飞快地追赶(第九段音乐);追到鸡妈妈家,发现已经关门,它拼命砸门,但门砸不开(尾声)。

(2)把狐狸吃过的苦头用动作表现出来。被钯砸——用手掌拍额头;被撞入水池——做下水动作;被面粉埋——做抱头动作;被稻草埋——双手做摊倒动作;钻篱笆——侧身;掉进河里——做双手交替的自由泳动作;快速追——做快速小跑动作。

(3)边听音乐边看教师扮演狐狸。

(4)早期儿童扮演狐狸,教师继续提供示范与段落衔接的语言提醒。

音乐材料类型三:舞曲

1.三拍子二拍子交替的舞曲

谱 11-13

圆 圈 舞

1=F 3/4

墨西哥民间舞曲

身体动作设计:

全体早期儿童围成两圈,两圈人数相等,里外圈早期儿童肩并肩按顺时针方向前进。

(1)弱起等待。

(2)1—4小节:里外圈早期儿童拉住靠近的一只手高举,脚步做交替步,各自先出里面一只脚,做交替步时第一步朝前走,后两步原地,共向前走四步。

(3)5—8小节:反方向向前走四个交替步。

(4)9—10小节:第9小节三拍面对面做左右左伦巴步,第10小节第一拍互击双掌,第二拍等待。

(5)11—12小节:反方向重复9—10小节动作。

(6)13—14小节:与9—10小节动作相同。

(7)15—16小节:与11—12小节动作相同。注意弱起拍等待。

2.慢、中速、快速交替的舞曲

谱11-14

农 夫 舞

$1=C$ $\frac{3}{4}$

丹麦民间舞曲

身体动作设计:

全体早期儿童围成两圈,两圈人数相等,里外圈早期儿童面对面。

(1)弱起等待。

(2)1—4小节:随着三拍子音乐做再见动作。

(3)5—8小节:脚做左右左与右左右的交替步,第三拍弯膝;双手做邀请动作。

(4)9—16小节:外圈早期儿童做三拍的自由动作,里圈早期儿童身体三拍一摇摆,并每拍拍一次手。

(5)17—24小节:里圈早期儿童做三拍的自由动作,外圈早期儿童身体三拍一摇摆,并每拍拍一次手。

音乐重复时,在弱起拍时里圈早期儿童向顺时针方向移动一个位置换舞伴。

第十二章 早期儿童音乐经验(五):织体

本章探讨如何在音乐教育实践中让早期儿童获得织体经验,织体经验包括有声舞蹈中的声音层次、身体打击乐中的声音层次、打击乐器演奏中的声音层次、二声部歌唱中的声音层次。由于早期儿童对音乐的亲近是一种运动式的亲近,对他们来说,让他们坐在那里只通过耳朵来亲近音乐是无趣的。对成年人来说,织体主要指和声与复调效果,对早期儿童来说,无论是和声还是复调他们都还没有能力关注,他们仅能关注的是声音(主要是无音调的)的层次。所以,本章的活动主要围绕身体打击与打击乐演奏展开,同时也涉及二声部的歌唱。织体经验的年龄目标见表12-1。

表12-1 织体经验的年龄目标

	3—4岁	4—6岁
打击乐(包括身体打击与乐器打击)、舞蹈中的多层次		①分辨身体打击乐合作中的层次 ②分辨踢踏舞、铃圈舞中的层次 ③独立完成身体打击的多层次
音层厚与薄的比较		①分辨钢琴伴奏与管弦乐伴奏的不同 ②分辨独奏与合奏 ③合作多层次的打击乐表演
多声部歌唱		①分辨领唱与齐唱 ②合作二声部歌唱 ③合作三声部歌唱

第一节 打击乐的多声部

在专业音乐教育中,织体是指音乐多声部之间的配合与交织,所以对专业音乐学习者来说,感知与理解形成音乐多声部的复调与和声结构是织体学习的核心内容。对织体的感知与理解需要一定的生理条件与经验积累,早期儿童还没有达到理解织体所需的成熟度,所以他们对复调、和声没有兴趣。早期儿童音乐教育既要从早期儿童的音乐趣味出发,又要保证让他们制作获得音乐经验需要的所有音乐形式和样式,所以,在织体经验方面,我们的策略是不让早期儿童关注和声,但需要让他们感知与理解声音(主要是无音调的)的层次。本节着重于打击乐中的声音层次。

本节音乐经验获得机制的应用方法:

(1)意识到自己演奏的声音与其他小朋友的声音是不一样的。

(2)意识到身体打击的层次。

音乐材料类型一:歌曲

谱12-1

领 头 人

美国传统歌曲
王 秀 萍 译词

1=D 6/8

5 5 5 3 3 | 5 5 3 3 | 5 3 6 | 5. 3. |
现在我来 做领 头 人 呀,我 做动 作 你 学,

5 5 5 3 3 | 5 5 5 3 | 5 3 6 | 5 3. ‖
先拍那膝 盖, 再拍那脚 趾, 拍 拍手 来 转 个 圈。

活动过程设计:

(1)前四小节请早期儿童三拍一步左右摇摆走路,后四小节根据歌词合拍地做动作。

(2)前四小节请早期儿童边唱边用双手拍腿,后四小节边唱边拍手,三拍拍一次。

(3)全体早期儿童歌唱,另请几个早期儿童伴奏,他们打击低音与中音铝板琴(只给F与C两个音板),没有铝板琴可用大鼓与铃鼓代替,打击的节奏为三拍一次。

(4)全体早期儿童歌唱。前四小节请个别早期儿童打击低音铝板琴,没有铝板琴可用大鼓代替,打击的节奏为三拍一次;后四小节请个别早期儿童打击中音铝板琴,没有铝板琴可用铃鼓代替,以5—6小节的节奏型为固定音型演奏。

(5)伴奏同(4),歌唱的早期儿童在后四小节不是根据歌词进行身体打击,而是即兴创作不同的身体打击,标准是合拍并发出好听的声音。

(6)全部合起来表演。

音乐材料类型二:身体打击乐的演奏

1.简单的身体打击

谱 12-2

```
拍手  | 0    0   | 0    0   | 0    0 X | 0    0 ||
拍右  | X0X0 X   | X0X0 X   | X0X0 X 0 | 0    0 ||
腿左  | 0X0X 0   | 0X0X 0   | 0X0X 0   | 0    0 ||
跺脚  | 0    0   | 0    0   | 0    0   | X    0 ||
```

活动提示:

(1)把以上节奏型用比较慢的速度让早期儿童模仿,注意反复循环。

(2)在早期儿童逐渐熟练的过程中慢慢加快速度,并要求早期儿童动作越来越轻巧。

2.稍复杂的身体打击

谱 12-3

A段
```
拍手 | X  X  XX X | XX XX  X X | X0 0X 0  X | XX XX X 0 ||
拍腿 | 0  0  0  0 | 0  0  0  0 | 0X X0 XX 0 | 0  0  0 0 ||
```

B段
```
拍手 | 0   00   0 | 0   0  0 0 | X 000 | 0    00 ||
拍腿 | XXXX X XXXX X | XXXX XX XX X | 0 0 0 0 | XXXX XXXX X 0 ||
```

C段
```
拍手 | 0 X 0X X | XX XX XX X | 0 X XX X | XX XX X 0 ||
拍腿 | X 0 X0 0 | X0 0  X0 0 | X 0 X0 0 | X0 0 X 0 ||
```

活动建议：

(1)让早期儿童模仿学习三段身体打击演奏。

(2)在早期儿童逐渐熟练的过程中慢慢加快速度,并要求早期儿童动作轻巧。

(3)此曲是 ABACA 回旋结构。

(4)当早期儿童熟练后,回旋段落可以继续扩展,让每一组的早期儿童合作创编一段。早期儿童刚创编完时,把原来的 B、C 段去掉,用四组早期儿童自己创编的节奏,形成 ABACADAEA 结构。

(5)当早期儿童对小组创编的节奏段熟悉后,再加上原来的 B、C 段,这样就形成 ABACADAEAFAGA 结构。

第二节　音层厚与薄的比较

本章第一节的主要任务是让早期儿童感知到声音的层次,这一节就要增加感受织体的表现性内容了。意识到声音层次的厚与薄是与人的情绪情感相联系的,一般来说,音层多而厚时音响色彩浓厚,容易引起强烈的情绪反应;音层少而薄时音响色彩清澈透明,容易引起安静的情绪。

本节音乐经验获得机制的应用方法：

(1)在歌唱与打击乐制作活动中分辨出不同的声音。

(2)在打击乐演奏活动中意识到乐器种类的加入与退出。

(3)用语言表达音层厚薄的表现性。

音乐材料类型一:歌唱中的打击乐

谱 12-4

小　　鸡

波多黎各民间歌曲
王　秀　萍译词

$1=D \quad \frac{2}{4}$

| 1 1 3 3 | 5 5 0 | 1̇ 1̇ 7 7 | 6 6 0 |

1.小鸡　喊着　妈妈,　　叽叽　叽叽　叽叽。
2.妈妈　正在　捉虫,　　准备　你们　晚餐。
3.躲在　妈妈　身下,　　小鸡　打着　哈欠。

```
5 6 5 6 | 5 3 0    | 4 4 3 2 | 2 1 0 ‖
饿的 冷的  时候,     小鸡 喊着 妈妈。
所以 你们  长胖,     一天 一天 长大。
温暖 又    干燥,     等着 太阳 出来。
```

活动过程设计:(活动在早期儿童会唱歌曲以后进行)

(1)辨别独与合。

唱第一段,在小鸡"叽叽"叫的两小节请一个早期儿童单独来唱。

唱第一段,全体早期儿童一起唱。

"叽叽"部分分别请一个早期儿童单独唱与全体一起唱,反复几次。请早期儿童说说,两种唱法有什么不同。

(2)走路与打击乐演奏。

全体早期儿童边歌唱边做小鸡,以 × × | × × | 的节奏在活动室走,同时请几位早期儿童以这种节奏型打击沙球。

全体早期儿童边歌唱边做母鸡,以 × - | × - | 的节奏在活动室走,同时请几位早期儿童以这种节奏型打击铃鼓。

把上面两部分合起来。一部分早期儿童做小鸡在活动室走,同时合沙球的伴奏;另一部分早期儿童做母鸡在活动室走,同时合铃鼓的伴奏。

最后是逐步加入。第一段先是小鸡走路与沙球伴奏;第二、第三段小鸡与沙球继续,并加上母鸡与铃鼓。

谱 12-5

舞 绣 球

$1=\flat B$ $\frac{2}{4}$

佚 名词曲

```
1̇ 5 6 | (1̇ 5 6) | 3 6 3 5 | (3 6 3 5) | 3 5 3 5 | 1̇ 5 3 2 |
绣球 圆,  圆溜 溜,              叔叔 伯伯  舞绣 球,
绣球 转,  转悠 悠,              叔叔 伯伯  翻跟 斗,

(3 5 3 5 | 1̇ 5 3 2) | 1 2 1 2 | 0 3 5 6 5 | 3.5 6 |
                    一对 狮子  随后 跳 哇, 摆摆 尾,
                    逗得 狮子  蹦蹦 跳 哇, 蹦蹦 跳,
```

$(3.\underline{5}6) | \dot{1}.\underline{5}6 | (\dot{1}.\underline{5}6) | \underline{3\underline{5}3\underline{2}}\ \underline{1\underline{5}3} | 2\ 0 | \underline{3\underline{5}3\underline{2}}\ \underline{1\underline{5}3} |$

摇摇头， 七不愣登扑绣 球(嘿嘿), 八不愣登扑绣

跳蹦蹦， 七不愣登滚绣 球(嘿嘿), 八不愣登滚绣

$2\ 0 | 3.\underline{5}66 | 3.\underline{5}66 | \dot{1}\dot{1}\ 35 | 6\ - | 6\ 0 \|$

球(嘿嘿), 七不愣登 八不愣登 扑(呀)扑绣 球 哟。

球(嘿嘿), 七不愣登 八不愣登 滚(呀)滚绣 球 哟。

打击乐器演奏的节奏型提示：

小铃与双响木：凡有间奏的句子，歌唱部分等待，只在间奏处演奏。

一小节间奏的节奏型为 ×× × |；两小节间奏的节奏型为 ×× ×× | ×× × |。

最后三句中前两句的节奏型是 ×× ×× | ×× × |；最后一句的节奏型为 ×× ×× | ×× ×× | ×× ×× | × × | × 0 |。

铃鼓与小鼓：凡有间奏的句子，歌唱部分等待，只在间奏处演奏；最后三句全部演奏，演奏的节奏型都是 × × |。

音层感知提示：

当早期儿童熟悉歌唱与打击乐演奏后，请小铃与双响木组只用一种乐器演奏，请铃鼓与小鼓组也只用一种乐器演奏，其他不变。然后请早期儿童倾听两种乐器的演奏与四种乐器的演奏有什么区别。

音乐材料类型二：打击乐的织体

谱 12 – 6

打击乐总谱

木制乐器	× ×× × 0	× ×× × 0	0 × × 0	× 0 × 0
木制乐器	× ×× × 0	× ×× × 0	0 × × 0	× 0 × 0
小　　鼓	0 0 0 ×	0 0 0 ×	× 0 0 ×	0 ×× × 0

经验的早期儿童音乐教育

木制乐器	X XX X 0	X XX X 0	0 X X 0	X 0 X 0
小　鼓	0 0 0 X	0 0 0 X	X 0 0 X	0 XX X 0
钹	0 0 0 0	0 0 0 0	0 0 0 0	X 0 0 X

木制乐器	X XX X 0	X XX X 0	0 X X 0	X 0 X 0
小　鼓	0 0 0 X	0 0 0 X	X 0 0 X	0 XX X 0
钹	0 0 0 0	0 0 0 0	0 0 0 0	X 0 0 X
木　鱼	X 0 0 0	X 0 0 0	X 0 0 0	X 0 0 0

木制乐器	X XX X 0	X XX X 0	0 X X 0	X 0 X 0
小　鼓	0 0 0 X	0 0 0 X	X 0 0 X	0 XX X 0
钹	0 0 0 0	0 0 0 0	0 0 0 0	X 0 0 X
木　鱼	X 0 0 0	X 0 0 0	X 0 0 0	X 0 0 0
沙　球	XX XX XX XX	XX XX XX XX	XX XX XX XX	XX XX XX XX

木制乐器	X XX X 0	X XX X 0	0 X X 0	X 0 X 0
小　鼓	0 0 0 X	0 0 0 X	X 0 0 X	0 XX X 0
钹	0 0 0 0	0 0 0 0	0 0 0 0	X 0 0 X
木　鱼	X 0 0 0	X 0 0 0	X 0 0 0	X 0 0 0
沙　球	XX XX XX XX	XX XX XX XX	XX XX XX XX	XX XX XX XX
身击｛拍手	0 XX 0 XX	0X XX XX X	0 XX 0 XX	0X XX XX X
跺脚	X 0 X 0	X 0 0 0	X 0 X 0	X 0 0 0

木制乐器	X XX X 0	X XX X 0	0 X X 0	X 0 X 0
小　鼓	0 0 0 X	0 0 0 X	X 0 0 X	0 XX X 0
钹	0 0 0 0	0 0 0 0	0 0 0 0	X 0 0 X
木　鱼	X 0 0 0	X 0 0 0	X 0 0 0	X 0 0 0
沙　球	XX XX XX XX	XX XX XX XX	XX XX XX XX	XX XX XX XX
身｛拍手	0 XX 0 XX	0X XX XX X	0 XX 0 XX	0X XX XX X
击｛跺脚	X 0 X 0	X 0 0 0	X 0 X 0	X 0 0 0
铃　鼓	0 XX 0 X	0X XX XX X	0 XX 0 X	0X XX XX X

木制乐器	0 XX X 0	X XX X 0	0 X X 0	X 0 X 0
小　鼓	0 0 0 X	0 0 0 X	X 0 0 X	0 XX X 0
钹	0 0 0 0	0 0 0 0	0 0 0 0	X 0 0 X
木　鱼	X 0 0 0	X 0 0 0	X 0 0 0	X 0 0 0
沙　球	XX XX XX XX	XX XX XX XX	XX XX XX XX	XX XX XX XX

身｛拍手	0 XX 0 XX	0X XX XX 0	0 XX 0 XX	0X XX XX X
击｛跺脚	X 0 X 0	X 0 0 0	X 0 X 0	X 0 0 0
铃　鼓	0 XX 0 X	0X XX XX X	0 XX 0 X	0X XX XX X
大　鼓	X 0 X 0	X 0 0 0	X 0 X 0	X 0 0 0

打击乐演奏建议：

(1)教师把早期儿童分组，早期儿童逐组模仿教师的演奏，全体早期儿童体会一组一组进场时的音响变化。对音响变化的关注集中在音层少与多引起的情感反应上，即音层少而薄时音响效果如何，情绪反应如何；音层多而厚时音响效果如何，情绪反应如何。当所有组都掌握了自己的节奏型并能与其他组合作时，要求所有的早期儿童尽可能动作轻巧地演奏。

(2)当早期儿童合奏得很熟练后，教师要求早期儿童按图 12-1 的乐曲结构演奏，注意引导早期儿童倾听音响效果与情绪反应。[①]

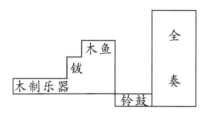 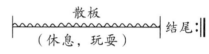

图 12-1　打击乐结构图

最后的尾声节奏型为：

| 钹 | ‖: 0 | 0 | 0 | 0 | | 0 | × | 0 | 0 :‖ |
| 其他乐器 | ‖: × | — | 0 | 0 | | × | 0 | 0 | 0 :‖ |

第三节　多声部歌唱

这一节我们主要是让早期儿童浅浅地尝一下音乐多声部的"味道"，由于加入的声部都是非常简单的，是在早期儿童能力范围内的，所以不与早期儿童的音乐趣味相悖。

本节音乐经验获得机制的应用方法：

(1)在模仿教师歌唱的过程中学习多声部合作歌唱。

(2)在歌唱自己声部时能够听到其他声部的声音。

[①] 秦德祥.元素性音乐教育[M].南京：南京师范大学出版社，1989：87.

音乐材料类型一：唱与说的二声部

谱 12-7

哈 哈 镜

1=D 2/4　　　　　　　　　　　　　　　李　漫词曲

(6̲6̲6̲5̲ 3 5 | 6̲·6̲ 5̲ 6̲ 0) | 3̲ 3̲2̲ 3 5 | 6̲·6̲ 5̲ 6̲ 0 | 2̲ 2̲2̲1̲ 2̲ 3̲5̲ |
　　　　　　　　　　　　哈哈 镜　真有 趣，照(呀)照得真开

3·̲2̲ 3 ﹇ 3· 2̲ | 3 - | 6·̲ 5̲ | 6 - | 3· 2̲ |
心，　　(唱)哈　 哈　 镜，　　哈　 哈　 镜，　　哈　 哈

　　　　　× × × | × × × | × × × | × × × | × × × |
　　　　　(说)照一照(哪个)变胖了，照一照(哪个)变瘦了，照一照(哪个)

﹇ 3 - | 6·̲ 5̲ | 6 - | 6̲ 6̲6̲ 5̲ 3̲ 5̲ | 6̲·6̲ 5̲ 6̲ 0 ‖
　镜，　　哈　 哈　 镜，　　大家乐得笑嘻　嘻笑嘻嘻。

　× × × | × × × | × × × | 6̲ 6̲6̲ 5̲ 3̲ 5̲ | 6̲·6̲ 5̲ 6̲ 0 ‖
变高了，　照一照(哪个)变矮 了，(唱)大家乐得笑嘻　嘻笑嘻嘻。

歌唱活动提示：

让一半早期儿童歌唱、一半早期儿童朗诵并不是容易的事，歌唱的早期儿童容易被朗诵的早期儿童干扰，所以朗诵的早期儿童控制音量是非常必要的。

音乐材料类型二：轮唱式二声部

谱 12-8

萤 火 虫

1=D 4/4　　　　　　　　　　　　　　选自《童谣世界》

﹇ 3 2̲3̲ 1̲1̲ 5̲· | 3 3̲2̲3̲ 1̲1̲ 5̲· | 3̲1̲5̲ - - | 3̲1̲5̲ - - |
　小小　萤火虫，飞到西来飞到东， 这边亮　　　　那边亮，

﹇ 0 0 0 0 | 0 0 0 0 | 3 2̲3̲ 1̲1̲ 5̲· | 3 3̲2̲3̲ 1̲1̲ 5̲· |
　　　　　　　　　　　　　　　　　小小 萤火虫，飞到西来飞到东，

经验的早期儿童音乐教育

$$\begin{Vmatrix} 3\ 3\ 3\ 1\ 5\ \underline{2} & | & 1\ -\ -\ - & :\| & 3\ 3\ 3\ 1\ 5\ \underline{2} & | & 1\ -\ -\ - & \| \\ \text{好像许多小 灯 笼。} & & & & \text{好像许多小 灯 笼。} & & \\ 3\ 1\ 5\ -\ - & | & 3\ 1\ 5\ -\ - & :\| & 3\ 3\ 3\ 1\ 5\ \underline{2} & | & 1\ -\ -\ - & \| \\ \text{这边亮} & & \text{那边亮,} & & \text{好像许多小 灯 笼。} & & \end{Vmatrix}$$

对教师的建议：

(1) 二声部合唱对教师指挥的要求较高,教师注意声部的进出手势。

(2) 当二声部轮唱比较自如时,此曲可以进行三声部轮唱。

音乐材料类型三:第二声部为象声词的二声部

谱12-9

小 闹 钟

周银宝 词
王以卓 曲

$1=F \quad \frac{2}{4}$

$$(\ 1\ \underline{5}\ \ 1\ \underline{5}\ |\ 1\ \underline{5}\ \ 1\ \underline{5}\ |\ 1\ 0\ \ 5\ 0\ |\ 1\ 0\ \ 0\ )\ |$$

$$\begin{Vmatrix} 3\ 5\ \ 5\ 5 & | & 5\ 3\ \ 3 & | & 3\ 5\ \ 5\ 5 & | & 5\ 3\ \ 3 & | \\ \text{小 闹 钟(呀)} & & \text{真机灵,} & & \text{滴答滴答} & & \text{走不停,} & \\ 1\ \underline{5}\ \ 1\ \underline{5} & | & 1\ \underline{5}\ \ 1\ \underline{5} & | & 3\ 3\ 3\cdot & | & 3\ 3\ 3\cdot & | \\ \text{滴答 滴答} & & \text{滴答 滴答} & & \text{滴铃} & & \text{滴铃,} & \end{Vmatrix}$$

$$\begin{Vmatrix} 1\ 3\ 3\ 3 & | & 1\ 5\ \ 5 & | & 1\ 3\ 3\ 3 & | & 1\ \underline{5\ 3}\ |\ 1\cdot\ \ 0 & \| \\ \text{晚上它催} & & \text{我睡觉,} & & \text{早晨又催我} & & \text{快 醒。} & \\ 1\ \underline{5}\ \ 1\ \underline{5} & | & 1\ \underline{5}\ \ 1\ \underline{5} & | & 3\ 3\ 3\cdot & | & 3\ 3\ 3\cdot & | & 1\ \underline{5}\ 1\ 0\ \| \\ \text{滴答 滴答} & & \text{滴答 滴答} & & \text{滴铃} & & \text{滴铃} & & \text{滴答 滴。} \end{Vmatrix}$$

歌唱活动提示：

象声词的二声部伴唱是二声部中相对比较容易的合唱,注意象声词要演唱得轻盈。

音乐材料类型四：段落结构变化的二声部

谱 12－10

有只小燕子

1=F 4/4 3/4 2/4

佚 名词曲

(3̲5̲6̲ 3̲5̲6̲ 3̲5̲6̲ 3̲5̲6̲ | 5 - - -) | 3̲5̲6̲ 5 - | 3̲5̲6̲ |
　　　　　　　　　　　　　　　　(齐)噜噜 噜 噜　　　噜噜 噜

5 - - | 3̲5̲ 2̲1̲ | 6̲.5̲ 6̇ | 1 - - | 1 - 3̲5̲ |
噜　　　噜噜 噜噜　噜噜 噜噜 噜。 朗诵：有只小燕子。
　　　　　　　　　　　　　　　　　　 有只小燕子。

1 - 3̲5̲ | 6̲5̲ | 3̲5̲ 2̲1̲ | 6̲.5̲ 6̇ | 1 - - ‖
去年跌下窝，我把它送回窝里去，小燕子很快活。
今年来唱歌，带着它的小宝宝，全家感激我。

⎧ 1̲3̲5̲6̲ | 5 - | 1̲3̲5̲6̲ | 5 - | 3̲5̲ 2̲1̲ | 6̲.5̲ 6̇ |
⎨ 噜噜 噜噜 噜，　　噜噜 噜噜 噜，　　噜噜 噜噜 噜噜 噜
⎩ 1 - | 3 - | 1 - | 2 1 | 7· 2 | 6̲5̲ 6̇ |
　噜　　噜　　噜　　噜噜　噜噜　噜噜 噜

⎧ 1 - | 1 - | 5̲1̲ 3̲5̲3̲ | 5̲3̲ 6̲3̲3̲ | 2̲2̲ 3̲1̲2̲ |
⎪ 噜　　　　 (领)有只 小燕子，(齐)啊，　(领)去年 跌下 窝，
⎨ 　　　　　(领)有只 小燕子，(齐)啊，　(领)今年 来唱 歌，
⎩ 1 - | 1 - | 0 0 0 | 0 0 0 | 0 0 0 |

6̲1̲ 6̲5̲ 1 | 3̲5̲ 3 | 6̲6̲6̲3̲ 5 | 6̲5̲ | 3̲3̲ 3̲1̲ |
(齐)啊，跌下 窝,(领)我把　它　送回 窝里　去,(齐)啊，送回 窝里
(齐)啊，来唱 歌,(领)带着　它的 小宝　宝,(齐)啊，它的 小宝

2 - | 5̲6̲ 1 | 3̲5̲ 2 | 1 - ‖
去，　小燕 子 很　快　活。
宝，　全家　感激　我。

⎧ 1̲3̲5̲6̲ | 5 - |
⎨ 噜噜 噜噜 噜，
⎩ 1 - | 3 - |
　噜　　噜

经验的早期儿童音乐教育

```
| 1 3 5 6 | 5 - | 3 5 2 1 | 6 5 6 | 1 - | 1 - ||
   噜噜 噜噜  噜        噜噜 噜噜  噜噜 噜   噜。

| 1 -     | 2 1 | 7·  2 | 6 5 6 | 1 - | 1 - ||
   噜       噜 噜  噜   噜  噜噜 噜  噜。
```

活动提示：

(1) 这首歌曲的二声部演唱需要多次活动来完成。

(2) 主段歌曲即单声部领唱与齐唱部分作为第一歌唱活动来进行。第一次歌唱活动的进行有三个建议：第一，需要图片教具，并让早期儿童根据图片进行故事表演；第二，让早期儿童进行按节奏的歌词朗诵，并完整朗诵；第三，整个活动主要由教师歌唱，早期儿童如果愿意可以跟着唱，但不要求早期儿童主动完整歌唱。

(3) 后面几次歌唱活动根据班上的具体情况逐渐增加内容。

第十三章 早期儿童音乐经验(六):力度

本章探究如何在音乐教育实践中让早期儿童获得轻重经验,轻重经验包括:用身体动作感知与表达轻重、用身体打击乐表达轻重、用说话嗓音表达轻重、用歌唱嗓音表达轻重。在让早期儿童进行轻重的身体动作、打击乐、嗓音制作活动中,引导早期儿童感受轻重的音响效果与人的情绪情感的关系。在音乐中,强的音量往往传达强烈的情绪情感,如欢欣鼓舞、兴高采烈、惊诧震撼、悲痛气愤等;中等的音量可以表达温和或深沉的情绪情感;弱的音量可以传达特别安静的心情,孤独单一的情绪情感等。力度经验的年龄目标见表13-1。

表13-1 力度经验的年龄目标

	3—4岁	4—6岁
轻与重	①用身体动作表达轻与重 ②用打击乐器表达轻与重 ③分辨音乐中的轻与重 ④用说话嗓音表达轻与重	①进一步用身体动作表达轻与重 ②进一步用打击乐器表达轻与重 ③用歌唱嗓音表达轻与重
渐强与渐弱	—	①用身体打击表达渐强与渐弱 ②用打击乐器表达渐强与渐弱 ③用嗓音表达渐强与渐弱

第一节 用身体动作表达轻与重

一般情况下我们可以把力度等同于音量。在音量方面,我们要求早期儿童辨别音量的大小、感受音量大小与情绪情感的关系,并用各种制作方式表达音量的大小。一般来说,强的音量往往传达强烈的情绪情感,如欢欣鼓舞、兴高采烈、惊诧震撼、悲痛气愤等;中等的音量可以表达温和或深沉的情绪情感;弱的音量可以传达特别安静的心情,孤独单一的情绪情感等。

本节音乐经验获得机制的应用方法:

(1)用身体动作表达轻与重。

(2)用身体打击乐表达轻与重。

音乐材料类型一:乐曲

乐曲一《哑剧》,选自《喜剧演员》。

图13-1是该曲的曲式结构图,大写字母表示大段落,小写字母表示小段落:

图13-1 《哑剧》结构图

身体动作说明:

坐在椅子上,双手放在膝盖上。

A段:费力地举起一只手然后放回膝盖,费力地举起另一只手然后放回膝盖;费力地抬起一只脚然后放下,费力地抬起另一只脚然后放下。

B段:费力地举起两只手然后放回膝盖,费力地抬起两只脚然后放下;费力地举起两只手然后放回膝盖,费力地抬起臀部然后坐下。

C段:费力地抬起一只脚放在另一边外侧,费力地抬起另一只脚放在外侧;费力地把第一只脚从外侧放回,费力地把第二只脚从外侧放回。

D段:费力地抬起一只手放在另一只的手背上,费力地把这只手放回膝盖;费力地抬起第二只手放在另一只的手背上,费力地把第二只手放回膝盖。

音乐材料类型二:歌曲

乐曲一《挠痒痒》(曲谱见第六章第二节)。

教师准备工作建议:

(1)根据歌词主题,编出能戏剧化表演的故事情节。具体内容也可参照第六章第二节的相关表述。

(2)为这个故事准备道具:几个树皮头饰,许多毛毛虫头饰,扮演大树爷爷的教师需穿绿色裙子或衣裤。

(3)准备一个大鼓、一个小鼓,通过大小鼓的声音对比来让早期儿童理解物体的大小决定着其声音的大小这一道理。

角色扮演活动建议:

(1)故事表达。

①一个教师穿绿色服装、戴上树的头饰扮演大树爷爷,另一个教师戴上毛毛虫的头饰扮演毛毛虫。由扮演毛毛虫的教师讲故事。

②提问故事发生在什么时候(春天),故事里面有谁(毛毛虫与大树爷爷),他们怎么了(春天到了,毛毛虫都睡醒了,从树皮里面爬出来,因为毛毛虫很多,在大树爷爷的身上爬呀爬,大树爷爷浑身发痒)。

③请几个穿着绿色服装的早期儿童戴上树的头饰扮演大树爷爷,其他早期儿童戴上毛毛虫头饰扮演毛毛虫。教师讲述故事,早期儿童随着故事情节表演故事。(根据早期儿童的表演兴致,决定表演几次)

(2)关注故事中两种角色发出声音轻重的不同,引出大鼓与小鼓。

①教师提问:毛毛虫发出的"哩哩"声与大树爷爷发出的"哈哈"声有什么不一样的地方?

②教师提问:为什么不一样?可不可以两者换一换?

③出示大鼓与小鼓,观察两只鼓的大小形状,倾听两只鼓的声音有什么不同。(两只鼓的形状一样,但大小相差很大,声音一个大、一个小)

④教师总结:物体的大小决定着这个物体发出声音的大小,身体大的物体发出的声音大,身体小的物体发出的声音小。

(3)请早期儿童对大树爷爷的声音与小毛毛虫的声音有强烈对比地表演故事。

乐曲二《大灰熊》(曲谱见第三章第一节)。

教师准备工作建议：

画与歌词内容一致的四张图片。(第一张图片：一只大灰熊在洞里睡觉；第二张图片：两个小朋友在大灰熊旁边，走路非常非常地轻；第三张图片：一个小朋友在摇大灰熊；第四张图片：大灰熊醒过来，正在发怒)

活动建议：

(1)感知故事中的轻重，用动作表达故事中的轻重。

①呈现四张图片，请早期儿童说说，每张图片里都发生了什么事。(图片排列要求：第一张一行，第二张一行，第三、第四张并列一行)

②请一组早期儿童(一个大灰熊，两个小朋友)来表演这个故事。

③请全体早期儿童表演这个故事。(第一次，一个小朋友扮演大灰熊，其余全部扮演小朋友，之后其中一个小朋友去摇醒大灰熊；第二次，全体小朋友扮演大灰熊，教师扮演小朋友并做摇醒动作，表示摇醒所有大灰熊)

(2)感知音乐中的轻重，用声音表达歌曲中的轻重。

①教师唱歌曲《大灰熊》，请早期儿童比较刚才所表演的故事与歌曲中的歌词是一样的还是不一样的。

②教师边唱歌曲边点着图片，然后鼓励早期儿童一起给教师点图片，教师再唱一遍。

③请早期儿童跟着教师一起唱。

④请早期儿童倾听这首歌曲哪些地方是重的，哪些地方是轻的。(第一句音量中等或不轻不重；第二句前半句轻，后半句更轻；第三句前半句音量中等，后半句音量重，最后两个字"发怒"最重)

⑤按照轻重要求，看着图片唱一至二遍歌曲。

⑥教师提示：我们唱这首歌时，最后两个字是最重的，所以，为了把最重的留给最后两个字，在唱第三句开始的时候一定要学会控制。

⑦早期儿童按照要求再唱一遍。

(3)用身体表达歌曲中的轻重。

①教师放录音，请早期儿童听着音乐用动作表演歌词。

②教师提示：其实发怒不一定就是大喊大叫，我们用比较有控制的动

作、安静的动作也能表现熊的发怒,如仅仅是握紧拳头颤抖,或挥动着拳头,或朝天挥动手臂,等等。

③请早期儿童用比较有控制的动作来表现熊的发怒,再来表演一次歌曲故事。

第二节 用打击乐器表达轻与重

这一节不只要求对比强烈的轻重表达,还有对渐强渐弱的表达要求。需要强调的是表达弱音量与强音量都是以中等音量为参照的,所以让早期儿童意识到他所能表达的中等音量是什么非常重要。

本节音乐经验获得机制的应用方法:

(1)用身体打击表达轻与重。

(2)用打击乐器表达轻与重。

音乐材料类型一:身体打击

活动提示:

着重于最后一句由轻到重的表达,注意从头反复。

谱13-1

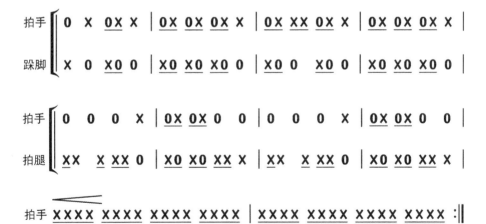

经验的早期儿童音乐教育

音乐材料类型二：打击乐演奏

谱 13－2

瑶 族 舞 曲

1=F 2/4

刘铁山等 曲

打击乐轻重演奏提示：

(1)请早期儿童关注第一段与第二段的乐器配置是否一样,音量是否一样。

(2)请早期儿童注意无论演奏得轻还是重,动作都应是放松、轻巧的。

(3)着重练习第二段最后 9 小节的动作,每小节要求大鼓、钹等重拍放松着力地敲,弱拍手臂自然弹起。

第三节　用嗓音表达轻与重

所有制作活动的轻重表达中最难的是歌唱表达,因为轻重的歌唱表达只有在头声状态下才能自如。头声是指说话或歌唱时在使用声带上围增加肌的情况下能产生较好的头腔共鸣效果的声音。如果能用头声歌唱,那么早期儿童在表现轻重时就比较自如,不会出现重则喊、轻则无声的状态。如果早期儿童做不到头声歌唱,则需要早期儿童用轻声歌唱。

本节音乐经验获得机制的应用方法：

(1)用身体动作表达轻与重。

(2)用嗓音表达轻与重,理解用身体动作与嗓音表达轻重时的区别。

经验的早期儿童音乐教育

音乐材料类型：歌曲

歌曲《挠痒痒》(曲谱见第六章第二节)与《大灰熊》(曲谱见第三章第一节)，在进行了故事性地表现轻与重后，进入用歌唱的方式表达轻重。

《挠痒痒》的轻重歌唱建议：

(1)请早期儿童戴上头饰表演故事，嘴里念着角色的声音，要求有强烈的轻重对比。

(2)请早期儿童用轻重对比的声音讲述故事。（分个别与集体）

(3)用歌唱的方式把讲故事时这种轻重的对比表达出来。

《大灰熊》的轻重歌唱建议：

(1)放《大灰熊》的伴奏带，请小朋友根据音乐用身体动作戏剧化地表现音乐故事。

(2)歌唱歌曲《大灰熊》，要求没有动作，只通过歌唱的声音向大家描述这个故事。

第十四章 早期儿童音乐经验(七):结构

本章探讨如何在音乐教育实践中让早期儿童获得结构经验,结构包括句子的结构、歌曲段落、曲式。无论是句子的辨认还是段落的辨认,第一重要的是理解重复,理解了重复才能理解变化。所以,对早期儿童来说,结构形式样式主要就是句子的重复与变化、段落的重复与变化。结构经验的年龄目标见表 14-1。

表 14-1 结构经验的年龄目标

	3—4 岁	4—6 岁
模仿句	①能模仿教师歌唱	①用打击乐器表达模仿句
重复句	①能模仿教师歌唱	①用打击乐器表达重复句 ②为重复句编不同的歌词并自如歌唱 ③为器乐曲的重复句编同样的动作
喊答句	①能模仿教师歌唱	①用打击乐器表达喊答句 ②为喊答句编歌词并自如歌唱
主副歌		①为主副歌编不同风格的动作 ②分辨主副歌歌曲中的主段与副歌 ③为主副歌配不同风格的打击乐伴奏
三段曲、回旋曲		①以重复动作的方式找出三段体中的重复段 ②为三段体音乐配伴奏 ③以重复动作的方式找出回旋体音乐中的重复段 ④即兴合作打击乐回旋曲
附加成分		①分辨歌曲中的前奏、间奏 ②分辨乐曲中的引子、尾声 ③为歌曲配前奏 ④即兴创作打击乐合奏引子

第一节　句子结构

曲式是音乐作品的结构形式,常用的曲式有二段式、三段式、回旋曲式、变奏曲式、奏鸣曲式等。对曲式的感知是对音乐作品整体轮廓的把握,然而对曲式的感知是从乐句、乐段开始的。对乐句重复、变化的辨认与理解,对乐段重复、变化的辨认与理解是理解曲式的前提。鉴于此,本节从句子结构开始。

本节音乐经验获得机制的应用方法:

(1)跟着教师歌唱,理解像回声一样模仿教师的句子。

(2)在模仿教师歌唱句子的同时,模仿教师的发声。

(3)通过歌唱、身体动作制作活动,辨认重复句、喊答句。

音乐材料类型一:模仿句

1.旋律与歌词都完全相同

歌曲《小朋友你好吗》(曲谱见第三章第一节)。

歌唱提示:

(1)这首曲子用弱起拍较难唱,可以把此曲唱成强拍起,这样也不影响此曲的风格。

(2)注意最后一句的节奏,教师应准确指挥。

2.旋律完全相同歌词稍有变化

歌曲《谁有硬币》(曲谱见第十章第一节)。

歌唱活动建议:

(1)教师播放歌曲《谁有硬币》的录音,请早期儿童做以下活动。

①听出歌词中提到了什么东西。(硬币、钥匙、笔套)

②每种东西的名字出现几次?(两次)为什么出现两次?(一问一答)

③教师再放录音,请早期儿童跟唱回答部分。

(2)引导早期儿童辨认:问的旋律与答的旋律是一样的还是不一样的。

(3)歌唱游戏。

①请早期儿童坐成圈,闭着眼睛双手伸前面做捧水状。选一个早期

儿童做"猜者",他站在圈中央闭上眼睛。

②教师在其中一个小朋友手上放上硬币、一个小朋友手上放上钥匙、一个小朋友手上放上笔套,请所有小朋友紧合双手。

③教师与早期儿童一起唱问的部分,请手中有东西的早期儿童相应地唱答的部分。唱完后请"猜者"猜出拿硬币、拿钥匙、拿笔套的小朋友各是谁。

(4)歌唱游戏的扩展,请在下一次活动中进行。

①当早期儿童做以上的游戏比较自在后,教师请全班早期儿童成为"猜者"。全班早期儿童闭着眼睛,教师选三个拿东西的早期儿童到教室的各个角落。

②教师唱问的部分,三个小朋友分别唱答的部分,请全班早期儿童来分辨:谁有什么东西,在教室的什么位置。

(5)歌唱表演活动,请在下一次活动中进行。

请自愿者来唱回答部分,请全班早期儿童来唱问的部分。关注表演性。

演奏活动建议:

(1)请早期儿童单念《谁有硬币》的歌词,边念边使用身体乐器。

(2)请自愿者念独唱部分,其他早期儿童念合唱部分,注意每个早期儿童要合节拍。身体打击动作可以自我创意。

(3)请合唱部分早期儿童唱并进行身体打击,独唱部分的早期儿童不唱,只在音条琴上敲出节奏(用双手)。

(4)请合唱部分早期儿童只做身体打击,独唱部分的早期儿童在音条琴上敲出节奏。

音乐材料类型二:重复句

歌曲《下雨了》(乐谱见第十章第一节)。

经验的早期儿童音乐教育

音乐材料类型三：喊答句

1.歌曲

谱 14-1

做 馍 馍

1=G 4/4

刚果劳动歌曲

```
2 2 6 6 | 2 2 6 6 | 1 1 - 6 | 1 - - - |
(独)首先我们 去摘玉米,(合)我们   一   起,

2 2 6 6 | 2 2 2 6 6 | 1 1 - 6 | 1 - - - |
(独)然后我们 到井里打水,(合)我们   一   起,

2 2 1 2 | 1 6 6 6 | 2 2 1 2 | 1 6 6 - |
(独)我们再去 捣碎玉米,(合)做好一天 的馍馍,

2 2 6 6 | 2 2 6 6 | 1 1 - 6 | 1 - - - ‖
(独)现在我们 一起吃饭,(合)我们   一   起。
```

生活经验铺垫活动建议：

(1)帮助孩子了解北方农村的家庭是如何准备饭的。

(2)劳动歌曲。"喊——答"歌曲能帮助人们在劳动时分享在一起的快乐。唱着劳动歌曲的劳动者会忘记劳动的辛苦,陶醉于唱歌的快乐中。

歌唱活动建议：

(1)分析城里与农村的家庭在准备饭时有什么不同。

(2)听出这首歌里的人都做了些什么：摘玉米、打水、捣碎玉米、做馍馍、吃馍馍。(用歌词图片)

(3)这首歌里的人们都做着不一样的工作,唱着不一样的歌词,那么这首歌有没有一样的部分呢?(歌词:我们一起)

(4)强调这是一首劳动歌曲,"喊——答"歌曲能帮助人们在劳动时分享在一起的快乐。让早期儿童体验劳动者唱着劳动歌曲能忘记劳动的辛苦,陶醉于歌唱的快乐。

(5)练习方法。

①"喊"的部分,早期儿童用双手拍大腿；"回答"部分,念歌词。

②"喊"的部分,早期儿童用各种身体打击动作;"回答"部分,跟着唱。

(6)分成两组,一喊一答。

即兴活动建议:

根据劳动情景,创作新歌词。

例如:首先我们挖个小洞,种子发芽;然后我们捏碎了泥块,种子发芽;再把种子放进洞里,把那泥土拍结实;现在我们来浇水呀,种子发芽。

谱 14-2

今天我收到一封信

1=G 2/4

卡罗莱纳民歌

喊　　　　　　　　　　　　　答
3 3 2　3 2 1 7 | 1　6 0 | 6　— | 1　0 |
1.今天 我 收到一封　信　　　　快　　　　　乐,
2.今天 我 写了一封　信　　　　快　　　　　乐,
3.今天 我 寄了一封　信　　　　快　　　　　乐,
4.今天 谁 带来一封　信　　　　快　　　　　乐,

喊　　　　　　　　　　　　　答
3 3 2　3 2 1 7 | 1　6 0 | 1　7 | 6　0 ‖
今天 我 收到一封　信　　　　快　　　　　乐。
今天 我 写了一封　信　　　　快　　　　　乐。
今天 我 寄了一封　信　　　　快　　　　　乐。
今天 谁 带来一封　信　　　　快　　　　　乐。

生活经验铺垫活动建议:

进行语言与美术活动"信"。

歌唱活动过程提示:

(1)如果我们收到信,会不会快乐?收信、写信、寄信到底是怎样的一个过程呢?请实践这个过程。(可包括到邮局现场参观)

(2)这首歌曲的每段歌词都描述了不同的事,那么有没有一样的地方呢?(歌词:快乐)

(3)学唱歌,然后分成两组来表现喊与答。

2.乐曲

谱 14-3

东 北 秧 歌

1=C 4/4

选自《中国儿童舞曲》

A段

6 1̇ 1 3 5. 6 | 1̇ 6 3 2 1̇ - | 1̇.2̇ 3̇ 5̇ 2̇ 3̇ 2̇ 1̇ | 2̇ 7 6 3 5 - |

3̇ 3̇ 2̇ 1̇ 2 7 6 | 1̇ 1̇ 2̇ 6 5 5 3 3 5 | 3̇ 3̇ 2̇ 1̇ 2̇ 6 1̇ 5 3 | 2 5 3 2 1 - ‖

1̇. 2̇ 3 7 6 3 | 5 - - 6 | 1̇. 6 3 2 3 5 | 2̇ - - - |

B段

3̇. 5̇ 2̇ 3̇ 3̇ 7̇ | 6̇ 7̇ 6̇ 5̇ 3̇ - | 6̇ 3̇ 5̇ 6̇ 7̇ 2̇ 6̇ | 5̇ - - - ‖

3̇ 3̇ 2̇ 1̇ 3̇ 2̇ 3̇ 2̇ 1̇ | 6 1̇ 1̇ 3̇ 5 6 5 | 3̇ 3̇ 2̇ 1̇ 3̇ 2̇ 3̇ 2̇ 1̇ | 6 1̇ 1̇ 3̇ 5 6 5 |

C段

3̇ 3̇ 2̇ 1̇ 6 3̇ 5̇ | 3̇ 3̇ 2̇ 1̇ 6 3̇ 5̇ | 3̇ 6̇ 5̇ 6̇ 3̇ 6̇ 5̇ 6̇ |

6 2̇ 1̇ 2̇ 6 2̇ 1̇ 2̇ | 3̇ - 6̇ - | 5̇ - - - ‖

身体动作设计：

(1)第一段 A 段,请男孩子做秧歌步。

(2)第二段 B 段,请女孩子做交替靠步,先左右左交替步,后曲膝右脚靠左脚,再右左右交替步,后左脚靠右脚。

(3)请早期儿童讨论第三段 C 段的音乐与 A 段、B 段一样吗？第三段的音乐有什么特点？应该如何做身体动作？

打击乐演奏提示：

请早期儿童为第三段对答式的句子配上打击乐伴奏,请早期儿童思考用什么节奏型、用什么乐器。

第二节　主副歌（歌曲中的段落）

对早期儿童来说，对乐曲中的许多音乐形式样式的感知与理解往往是从歌曲开始的，曲式也不例外。我们可以让早期儿童在对歌曲两段音乐的不同风格进行感知的过程中来理解音乐的段落。一般来说，具有不同风格音乐段落的歌曲就是主副歌，是声乐作品中比较大型的作品。其中副歌往往是为强调音乐主题而设计的，所以副歌部分往往具有句式更为规整、旋律更容易上口、节奏更为简单等特征。在主副歌中，副歌的位置是随意的，可以放在后面也可以放在前面，判断主歌与副歌不是依据位置而是依据音乐特点。

本节音乐经验获得机制的应用方法：

(1)通过身体动作的表达，理解两段歌曲的不同之处。

(2)理解歌曲可以由风格特点不一样的两个音乐段落组成。

谱 14－4

圆　圈　舞

1=F $\frac{6}{8}$

美国、英国传统歌曲
王　秀　萍译词

副歌

| 1 1 1 3　1 | 5.　5　0 | 1 1 1 3　1 | 2.　2　0 |

我们来围　个　圈，　　　我们来围　个　圈，

| 1 1 1 3　1 | 5.　5　0 | 5 6 5 4 3 2 | 1.　1 ‖

我们来围　个　圈，　　　快快来围　个　圈。

主歌

| 5 | 1 1 1 1 | 1.　1 0 5 | 3 3 3 3 | 3.　3 0 1 |

1. 我 拿 出 我 右 手，　我 放 下 我 右 手，　我
2. 我 拿 出 我 左 手，　我 放 下 我 左 手，　我
3. 我 放 进 我 右 脚，　我 放 进 我 右 脚，　我
4. 我 放 进 我 左 脚，　我 放 进 我 左 脚，　我
5. 我 放 进 我 全 身，　我 放 进 我 全 身，　我

```
5  5  5  5 | 5  5  5  4 | 3  3  2  2 | 1. ─  1  0 ‖
把 我 右 手 摇 摇 摇，我 转 了 一 个 圈。
把 我 左 手 摇 摇 摇，我 转 了 一 个 圈。
把 我 右 脚 摇 摇 摇，我 转 了 一 个 圈。
把 我 左 脚 摇 摇 摇，我 转 了 一 个 圈。
把 我 全 身 摇 摇 摇，我 转 了 一 个 圈。
```

活动提示：

（1）第一次活动，请早期儿童边做动作边学习歌曲的歌唱。但主要是做动作，不需要早期儿童主动地歌唱。第一段围两圈与舞伴肩并肩、手拉手做交替三步舞步；第二段与舞伴面对面，做歌词内容。

（2）第二次活动，请早期儿童自如地跳舞，在跳舞过程中唱第二段。

（3）请早期儿童用语言表达这两段歌曲有什么不同的地方。

谱 14-5

阿 细 跳 月

1=F 3/4

云南民歌

```
5 1 1. 3 | 5 3 1. 3 | 1 5 3. 5 | 5 5 3 — | 5 1 1. 3 |
圆圆月 亮 升起来，  阿细娃 娃 心欢畅。  圆圆月 亮

5 1 1. 3 | 1 5 3. 5 | 1 5 1 — ‖ 5/4 5. 3 3 1 3 5 3 |
升起来，  阿细娃 娃 心欢畅。 Fine  唱 起 来 呀，（嗨 嗨）

5. 1 3 1 3 5 3 | 5. 3 3 1 3 5 3 | 5. 1 3 1 3 5 1 ‖
跳 起 来 呀，（嗨 嗨） 唱 起 来 呀，（嗨 嗨） 跳 起 来 呀， 嗨 嗨。
                                                          D.C.
```

活动提示：

（1）第一次活动：①请早期儿童回忆学过的用两种方式表演的三拍交替步。一种是伦巴，速度慢但要左右扭臀；另一种是中速三步舞，只要完成交替步就行了。②放这首歌曲的音频，请早期儿童分别用两种交替步去合音乐。观察早期儿童是否能合上节拍，早期儿童都做了一些什么努力，最终早期儿童是否能确定哪段歌曲应该跳伦巴、哪段歌曲应该跳三步

舞。③请早期儿童用语言表达这两段歌曲有什么不同。

(2)第二次活动:①继续请早期儿童合两种舞步,指出早期儿童跳三步舞时出现的问题。②教师介绍彝族地区的撒尼人和阿细人跳的五步舞:前面三步就是交替步左右左,然后右脚在原地点两下;如果是右左右交替步,那么左脚在原地点两下。

(3)第三次活动:①教师介绍彝族的一些风俗人情。②请早期儿童歌唱。③请早期儿童完整地表演彝族舞。

第三节 曲 式

对于早期儿童的曲式经验,我们只涉及三段式、回旋式,因为这两种曲式结构很容易让早期儿童理解,同时它们已经涵盖了其他更复杂曲式的要旨,即它们已经具有曲式经验的所有"泥坯"质料。

本节音乐经验获得机制的应用方法:

(1)在理解主副歌的前提下,分辨不同情绪或风格的两段乐曲。

(2)用不同的身体动作去表现不同的段落。

(3)用不同的节奏型与乐器去表现不同的段落。

音乐材料类型一:三段体

乐曲《瑶族舞曲》(乐谱见第十三章第二节)。

身体动作即兴活动建议:

教师与早期儿童讨论,第一段可以用怎样的身体动作,第二段可以用怎样的身体动作。

打击乐演奏即兴活动建议:

教师与早期儿童讨论,第一段可以用什么节奏、什么乐器来伴奏,第二段可以用什么节奏、什么乐器来伴奏。

音乐材料类型二:回旋体

1.乐曲

《献给爱丽丝》(该曲的句式结构图以及再现音乐内容的身体动作设计、音乐制作活动提示见第七章第一节)。

2. 身体打击回旋曲

《身体打击回旋曲》(曲谱见第三章第一节)。

活动提示:

(1)教师先通过示范的方式让早期儿童学会这首《身体打击回旋曲》。

(2)保留 A 段,B、C、D 段请早期儿童即兴。

3. 音色探究回旋

谱 14-6

咿呀咿呀哟

1=F 4/4

0 5 | 1 1 1 5 6 6 5 | 3 3 2 2 1 1 5 | 1 1 1 5 6 6 5 | 3 3 2 2 1 - ‖

把 快乐声音发出来, 咿呀咿呀哟, 把 快乐声音发出来, 咿呀咿呀哟。

活动提示:

(1)听音频,音频里有许多动物的叫声,请早期儿童模拟,可以用嗓音也可以用打击乐器。

(2)学习《咿呀咿呀哟》这首歌曲。

(3)把这首歌曲的集体演唱作为回旋曲的 A 段,回旋曲的 B、C、D、E 等段,请早期儿童分别把每种动物的叫声用嗓音或打击乐器模仿出来。这些动物可以是狗、牛、羊、鸡、鸭、猫等。

第十五章 早期儿童音乐经验(八):风格

本章探讨如何在音乐教育实践中让早期儿童获得风格经验,早期儿童音乐教育中所指的风格是以音乐体裁为基础的,所以其实质是感知音乐体裁。本章介绍三种音乐体裁:摇篮曲、舞曲、进行曲。这三种音乐体裁的音乐性质都非常鲜明,最重要的是这三种体裁的音乐作品特别吻合早期儿童在运动中学习音乐的趣味。关于摇篮曲,我们着重于让早期儿童感受它的宁静、抒情表现性,并让早期儿童用这种表现力去歌唱表演;关于舞曲,我们着重于让早期儿童感受它的轻松活泼、乐观的情怀,并以这种表现力去跳圈舞、队列舞、邀请舞等;关于进行曲,我们着重于让早期儿童体验它适合行进的特性,并理解进行曲也并不总是喧闹的。风格经验的年龄目标见表15-1。

表15-1 风格经验的年龄目标

	3—4岁	4—6岁
摇篮曲	在抱着娃娃的情境中能唱摇篮曲	①独立歌唱二拍摇摆的摇篮曲 ②独立歌唱三拍摇摆的摇篮曲 ③理解没有歌词的摇篮曲即抒情乐曲
舞曲		①理解舞曲一般是活泼的乐曲 ②能跳二拍、三拍身体摇摆的几种典型舞曲 ③能把舞曲中一些典型的节奏型迁移到打击乐演奏中
进行曲		①理解进行曲一般都是适合行进的 ②理解进行曲本身也有多种风格

第一节　摇篮曲

摇篮曲又称催眠曲,原是母亲摇动摇篮、为婴幼儿愉悦入睡而唱的歌曲,后来逐渐发展为一种音乐体裁,不仅有声乐曲还有器乐曲。器乐摇篮曲不只是催眠和描写婴幼儿进入梦境的音乐,更多的是抒发内心情怀,刻画宁静、安稳、诗意的精神境界的音乐。摇篮曲的音乐特点是曲调平静、徐缓、优美,伴奏中往往有描写摇篮摆动的节奏,唤醒人们温存、安宁的情怀。摇篮曲拍子的使用比较自由,可以是 $\frac{6}{8}$ 拍,也可以是 $\frac{2}{4}$ 拍、$\frac{4}{4}$ 拍、$\frac{3}{4}$ 拍等。在早期儿童音乐教育范围内,我们不涉及器乐摇篮曲。对摇篮曲的歌曲,要求早期儿童能在抱娃娃的情境中投入地歌唱,并理解摇篮曲是一类曲调平和、速度舒缓的歌曲,把摇篮曲的歌词拿掉后,摇篮曲就是节奏舒展的、非常抒情的乐曲。

本节音乐经验获得机制的应用方法:

(1)以教师为榜样进行身体摇摆与演唱为感知制作方式。

(2)独立地进行身体摇摆与演唱为理解制作方式。

音乐材料类型一:身体二拍摇摆的摇篮曲

谱 15-1

摇　啊　摇

儿　歌
韩德常 曲

$1=D\ \frac{2}{4}$

| 1 3 2 | 1 3 2 | 1 1 2 2 | 3 2 1 :|| 3 0 2 0 | 1 - ||

1.摇(啊)摇　摇(啊)摇,　我的 娃娃 要睡觉。　睡　着　了。
2.小花被　盖盖好,　两只 小手 放放好。
3.摇(啊)摇　摇(啊)摇,　我的 娃娃

谱 15-2

摇 篮

1=C 4/4

黄庆云词
汪 玲曲

```
5 5 3 1 2 3 - | 2 4 3 1 2 - | 5 5 1 3 3 6. |
```
1. 蓝 天 是 摇 篮， 摇着星宝宝， 云儿轻轻飘，
2. 大 海 是 摇 篮， 摇着鱼宝宝， 浪花轻轻翻，
3. 大 地 是 摇 篮， 摇着花宝宝， 风儿轻轻吹，

```
5 5 5 1 3 3 2 1 3
```
4. 妈妈的手臂是 摇 篮， 摇着小宝宝， 歌儿轻轻唱，

```
2 6 1 7 2 6 5 - | 5 3 5  2 4 6 | 2 6 1 7 2 6 5 1 - ‖
```
星 宝宝睡着了。 呒 呒 星宝宝睡着了。
鱼 宝宝睡着了。 呒 呒 鱼宝宝睡着了。
花 宝宝睡着了。 呒 呒 花宝宝睡着了。
小 宝宝睡着了。 呒 呒 小宝宝睡着了。

音乐材料类型二： 身体三拍摇摆的摇篮曲

谱 15-3

闭上你的眼睛

1=F 3/4

法 国 民 歌
王秀萍译词

A
```
3 - 2 | 1 - 1 | 2 1 2 | 3 - 1 | 3 - 2 |
```
闭 上 你 的 眼 睛弟弟，你 将

```
1 - 1 | 2 3 2 | 1 - 5 ‖ 5 4 3 | 2 - 5 |
                   Fine   B
```
会 有 大 惊喜。 爸爸在为你 准

```
5 4 3 | 2 - 5 | 5 4 3 | 2 - 5 | 5 4 3 | 2 - - ‖
```
备新玩具， 妈妈在为 你 准备巧克力。 D.C.

音乐特性分析：

(1) B段虽然是三拍的拍号，实际音乐风格已经走向二拍，所以B段

经验的早期儿童音乐教育

音乐身体可进行二拍摇摆。

（2）A段的最后一小节进入二拍摇摆。

（3）B段的最后一小节回到三拍摇摆。

谱15-4

摇 篮 曲

1=F 3/4

[德]勃拉姆斯 曲

```
3 3 ‖: 5.  3 3 | 5 - 3 5 | 1. 7 7 | 6 5 2 3 |
```
1. 快安 睡 小宝 贝， 夜幕 已低 垂， 床头
2. (快安) 睡 小宝 贝， 你 甜蜜 地 睡， 月光

```
4 2 2 3 | 4 - 2 4 | 7 6 5 7 | 1.  0 1 1 |
```
布满 玫 瑰， 陪 伴 你入 睡。 小宝
洒满 大 地， 微 风 轻轻 吹。

```
1 - 6 4 | 5 - 3 1 | 4 5 6 | 5.  0 1 1 |
```
贝， 小宝 贝， 歌声 催你 入 睡， 小宝

```
1 - 6 4 | 5 - 3 1 | 4 5 4 3 | 2 | 1 - 3 3 :‖
```
贝， 小宝 贝， 歌声 催你 入 睡。 2.快安

音乐材料类型三：意境刻画优美、童趣盎然的摇篮曲

谱15-5

都 睡 着 啦

1=F 2/4

黄丽星 词曲

（形象动作） （拍手）

```
(345 40 | 345 4) 34 | 5 1 6 0 | 5 1 1 6 0 | 0 1 2 5 |
                 有只  小青 蛙   在木头  上，  他睡着
                 X X   X X    X X X X    X 0
```

```
3.  3 4 | 5 5 1 6 1 1 | 5 1 6 0 | 0 1 2 5 | 3.  2 3 |
啦。 还有 一只 苍 蝇停在  时钟 上，  他睡着 啦。 小老
0 0    X X   X X X X    X 0    0 0
```

```
                    (形象动作)                        (拍手)
｛ 4 3 4 5 | 3 1 0 | 4 3 4 4 5 | 3·  0 5 | 6 1 2 2 |
  鼠 狗 狗 和  木 马,    精灵 和 小 绵 羊,   你 相 信 不 相
  X   X  |X   X |X  X   X |X    X |X   X |

                  (形象动作)     (3 4 5 4 0|         (用手指点)
｛ 3 3 2 2 1·| 0 2 2 1 7 | 1 - | 3 4 5 4)3 4 | 5 1 6 1|
  信 就在现在   他们 睡着 啦。         只有 大灰 熊住
  X   X  |X   0 |0  0 |0  0 |X   X |

                              (拍手)
｛ 5 1 1 6 0 | 0 1 2 5 | 3· 3 4 | 5 5 1 6 1 1 | 5 1 6 0|
  在森林 里,  他睡着 啦。 还有 住在 楼上 的鸽 子们啊,
  X   X  |X   0 |0  0 |X   X |X   X |

         (形象动作)    (拍手)
｛ 0 1 1 2 5 | 3·  2 3 | 4 3 4 5 5 | 3 1 0 1 | 4 3 4 5 |
  他们睡着 啦。 我们 不想 把他们 吵醒,  要 轻轻轻轻
  X   0 |0  0 |X X X X |X X 0 |X   X |

                              (摇手)
  (形象动作)     (拍手)      (3 4 5 4 0|
｛ 3·  4 3 | 5 1 2 2 1 | 3 3 2 2 1 0 3 | 4 2 1 7 | 1 - |
  地, 因为 他们 每一个  都已经 累了,要 好好 地休 息。
  X   0 |0  0 |0  0 |0  0 |0  0 |

         (形象动作)              (拍手)
｛ 3 4 5 4)3 4 | 5 1 6·1 | 5 1 6 0 | 0 1 2 5 | 3·  3 4 |
       小白 猫紧 紧蜷 在那 里。 他 睡着 啦。  今天
  0   0 |X   X |X   X |X   0 |0  0 |
```

```
            (形象动作)
‖ 5 1 6· 1 | 5 1 6 0 | 5 1 2· 1 | 1 -  ‖
  有人 特 别 陪着 我，  快快 地 睡 去。
‖ X  X  X  X | X  X  X  - ‖
```
（注：原谱节奏行为 X X | X X | X X | X - ）

演唱活动的要求：

(1)如果早期儿童对弱起的动作制作经验已经有比较好的积累的话，这首摇篮曲可以作为演唱曲目；如果早期儿童对弱起的动作制作经验没有很好地获得，那么这首摇篮曲可以作为歌曲欣赏曲目。

(2)无论是演唱活动还是欣赏活动，都需要有按歌词顺序的动物图片作为直观教具。

(3)在歌唱这首歌曲之前，最好先根据节奏熟练地朗诵歌词，注意按照歌谱上的要求做动作。（这些动作是为弱拍的肌肉感设计的）

第二节 舞 曲

舞曲是具有舞蹈节奏特征的器乐曲或声乐曲，可以分为专为舞蹈而作的舞曲和独立演奏的舞曲两种。在早期儿童音乐教育中，我们只介绍用于舞蹈的舞曲。舞曲旋律优美动听，节奏轻巧活泼，内容通俗易懂，抒发着人们热爱生活、乐观向上的思想感情。舞曲的种类很多，不同的种类具有不同的音乐风格，对早期儿童来说，只要能随着不同拍子的舞曲进行舞蹈，愉悦地进行协调的充满拍感的身体摇摆就行了。本节只是列举了二拍、三拍的舞曲，在其他章节中我们实际已经介绍了许多舞曲，有 $\frac{6}{8}$ 拍、$\frac{4}{4}$ 拍、$\frac{5}{4}$ 拍的，请读者把前面的音乐材料也运用起来。

本节音乐经验获得机制的应用方法：

(1)用不同的摇摆与舞步表达不同风格的舞曲。

(2)能通过舞步的尝试识别二拍舞与三拍舞。

(3)把身体动作的节奏感迁移到打击乐演奏中去。

音乐材料类型一：二拍身体摇摆舞曲

《问候舞》(德国民间舞,曲谱及打击乐制作活动建议参见第四章第三节)。

谱 15-6

朋 友 舞

1=C 2/4

美国民间舞曲

A段
‖: 6.5 3 6 | 6 5 3 | 6.5 3 6 | 0 0 | 6.5 2 6 | 6 5 2 |
6 0 | 0 0 | 6.5 6 1 | 1 7 1 | 3.4 5 6 | 0 0 |
6 1 6 7 | 7 6 5 | 1. 1 | 7 7 :‖ 1 - | 1 0 ‖
Fine

B段
‖: 6 - | 3 6 | 1 1 6 | 6. 1 | 3 3 2 | 2 1 7 |
6 - | 6 - | 1 - | 5 1 | 3 3 1 | 1. 3 |
5 5 4 | 4 3 2 | 3 2 | 1 7 :‖ 1 1 | 7 ♭7 ‖
D.C.

身体动作设计：

(1)全体早期儿童围成两个圈,里外圈早期儿童面对面。

(2)A段1—4小节,外圈早期儿童朝顺时针方向、里圈早期儿童朝逆时针方向跨横步走路,左脚一拍右脚一拍,左右脚两拍完成一步共走三步,第4小节的两拍休止,做两个"恰恰"扭臀动作。

(3)A段5—8小节、9—12小节重复1—4小节的动作。

(4)A段13—16小节,连续走四步。(音乐重复,动作重复)

(5)B段1—4小节,里圈、外圈面对面的两个朋友手臂挽手臂跑跳步,先顺时针转圈跳四次,再逆时针转圈跳四次。

(6) B段5—8小节,还是面对面的原朋友用 x x | x x | x - | x - | 节奏型互拍双掌。

(7) B段9—12小节重复1—4小节的动作。

(8) B段13—16小节重复5—8小节的动作。

打击乐制作活动提示:

(1) 请早期儿童自选一种打击乐器。

(2) 请早期儿童根据录音A段只打击舞蹈中"恰恰"的节奏,并只在做"恰恰"动作的音乐处演奏,其他音乐时间等待;B段只在击手掌的音乐处演奏击手掌的节奏,其他音乐时间等待。

(3) 根据早期儿童的演奏情况,教师决定扩展早期儿童的演奏还是到此为止。

第三节 进行曲

进行曲是指一种伴随队列行进的乐曲,声乐与器乐进行曲都比较常见。进行曲的音乐特点是用偶数拍子、节奏鲜明、重拍突出、结构整齐。器乐进行曲一般是三段体结构,中间段音乐性质往往比较抒情,旨在获得段落间的对比效果。进行曲按内容可分为军队进行曲、婚礼进行曲、葬礼进行曲、典礼进行曲等。由于我们的教育对象是早期儿童,我们对进行曲的选择以符合早期儿童的生活经验、音乐经验特点为前提。由于早期儿童的生活经验贫乏,按内容分的这些进行曲种类远离早期儿童的生活,所以这些种类不是我们关注的内容。由于器乐进行曲往往是三段体的,曲子比较长,一般来说完整的一首器乐进行曲的长度比较容易超出早期儿童集中注意力倾听与制作的时间,所以器乐进行曲一般只适合选取片段。对于进行曲的总体音乐特性,只要早期儿童理解进行曲是适合行进的就行了。对于进行曲段落间的音乐性质对比与进行曲之间的音乐性质差异,我们要求早期儿童理解并不是所有的进行曲都是气氛喧闹、情绪激昂的,有的进行曲或进行曲中的有的段落也是比较优雅的。

本节音乐经验获得机制的应用方法:

(1) 理解进行曲比较适合行进,能在进行曲的音乐背景中自如行进

(2)理解进行曲并不都是喧闹的,进行曲也有比较优雅的。

音乐材料类型一:比较优雅的进行曲

谱15-7

土耳其进行曲
（片段）

$1=C \quad \frac{2}{4}$ 　　　　　　　　　　　　　　　　　　　　莫扎特 曲

跺脚	7656	1 0	2171	3 0	43 #23	76 #56 7656	1̇	6 1̇
	x	0 x	0 x	0 x	0 x	0 x	0 x	
拍手	0	x 0	x 0	x 0	x 0	x 0	x 0	

7 6 5 6	7 6 5 6	7 6 5 4	3	3 4	5 5 6543
0 x	0 x	0 x	拍腿 x	0 x	
x 0	x 0	x 0	x 0	x x 0	

2	3 4	5 5 6543	2	1 2	3 3 4321	7	1 2
0 x	0 x	0 x	0 x	0 x			
x x 0	x x 0	x x 0	x x 0	x x 0			

经验的早期儿童音乐教育

音乐制作活动提示：

(1) 请早期儿童边听音乐边进行身体打击。

(2) 请早期儿童边听音乐边走路，并在每小节的第一拍拍手。

(3) 体验进行曲中速、适合行走的音乐特性。

音乐材料类型二：比较喧闹的进行曲

谱 15-8

土耳其进行曲

贝多芬 曲

音乐制作活动提示：

(1)请早期儿童边听音乐边进行身体打击。

(2)边听音乐边走路,走路时 A 段保留拍手与捻指的身体打击,B 段前三小节每一拍拍一次手,后三小节每一拍捻一次指,左右手轮流捻指。

(3)体验进行曲中速、适合行走的音乐特性。

对两首进行曲进行比较的讨论活动提示：

(1)请早期儿童边听贝多芬《土耳其进行曲》边走路。

(2)请早期儿童对两首进行曲的共同点与不同点发表意见。（速度都适合行走,第一首比较轻、比较优美,第二首比第一首热闹、力度重）

参考文献

[1][德]弗里德里希·席勒.审美教育书简[M].冯至,范大灿,译.上海:上海人民出版社,2003.

[2]夏基松.现代西方哲学教程新编(上、下)[M].北京:高等教育出版社,1998.

[3][美]苏珊·朗格.艺术问题[M].滕守尧,译.南京:南京出版社,2006.

[4][美]理查德·舒斯特曼.实用主义美学:生活之美,艺术之思[M].彭锋,译.北京:商务印书馆,2002.

[5]彭锋.西方美学与艺术[M].北京:北京大学出版社,2005.

[6]刘悦笛.艺术终结之后[M].南京:南京出版社,2006.

[7]张华.经验课程论[M].上海:上海教育出版社,2000.

[8][美]杜威.民主主义与教育[M].王承绪,译.北京:人民教育出版社,2001.

[9][美]杜威.艺术即经验[M].高建平,译.北京:商务印书馆,2005.

[10][美]杜威.经验与自然[M].傅统先,译.南京:江苏教育出版社,2005.

[11]张法.20世纪西方美学史[M].成都:四川人民出版社,2003.

[12][法]皮埃尔·布迪厄,[美]华康德.实践与反思:反思社会学导引[M].李猛,李康,译.北京:中央编译出版社,1998.

[13]Elliott, David J. *Music Matter: A New Philosophy of Music Education*. New York: Oxford University Press, 1995.

[14][美]贝内特·雷默.音乐教育的哲学[M].熊蕾,译.北京:人民音

乐出版社,2003.

[15]黄丽卿.创意的音乐律动游戏[M].台北:心理出版社,1998.

[16]许卓娅.歌唱活动[M].南京:南京师范大学出版社,2006.

[17][美]H.加登纳.艺术与人的发展[M].兰金仁,译.北京:光明日报出版社,1988.

[18][美]詹姆士·L.穆塞尔,等.中小学音乐课教学法[M].章枚,译.成都:四川人民出版社,1983.

[19]张奇.儿童审美心理发展与教育[M].北京:北京师范大学出版社,2000.

[20]杨立梅.柯达伊音乐教育思想与匈牙利音乐教育[M].上海:上海教育出版社,2000.

[21]蔡觉民,编著.达尔克罗兹音乐教育理论与实践[M].上海:上海教育出版社,1999.

[22]李妲娜,编著.奥尔夫音乐教育思想与实践[M].上海:上海教育出版社,2002.

[23][美]菲里斯·卫卡特.动作教学:幼儿核心的动作经验[M].林翠湄,译.南京:南京师范大学出版社,2006.

[24]刘沛.美国音乐教育概况[M].上海:上海教育出版社,1998.

[25]尹爱青,编著.外国儿童音乐教育[M].上海:上海教育出版社,1999.

[26]谢嘉幸,编著.德国音乐教育概况[M].上海:上海教育出版社,1999.